GRöLS Verlage

„Bücher sind wie Fallschirme. Sie nützen uns nichts, wenn wir sie nicht öffnen."

Gröls Verlag

Redaktionelle Hinweise und Impressum

Das vorliegende Werk wurde zugunsten der Authentizität sehr zurückhaltend bearbeitet. So wurden etwa ursprüngliche Rechtschreibfehler regelmäßig *nicht* behoben, denn kleine Unvollkommenheiten machen das Buch – wie im Übrigen den Menschen – erst authentisch. Mitunter wurden jedoch zum Beispiel Absätze behutsam neu getrennt, um den Lesefluss zu erleichtern.

Um die Texte zu rekonstruieren, werden antiquarische Bücher von Lesegeräten gescannt und dann durch eine Software lesbar gemacht. Der so entstandene Text wird von Menschen gegengelesen und korrigiert – hierbei treten auch Fehler auf. Wenn Sie ebenfalls antiquarische Texte einreichen möchten, finden Sie weitere Informationen auf www.groels.de

Viel Freude bei der Lektüre wünscht Ihnen das Team des Gröls-Verlags.

Adressen

Verleger: Hermann-Josef Gröls,

Im Borngrund 26, 61440 Oberursel

Externer Dienstleister für Distribution & Herstellung:

BoD, In de Tarpen 42, 22848 Norderstedt

Unsere „Edition | Werke der Weltliteratur“ hat den Anspruch, eine der größten und vollständigsten Sammlungen klassischer Literatur in deutscher Sprache zu werden. Nach und nach versammeln wir hier nicht nur die „üblichen Verdächtigen“ von Goethe bis Schiller, sondern auch Kleinode der vergangenen Jahrhunderte, die – zu Unrecht – drohen, in Vergessenheit zu geraten. Wir kultivieren und kuratieren damit einen der wertvollsten Bereiche der abendländischen Kultur. Kleine Auswahl:

Francis Bacon • Neues Organon • **Balzac** • Glanz und Elend der Kurtisanen • **Joachim H. Campe** • Robinson der Jüngere • **Dante Alighieri** • Die Göttliche Komödie • **Daniel Defoe** • Robinson Crusoe • **Charles Dickens** • Oliver Twist • **Denis Diderot** • Jacques der Fatalist • **Fjodor Dostojewski** • Schuld und Sühne • **Arthur Conan Doyle** • Der Hund von Baskerville • **Marie von Ebner-Eschenbach** • Das Gemeindekind • **Elisabeth von Österreich** • Das Poetische Tagebuch • **Friedrich Engels** • Die Lage der arbeitenden Klasse • **Ludwig Feuerbach** • Das Wesen des Christentums • **Johann G. Fichte** • Reden an die deutsche Nation • **Fitzgerald** • Zärtlich ist die Nacht • **Flaubert** • Madame Bovary • **Gorch Fock** • Seefahrt ist not! • **Theodor Fontane** • Effi Briest • **Robert Musil** • Über die Dummheit • **Edgar Wallace** • Der Frosch mit der Maske • **Jakob Wassermann** • Der Fall Maurizius • **Oscar Wilde** • Das Bildnis des Dorian Grey • **Émile Zola** • Germinal • **Stefan Zweig** • Schachnovelle • **Hugo von Hofmannsthal** • Der Tor und der Tod • **Anton Tschechow** • Ein Heiratsantrag • **Arthur Schnitzler** • Reigen • **Friedrich Schiller** • Kabale und Liebe • **Nicolo Machiavelli** • Der Fürst • **Gotthold E. Lessing** • Nathan der Weise • **Augustinus** • Die Bekenntnisse des heiligen Augustinus • **Marcus Aurelius** • Selbstbetrachtungen • **Charles Baudelaire** • Die Blumen des Bösen • **Harriett Stowe** • Onkel Toms Hütte • **Walter Benjamin** • Deutsche Menschen • **Hugo Bettauer** • Die Stadt ohne Juden • **Lewis Caroll** • *und viele mehr….*

Inhalt

Vorwort 2

I. Von Berlin nach Wien 4

II. Von Wien nach München 32

III. Von München nach Eppan 40

IV. Von Eppan nach Venedig 50

V. Von Venedig nach Rimini 61

VI. Von Rimini nach San Marino und zurück 74

VII. Von San Marino bis Florenz 81

VIII. Von Florenz bis Siena 92

IX. Von Siena bis Perugia 106

X. Von Perugia bis Terni 113

XI. Von Terni bis Frascati 120

XII. Von Frascati bis Neapel 132

XIII. Aus Neapel 144

XIV. Ausflüge von Neapel (Solfatara, Pompeji, Vesuv) und Fahrt nach Sorrent 152

XV. Cocumella und Ausflüge von dort (Amalfi, Capri) 163

XVI. Von Sorrent bis Rom 173

XVII. Von Rom bis Mailand. 183

XVIII. Von Mailand bis Stein am Rhein 189

Otto Julius Bierbaum

Eine empfindsame Reise im Automobil

von Berlin nach Sorrent und zurück an den Rhein

Vorwort

Wenn jemand eine Reise tut,
So kann er was erzählen.

sagt Herr Urian, und ich füge hinzu: er kann's nicht bloß, er will's meist auch. Das Erzählen in langen und breiten Briefen aber, wie und es hier verübt habe, ist im allgemeinen aus der Mode gekommen. Erstens wohl, weil das Reisen nichts weiter besonderes mehr ist, dann, weil man heute überhaupt nicht mehr gerne lange Briefe schreibt, und schließlich, weil es überall Ansichtspostkarten gibt. Wenn ich trotzdem diese Briefe geschrieben und mich sozusagen in einen gewissen Gegensatz zu meinen Zeitgenossen gebracht habe, so ist dies nicht lediglich aus der bösen Lust am Andersmachen zu erklären, sondern, vielleicht, zu entschuldigen durch folgende drei Umstände. Erstens: Meine Reise war etwas besonderes. Zweitens: Ich schreibe gerne lange Briefe. Drittens: Auf den Ansichtspostkarten ist so schrecklich wenig Platz, daß sie meinem Mitteilungsbedürfnis nicht genügen.

Der Hauptgrund ist natürlich der erste. Es wird zwar, wie ich glaube, nicht mehr lange dauern, und das Reisen im Automobil ist etwas gewöhnliches; vor der Hand aber gehören längere Reisen dieser Art noch zu den Seltenheiten. Die vorliegende Schilderung eines solchen Unternehmens ist, soviel ich weiß, die erste, die in Deutschland als Buch veröffentlicht wird. Nur in Sportszeitungen bin ich kürzeren Beschreibungen längerer Touren begegnet, und bei ihnen handelte es sich fast ausschließlich um Äußerungen rein sportlichen Interesses. Meine

Reise aber hat mit dem Automobil *sport* als solchem nicht viel zu tun, – sonst hätte ich sie nicht als eine empfindsame Reise bezeichnen können, denn was ein richtiger „Automobilist“ ist, der kennt die Empfindsamkeit nicht. Ich meine das Wort natürlich in seiner alten Bedeutung und nicht in dem Sinne von Sentimentalität, den es jetzt angenommen hat. Empfindsamkeit heißt mit der Zustand und die Gabe stets bereiter Empfänglichkeit für alles, was auf die Empfindung wirkt, die Fähigkeit und Bereitschaft, neue Eindrücke frisch und stark aufzunehmen. Mit offenen, wachen, allen Erscheinungen des Lebens, der Natur zugewandten Sinnen reisen nenne ich empfindsam reisen, und dieses Reisen allein erscheint mir als das wirkliche Reisen, wert und dazu angetan, zur Kunst erhoben zu werden. Doch darüber wird man in diesen Briefen meine Meinung öfter vernehmen, und ich hoffe, daß dieses Buch meine Leser davon überzeugen wird, daß wir jetzt im Automobil das Mittel an der Hand haben, die Kunst des Reisens aufs neue zu pflegen und noch weiter zu führen, als es ihr in der Zeit der Reisekutschen beschieden gewesen ist, denen unsre Vorfahren Genüssen zu verdanken gehabt haben, wie sie der Eisenbahnreisende nicht einmal ahnt. Der gewöhnliche „Automobilist“ allerdings auch nicht; der ist dazu zu sehr Sportsman. Erst, wenn der Automobilismus aufhört, ausschließlich ein Sport zu sein, wird er für die Kunst des Reisens das bedeuten, was seine eigentliche Bestimmung ist.

Ich möchte nicht mißverstanden werden: Ich unterschätze die Bedeutung des Automobilsports für die Entwickelung der Sache keineswegs, schlage sie vielmehr hoch an und lasse mich darin auch durch die Auswüchse des Rennwagenwesens nicht irre machen. Dieses wird für die Motorwagenindustrie immer die Bedeutung haben, die der Rennpferdesport für die Pferdezucht hat. Aber das Eigentliche dieser großen neuen Erscheinung, die den Rang eines starken Kulturfaktors hat, liegt nicht im Sport. Der hat nur Experimentalwert. In der Ausnutzung seiner Resultate für das allgemeine, in seiner Übersetzung ins praktische Leben liegt die Zukunft des Automobilismus.

Meine Reise war der Versuch einer praktischen Probe auf das Exempel des Sports, und ich bringe ihre Schilderung vor die Öffentlichkeit, weil sie gelungen ist, und zwar gelungen nicht mit einem der Millionärsvehikel, die nur Portemonnaiegranden erschwinglich sind, sondern mit einem leichten, billigen Wagen. – Für mich wäre er freilich immer noch zu teuer gewesen, und so will ich, um mich keiner Vorspiegelung falscher Tatsachen schuldig zu machen, und um gleichzeitig gebührenden Dank auszusprechen, zum Schlusse nicht verhehlen, daß ich die Möglichkeit, diesen angenehmen Versuch zu machen, nicht meinen Einkünften als deutscher Dichter, sondern der Freundlichkeit des Verlags August Scherl G. m. b. H. verdanke, der mir den Wagen für die Dauer der Reise zur Verfügung gestellt hat.

Nymphenburg, im November 1903.

OTTO JULIUS BIERBAUM.

I.
Von Berlin nach Wien

An Herrn Alf Bachmann in München

Berlin, am 1. April 1902.

Sie erinnern sich wohl noch, lieber Bachmann, unserer Spaziergänge im winterlichen Nymphenburger Park, wie wir uns da, wenn wir nicht von Mathias Kneißl sprachen, der sich damals gerade in der Gegend herumtrieb, eine Reise ausmalten, die uns im Automobil nach Spanien führen sollte. Sie heuchelten (mit Erfolg, weil ich nicht die nötigen geographischen Kenntnisse besaß, Sie zu kontrollieren) eine intime Vertrautheit mit der Reiseroute, die wir einzuschlagen hätten, und entwarfen mir die üppigsten Bilder von all den Herrlichkeiten, die wir bei dieser Gelegenheit kennen lernen würden; ich aber leistete nicht weniger Phantastisches in der Schilderung des Wagens, der uns bald mit der Geschwindigkeit eines Expreßzuges, bald im Postwagentempo von Thurn und Taxis, vorwärts bringen sollte. Eigentlich war es ein ganzes Gebäude auf Pneumatics, das ich mir vorstellte, mit allem Komfort eines Pullman-Car oder der berühmten „Wurst“ Friedrichs von Gentz ausgestattet, nur noch viel bequemer und geräumiger, – kurz: ein Ideal mit achtundvierzig Pferdekräften. Sie, mit ihrer heimtückisch witzigen Nase, thaten so, als glaubten Sie an all das, ja Sie fügten noch allerhand Fabelhaftigkeiten hinzu, so daß wir schließlich auf unserer Reise nach Spanien auf ein Paar niedliche Kanonen und eine komplette Kücheneinrichtung mit uns führten. Unser erstaunliches Vehikel konnte als Badezimmer, Dunkelkammer, Schlafwagen, Billardsalon benutzt werden; es sprang über mittlere Abgründe, durchquerte Seen, watete durch Sümpfe; Berge, über die es nicht gekonnt hätte, gab es überhaupt nicht. Nur vor der Kombination mit dem lenkbaren Luftschiff schreckten wir einstweilen zurück.

Kein Wunder, daß wir dieses Universalfahrzeug nirgends auf Lager fanden und infolgedessen zu der Überzeugung kamen, die Welt sei für unsre Kulturbedürfnisse noch nicht reif. Also schoben wir unsere ideale Reise bis auf weiteres auf, indem wir sie gleichzeitig für schon genossen nahmen und uns sagten: so schön wäre sie doch nicht geworden, wie wir sie im Nymphenburger Park machten. Denn wo auf der Welt gäbe es etwas so Schönes wie Châteaux d'Espagne?

Damit war für Sie die Sache erledigt, mein teurer Herr von Planen auf Blitzblau; doch nicht so für mich. Mich juckte es zu sehr, einmal die Probe auf das Exempel meiner Fabuliersamkeit zu machen, und so habe ich nicht geruht, bis ein Automobil vor meiner Tür stand. Daß es *alle* die Eigenschaften hätte, die wir von *unserm* Reisewagen verlangt haben, läßt sich füglich nicht behaupten, – doch dieser Mangel wird dadurch wett gemacht, daß meine Frau mich auf der Reise begleiten wird, die nun in etwa vierzehn Tagen angetreten werden soll. Sie, lieber Bachmann, wären ja auch ein angenehmer Reisekamerad gewesen, aber ich finde doch, daß es besser ist, Sie bleiben zu Hause, und ich fahre mit meiner Frau. Das ist schon deshalb vorteilhafter, weil meine Frau zwar nicht so schön malen kann, wie Sie, aber so perfekt italienisch spricht, wie es Ihnen selbst nach vierwöchentlichem Studium des Polyglott Kuntze nicht möglich sein würde. Viel Chancen auf einmal: Erstens mit seiner Frau und zweitens mit einer Italienerin nach Italien zu fahren. Dafür kann man es schon mit hinnehmen, daß das Automobil statt achtundvierzig bloß acht Pferdekräfte hat. – Im übrigen sieht es sehr vertrauenerweckend aus, und Louis Riegel, der Fahrer, erklärt, jeden beliebigen Berg damit „nehmen" zu wollen. Acht Pferdekräfte, sagt er, sei eine ganze Menge. Und das finde ich auch, da ich bisher höchstens mit zwei Pferden gefahren bin.

Übrigens kommt es, wie ich erfahren habe, auch auf die Zahl der Zylinder an, und erfahrene Leute wollen mich bange machen, weil unser Wagen nur *einen* hat. Etwa mitgeführte Zylinderhüte, erklären diese Kenner, können als Ersatz nicht gelten. Schade, denke ich mir, es wäre so einfach, und da ich in Rom den Papst besuchen will, so hätte ich wohl einen Zylinderhut mitnehmen können. Indessen ficht es mich auch nicht weiter an. Ich sage mir dies: Wenn eine gute deutsche Firma, wie die Frankfurter Adlerfahrradwerke, von denen der Wagen stammt, mir garantiert, daß er eine Reise von Berlin nach Sorrent und zurück zu machen fähig ist, so wird es wohl auch so sein. Hat sie sich vergarantiert, so ist ausgemacht, daß ich das insuffiziente Fahrzeug auf Kosten und Gefahr des Empfängers mit der Bahn zurückschicke, und ich habe die ernstliche Drohung hinzugefügt, daß ich dieses blamable Ende einer Adlerwagen-Reise in Vers und Prosa vor die Öffentlichkeit bringen werde. Aber auch diese Drohung hat die Firma in ihrer Zuversicht nicht erschüttert. Sie bleibt dabei: es geht mit acht Pferdekräften und einem Zylinder. Glauben wir es also einstweilen.

Natürlich möchten Sie nun wissen, wie der Wagen aussieht. Rot, mein Herr, und zwar ist es ein Rot, wie ich es auf kolorierten Stichen aus der Biedermeierzeit an Reisekutschen gesehen habe. Ein braves, ungeniertes, ein ordentliches Rot. Gebe der Himmel, daß wir keinen Stieren und Truthähnen begegnen!

Die Form aber ist die des Phaëtons. Sie wissen: Phaëton, Sohn des Helios, Patron der antiken Kutscher. Eigentlich sind es zweirädrige Wagen, die den Namen von ihm haben, und da der unsre vier Räder hat, neige ich mich der Meinung zu, es sei ein Doppelphaëton. Aber das ist einerlei. Gewiß ist, daß die Urform dieses Wagens die Muschelform war. Von der Muschel zum Motor! Per aspera ad astra!

Spüren Sie den Hauch meiner erhobenen Stimmung? Reiselaune, lieber Freund! Sollte ich noch einmal in diesem Briefe Ausrufe von zweifelhafter Hergehörigkeit riskieren, so denken Sie daran, daß ich im Begriffe bin, mich drei Monate lang durch fortgesetzte Benzinexplosionen vorwärts bewegen zu lassen.

Doch es wird nun Zeit, Ihnen den Wagen selbst zu schildern. – Stellen Sie sich mit mir dorthin, wie die Pferde stehen würden, wenn es ein gemeiner Zieh- und kein *Lauf*wagen wäre (auf dieses Wort habe ich den Markenschutz genommen), so werden Sie finden, daß das Dach sich sehr hübsch nach hinten aufbaut, in Form eines Keiles gewissermaßen. Die Spitze des Keiles bildet der Klappdeckel des Motors, dann kommt der Bock mit dem Lenkrad und den Einrichtungen zum Einstellen der drei Geschwindigkeiten und zum Bremsen, und schließlich, in gleicher Höhe mit dem Bock, aber die Lehne mit dem Verdeck etwas erhöht, der Doppelsitz für meine Frau und mich. Nun bitte ich Sie, mit nach hinten zu kommen. Was Sie da sehen, dieses Stahlgestänge mit Riemen, ist bestimmt, einen großen Koffer zu halten. Dafür war eigentlich nichts ordentliches da, denn das dafür bestimmte Brettchen hätte kaum genügt, den Hutschachteln meiner Frau zur Unterlage zu dienen. Man denkt eben im allgemeinen beim Bau der Laufwagen noch nicht an die Bedürfnisse größerer Reisen. So waren wir auch genötigt, den Sitz neben dem Führer zur Aufnahme weiterer Koffer adaptieren zu lassen. Das Verdeck ist, wie Sie sehen, auch nicht eigentlich reisemäßig. Es schützt zwar gegen Nässe von oben, von den Seiten und von hinten, – wenn aber der Regen rücksichtslos genug ist, von vorne zu kommen, (was bei der „dritten Geschwindigkeit" die Regel sein dürfte), so werden wir ihm auf Gnade und Ungnade ausgeliefert sein. – Werden wir? Nein, wir werden nicht! Denn, sehen Sie sich, bitte, dieses Lederpaket an! Es ist eine ingeniös erfundene Vorderplane mit zwei Guckfenstern. Diese werden wir uns vorknöpfen, wenn das Wetter grob wird. – Und wenns die Sonne zu gut meint? Dann, mein Herr, bleibt vom Regendach nur der obere Teil und das Gestänge übrig, während die andern Bestandteile hinauf gerollt werden. Sie sehen, wir Sybariten haben an alles gedacht. Nur ein Schutzglas gegen den Luftzug haben wir nicht, weil man uns gesagt hat, es habe allerlei Nachteile, klappere gerne und sei alle Augenblicke voll Staub. Meine Frau möchte aber auf der Reise nicht Staub wischen, und ich habe eine Aversion gegen klappernde Fenster.

Nun möchten Sie auch wissen, wie wir selber uns equipieren. – Das ist eine Sache, über die ich mit keinem geringeren als Herrn Hoffmann in der Friedrichstraße konferiert habe, demselben Kleiderkonstrukteur, der den Grafen Waldersee, als er gen China zog, mit Kaki versehen hat. Sie finden, das sei Größenwahn? Gewiß, unserer Expedition ist nicht so kriegerisch und überseeisch wie die des Weltmarschalls, aber ich habe immer bemerkt, daß, wenn einer Automobil fährt, beträchtliche Veränderungen in seiner Garderobe vor sich gehen. Er kleidet sich in Leder, wendet das Fell des Pelzes nach außen, setzt sich eine Maske und eine gigantische Mütze auf, – kurz, jedes Kleidungsstück ruft laut und vernehmlich: Töff! Töff! Auch Herr Hoffmann hatte mit mir weitgehende schneiderische Metamorphosen vor, aber er zeigte dabei zu sehr die Tendenz, mich gegen die Unbilden des sibirischen Wetters auszurüsten, als daß ich, der ich mehr nach Süden strebe, mich gänzlich hätte anschließen können. Zwar war es verlockend, die Haare einer glänzenden schwarzen Ziege oder junger Pferde nach außen zu tragen oder sich ganz in schwarzes Wichsleder zu hüllen, aber wir widerstanden dem Versucher. Wir beschränkten uns auf 1. ein Paar wasserdichte, aber sehr dünne Mäntel, die also gleichzeitig gegen Regen und Staub schützen sollen; 2. ein Sportkleid für meine Frau, kurzer Rockrand, Jacke, 3. einen Sportanzug für mich, Pumphosen und Joppe, 4. ein rohseidenes Kleid für meine Frau; 5. einen weißleinenen Anzug für mich; 6. zwei braunlederne Mützen; 7. ein Paar hohe Stiefel für meine Frau; 8. ein Paar hohe Stiefel für mich. Sie sehen, es ist Bedacht darauf genommen, daß wir es sowohl mit der Kälte *vor*, wie mit der Hitze *nach* dem Brenner aufnehmen können. Unsere gewöhnlichen Wintermäntel nehmen wir natürlich auch mit, und mein großer Koffer ist dazu bestimmt, Wäsche und Straßen- wie

Gesellschaftskleider für drei Monate zu beherbergen. Außer ihm werden wir folgendes gen Süden schleppen: einen großen Handkoffer meiner Frau; einen großen Handkoffer für die „Effekten“ bei kurzem Aufenthalt; einen Toilettenkoffer; einen Speisekorb mit Geschirr; eine Schirm- und Stocktasche; eine Gummibadewanne; drei Reisedecken. – Heiliger Himmel, – welch eine Bagage! Was hat man von seinem Kulturmenschentum? Eine Garnitur Koffer. Aber welche Wollust liegt in dem Gedanken: wir werden sie nie „aufzugeben“ brauchen!

Überhaupt: eine wollüstige Perspektive! Wir werden nie von der Angst geplagt werden, daß wir einen Zug versäumen könnten. Wir werden nie nach dem Packträger schreien, nie nachzählen müssen: eins, zwei, drei, vier – hat er alles? Herrgott, die Hutschachtel! Sind auch die Schirme da? Wir werden nie Gefahr laufen, mit unausstehlichen Menschen in ein Kupee gesperrt zu werden, dessen Fenster auch bei drückender Hitze nicht geöffnet werden darf, wenn jemand mitfährt, der an Zug-Angst leidet. Wir werden keinen Ruß in die Lungen bekommen. (Aber Staub! Meinen Sie? Warten wir's ab!) Wir werden selber bestimmen, ob wir schnell oder langsam fahren, wo wir anhalten, wo wir ohne Aufenthalt durchfahren wollen. Wir werden ganze Tage lang in frischer, bewegter Luft sein. Wir werden nicht in gräulichen, furchtbaren Höhlen durch die Berge, sondern über die Berge wegfahren.

Kurz, mein Herr: Wir werden wirklich *reisen* und uns nicht transportieren lassen.

Reisen sage ich, nicht *rasen*. Denn das soll schließlich, um es kurz zu sagen, der Zweck der Übung sein: *Wir wollen mit dem modernsten aller Fahrzeuge auf altmodische Weise reisen, und eben das wird das Neue an unserer Reise sein. Denn bisher hat man das Automobil fast ausschließlich zum Rasen und so gut wie gar nicht zum Reisen benützt.*

Das Wesentliche des Reisens ist aber keineswegs die Schnelligkeit, sondern die Freiheit der Bewegung. Reisen ist das Vergnügen, in Bewegung zu sein, sich vom Alltäglichen seiner Umgebung zu entfernen und neue Eindrücke mit Genuß aufzunehmen. Der Reisende im

Eisenbahnwagen vertauscht aber nur sein eignes Zimmer, das er allein besitzt, mit einer Mietskabine, an der jeder Quidam teil haben kann, und er gibt, statt Freiheit zu gewinnen, Freiheit auf. Der kilometerfressende „Automobilist" ist aber auch kein Reisender, sondern ein Maschinist. Das mag Verlockendes haben, wie jeder mit Lebensgefahr verbundene Sport, und ich begreife es, daß gerade die Reichsten der Reichen sich die Sensation gerne verschaffen, auf bisher noch nicht dagewesene Manier das Genick zu brechen. Aber mit der Kunst des Reisens hat das soviel zu tun, wie die Schnellmalerei mit der Kunst Böcklins.

Lerne zu reisen ohne zu rasen! heißt mein Spruch, und auch darum nenne ich das Automobil gerne *Laufwagen*. Denn es soll nach meinem Sinne kein Rasewagen sein. Und nun wollen wir sehen, ob das geht!

Den nächsten Brief sollen Sie bereits von unserer ersten Station aus erhalten.

Großenhain in Sachsen, den 10. April 1902.

Lustig wird man durch das Reisen im Laufwagen, lieber Freund, aber nicht schreiblustig. Daher nur ganz kurz: Wir sind um 11 Uhr in Berlin abgefahren, durchs Tempelhofer Feld hinaus über Zossen, Baruth, Luckau, Elsterwerda hierher, wo wir gegen ½7 Uhr angekommen sind. Bald langsam, bald schnell, fast immer mit Gegenwind kämpfend und sehr oft behindert durch die Notwendigkeit, auf unruhige Pferde Rücksicht zu nehmen, die instinktiv eine Antipathie gegen den Laufwagen haben, der bestimmt ist, sie im Amte der Beförderung von Menschen und Lasten abzulösen. Man muß alles lernen, auch die Kunst, an Pferden vorbeizukommen, ohne daß sie scheuen. – Unser Hauptinteresse bei dieser ersten Fahrt galt dem Wagen. Wir sind erstaunt, auf was für schlechten Wegen er sicher zu fahren imstande ist. Bei glatter, freier Bahn ist es wie ein Fliegen, und man begreift, daß der Sportsautomobilist schließlich nur das eine Interesse hat: die Schnelligkeit zu steigern.

Wir, die wir keine Sportsleute, sondern einfache Reisende sind, die nicht fahren, um irgend einen Rekord zu schlagen, sondern um möglichst viel und intim zu sehen, werden uns kaum dazu verlocken lassen, andauernd ein Gewalttempo einzuhalten, wenngleich wir streckenweise recht gern den Reiz genießen wollen, den es hat, im offenen Wagen auf schnurgerader, glatter Chaussee hast du nicht gesehen dahinzurollen. Es ist ein ganz eigenartiges Gefühl, das fast etwas Berauschendes hat, nur daß auf diesen Rausch kein Katzenjammer, sondern eine gesteigerte Lebensfrische folgt. – Da unsere Augen an den verstärkten Luftzug noch nicht gewöhnt sind, haben wir die großen Schutzbrillen benützt und gefunden, daß sie nicht halb so lästig sind, wie wir gedacht hatten.

Dresden, den 11. April 1902.

Heute sind wir à la Postkutsche gereist. Um zehn Uhr in Großenhain aufgebrochen und erst um fünf in Dresden angelangt – jeder Anfänger im Radfahren muß uns deshalb verachten.

Dafür haben wir aber recht viele schöne Dinge mit ruhigem Behagen betrachten können: die herrliche Albrechtsburg Meißens und das königliche Moritzburg mit seinen Wäldern, Wildschweinen und Hirschen.

Der Besuch der Albrechtsburg war die erste Prüfung unseres Adlerwagens auf seine Fähigkeit, größere Steigungen zu nehmen. Er hat sie glänzend bestanden. Wir fuhren durch steilen und engen Gassen Meißens bis vor das Tor des wundervollen alten Doms hinauf, nicht ohne einige Bänglichkeit unserseits, da wir uns vorstellten, in welchem Tempo es rückwärts hinunter gehen würde, wenn es dem Motor mitten in der Steigung einfallen sollte, zu versagen. Unser Führer, von dessen Tüchtigkeit wir schon jetzt vollkommen überzeugt sind, bemerkte unsere ungewissen Mienen und benutzte die Gelegenheit, uns alle die Sicherungsmittel auseinander zu setzen, die den Wagen sofort zum stehen zu bringen vermögen, wenn er bei Gefälle oder Steigung nach vorn oder hinten ins Rollen kommen sollte. Abgesehen davon, daß der Motor sofort abgestellt werden kann, kann auf dreifache Weise augenblicklich und scharf gebremst werden, und beim aufwärtsfahren werden außerdem zwei Rücklaufstreber unterhalb des Wagenkastens herabgelassen, die, zwei starke und spitze Eisen, sich in das Erdreich bohren, sobald der Wagen abwärts nach hinten ins Laufen kommt.

Wir kamen uns fast wie Eindringlinge aus einer anderen Welt vor, als wir in den Domhof einfuhren, der von ehrwürdig schönen alten Bauten gebildet ist und um so ergreifender wirkt, wenn man, wie wir, ziemlich unvermittelt in ihn gestellt wird. Doch konnte unser Automobil verwandte Erscheinungen seiner Art begrüßen in Gestalt elektrischer Bogenlampen, die, Wahrzeichen unserer Zeit, an den alten Bauwerken angebracht sind. Sehr schön nehmen sie sich in dieser Nachbarschaft nicht aus, und wir schämten uns hier, angesichts dieser alten großen Kunst, ein wenig der ästhetischen Verarmung, in die wir geraten sind, wir Leute mit den Bogenlampen. Doch wäre es undankbar, unserer Zeit zu schmähen, wenn man eben im Automobil zur Albrechtsburg hinaufgefahren ist, und wir dürfen uns zum Glück, wenn wir auch bekennen müssen, daß wir auf dem Felde der Schönheit wie die arm gewordenen Enkel großer Herren der Vergangenheit sind, der Zuversicht getrösten, daß die reichen Aufsätze zu einem neuen Leben, die sich im Bezirke des Schönen zeigen, sicher bald Blüte und Frucht tragen werden. Wir haben jetzt, so gern wir auch in diesen Dingen das Wort „modern" gebrauchen, den Weg zu den großen Alten zurückgefunden, die wir nun aber nicht zu wiederholen, sondern von denen wir aufs neue auszugehen gedenken.

Ich mußte, aber ohne Spott, lächeln, als ich in einer Ecke des alten Domes das Linienwerk eines Türgeviertschmuckes bemerkte, das ganz wie ein in Stein übertragenes Büchertitelornament von unserem Peter Behrens aussieht. – Nach diesem Labsal an alter deutscher Kunst freuten wir uns der Meisterin aller Künste, die, unbesorgt um den Ruf der Originalität, sich immer wiederholt und dennoch immer auf neue wie eine Offenbarung wirkt, da sie in der Tat die ewig eine Offenbarung ist: der Natur.

Sie interessierte uns diesmal hauptsächlich in Gestalt des allerjüngsten Wildschweinnachwuchses von Moritzburg, allerliebster gescheckter Frischlinge, die gar nichts von der grimmigen Wüstheit ihrer borstigen Eltern haben. Diese könnten zum Fürchten sein (wie denn die alte deutsche Kunst dem Teufel gern einen Wildschweinskopf gab), wenn sie nicht wie hier, von dem ausschließlichen Interesse nach Atzung beseelt sind, und dies mit der Gewißheit, daß diesem Interesse zur bestimmten Stunde entgegengekommen wird. Sie übersahen uns durchaus und beschäftigten sich nur mit ihrer Mahlzeit, die aus rohen Kartoffeln mit Maiskörnern als Nachtisch bestand.

Den Wildschweinen des Königs von Sachsen geht nichts ab, und das macht sie so gemütlich und zahm, daß sie eigentlich gar keinen Anspruch mehr darauf haben, *wilde* Schweine zu heißen. Die großen schönen Hirsche, die um die gleiche Zeit gefüttert werden, ihr Traktement aber abseits und in Krippen, nicht auf dem bloßen Boden, erhalten, betrugen sich wie vornehme Pensionäre, die mit einem Air von Gelangweiltheit entgegennehmen, was ihnen von Rechts wegen durch die Organe des Staates serviert wird. Um uns kümmerten sie sich noch weniger, als die borstigen Grunzer. Trotzdem wären wir gern noch länger Zeugen dieses vergnügten Geschäfts sorgloser Ernährung gewesen, wenn nicht ein leiser Regen begonnen hätte. Wir schlugen die Wagendecke hoch, fanden, daß es sich auf diese Weise auch bei Regen angenehm im Laufwagen fahren läßt, und rollten bald über die Karolabrücke nach Dresden-Altstadt.

Teplitz in Böhmen, den 12. April 1902.

Wenn Sie glauben, daß ich Ihnen heute von Dresden erzählen werde, so irren Sie sich. Noch ist uns das Spielzeug zu neu, als daß wir es einen Tag ruhen lassen könnten. Wir sind, ohne das schöne Dresden eines Blickes zu würdigen, heute bereits weiter gefahren, doch haben wir uns ein hübsches Andenken mitgenommen, das wir überdies auf der Reise wohl brauchen können: ein meißner Tafelservice mit Biedermeier-Rosen. Wer, wie ich, als Alkoholabstinenter auf Tee angewiesen ist, will ihn auch hübsch serviert bekommen. Sofort nach unserer Ankunft, kaum, daß wir uns umgekleidet und gewaschen haben, dampft die Teemaschine; die sorgsam in Watte verpackten Kannen und Tassen werden mit unendlicher Bangigkeit („Du, hat es nicht eben geklirrt? Sicher ist etwas kaputt") ausgewickelt, die chinesische Teebüchse giebt das nötige, wohlbemessene Quantum des göttlichen Krautes von Ceylon her, und ich habe das

Vergnügen, wie zu Hause zu schreiben: die Schale mit dem goldbraunen Nasse neben mir.

Wie das duftet! Wie das belebt! Eure Räusche, Knechte der gegohrenen Getränke, sind grobe Peitschenhiebe, die Striemen hinterlassen, während der Rausch aus dem Tee das Streicheln einer feinen, weichen, schönen Hand ist, die auch noch in der Erinnerung wohltut.

Aber wie? kommt dieses mein freudige Lebensgefühl jetzt von diesem einen Schluck Tee? Kommt es nicht viel mehr vom – Automobil? – Ja, wenn es ein Rausch ist, der mich jetzt so heiter macht, so ist es der Bewegungsrausch.

Nun werden Sie in Ihrem schnöden Herzen freilich denken: Eine recht bequeme Art, sich zu bewegen, wenn man für ein paar Stunden auf dem Polster eines Wagens Platz nimmt.

Sie irren sich.

Eine Bewegung wie Radfahren, eine Art Turnen ist es freilich nicht. Es ist vielmehr so wie bei den ingeniösen Apparaten des Schweden Zander, durch die man, wenn Sie die Güte haben, mir ein Wort zu gestatten, das wie ein Witz von Ihnen aussieht, geturnt *wird*. Was diese Erschütterungsmaschinen zu Wege bringen: diese gewisse innere Massage, das besorgt das Automobil mit seinem fortwährenden leisen Vibrieren. Es ist durchaus kein Stoßen, Rütteln, Schütteln, sondern ein sanftes fast unmerkbares Zittern. Steht der Wagen, so ist es am stärksten; je schneller er läuft, um so schwächer wird es. Die Wirkung auf den Körper ist bei mir durchaus angenehmer Natur; ich fühle mich nach einer etwa vier- bis fünfstündigen Fahrt im Laufwagen angenehm erfrischt, etwa so, wie ich mich fühle, wenn ich mich in einer Höhe von etwas mehr als 1000 Meter über Meer befinde.

Die passive Bewegung durch das Laufwagenfahren ist es allerdings gewiß nicht allein, die diesen angenehmen Effekt hat, sondern es kommt der stundenlange Aufenthalt in frischer Luft, dieses Luftwellenbad hinzu, das wohl mehr als eine bloße *Haut*wirkung hat. Und schließlich darf auch die heilsame Entlastung des Gemütes nicht vergessen werden, dieses

Reisegefühl der Freiheit und fortwährenden Befruchtung mit neuen Eindrücken. Gebe ich jedem dieser frei Faktoren ein Drittel des Verdienstes an dieser Steigerung des Gesundheitsgefühls, so bleibt doch bestehen, daß keiner der drei Faktoren fehlen dürfte, – und sie alle drei finden sich nur bei der Reise im Laufwagen in so glücklicher Dosierung vereint. Ganz junge oder besonders kraftvolle Leute, wie Sie, mein Freund und Meister in allen schönen Künsten des Leibes, können es ja billiger haben: auf Schusters Rappen oder dem Rade. Für uns andre aber, die mit Bäuchen gesegnet und auch sonst nicht ganz auf der Höhe physischer Leistungsfähigkeit sind, erfordert andauerndes Laufen und Radeln über weite Strecken zuviel Muskelenergie, und statt Erfrischung pflegen wir Abspannung oder Überreiztheit zu gewinnen. Für uns ist also das Laufwagenreisen das Wahre. Crede experto!

Ich glaube, daß nicht einmal unbedingt schönes Wetter dazu nötig ist, doch ist das eine Zugabe, für die den Göttern Dank gebührt. Heute war sie uns in reichstem Maße zugemessen. Ein frischer sonniger Tag –:

Kein Wölkchen, das am Himmel stund,
Sonne und Wind im schönsten Bund,
Das war ein Tag voll Güte.

Wir fuhren erst ¾1 Uhr von Dresden ab, als Führer vor uns Herrn Weber, den Besitzer des bekannten Hôtels, der es sich nicht nehmen ließ, uns den schönsten Weg (durch den prächtigen „Großen Garten“) zu zeigen, indem er uns auf dem Rade voranfuhr – woraus zu entnehmen ist, daß die berühmte sächsische Höflichkeit *zuweilen* mehr kann, als süße Worte machen. Herrn Weber verdankten wir es auch, daß wir den Weg durch das anmutige Müglitztal nahmen, über Dohna, Weesenstein, Glashütte, Altenburg. Unserem Motor wurde dadurch keine kleine Aufgabe gestellt, denn es geht unausgesetzt bis über 700 Meter bergan. Dafür fällt dann der Weg von dem ersten böhmischen Orte Zinnwald an recht scharf, und zwar durch einen richtigen, alten Märchenwald, in dem noch viel Schnee lag. Die Fahrt durch diese grün-weiße Einsamkeit werden wir nie vergessen. Sie versetzte uns in eine Welt, die sonst fast überall bereits dem Untergange geweiht ist. Nur Großgrundherren vom Reichtume der böhmischen können sich noch solche Wälder leisten, in denen, so möchte man meinen, ein Rübezahl als Förster herrscht, dem jeder Baum heilig und jede Axt ein Greuel ist. – Im stärksten Gegensatze dazu beginnt bald hinter diesem königlichen Urwalde das Gebiet der Teplitzer Kohlenbergwerke, in dem der Natur alle ihre Schönheit brutal genommen ist, und wo auch die Menschen, die dies vollbracht haben, wahrhaftig nicht die Schönheit siegreicher Eroberer zeigen, sondern das Notmal schmutziger Mühsal an sich tragen. Wir waren froh, als wir diese Kohlenstaubhügel hinter uns hatten, und gegen ½5 Uhr in das noch fremdenlose Teplitz einfuhren.

Prag, den 13. April 1902.

Teplitz hat uns nicht eben besonders gefallen, – bis auf eine böhmische Mehlspeise und den Umstand, daß es eine ganz deutsche Stadt (mit stark sächsischer Klangfarbe) ist. Abends war es recht hübsch, sich in das Volksgewühl zu mengen.

Wirklich: Gewühl. Denn die engen Straßen sind auffällig belebt, ganz „Carmen", erster Akt, erste Szene. – Das Hôtel erinnerte in seiner Weitläuftigkeit und der etwas abgenützten alten Pracht der Möbel an die Zeit, da Teplitz noch ein Weltbar war und Kaiser und Könige beherbergte. Die alten feierlichen Kanapees machten in ihrer Abgeschabtheit ganz den Eindruck, als fühlten sie ihre Deklassierung und schämten sich, daß es nicht einmal für einen neuen Überzug mehr langte. – Lobositz scheint auch noch deutsch zu sein, aber mit Theresienstadt beginnt schon die Tschechei. Von hier bis Prag haben wir kein deutsches Wort gehört, außer, wenn wir uns mit Fragen an *ältere* Personen wandten. Diese gaben bereitwillig deutsch Antwort. Außer an der Sprache merkt man es auch an dem Gehaben der Leute, daß sie einer anderen Nation angehören. Die Tschechen sind viel temperamentvoller als die Deutschen. Unser Adlerwagen mobilisierte jedes tschechische Dorf; von den jüngsten Jungtschechen bis zu den ältesten Matronen kam alles herbeigelaufen, gehatscht, gehumpelt, und wir hatten reichlich Gelegenheit, den Wohllaut der tschechischen Sprache zu genießen, da es bei diesen

Volksansammlungen überaus laut herging, fast so laut, wie, in Farben, auf ihren Westen, Blusen, Schürzen, denn der Farbensinn der Tschechen ist lebhafter als der der Deutschen. Blau und rot scheinen sie am meisten zu bevorzugen. – Schöne Leute sind uns nicht begegnet bis auf einen sehr großen Zug Zigeuner, wohl an die zwanzig Wagen mit den jämmerlichsten Pferden, die ich je gesehen habe. Dafür waren die Burschen sowohl wie die Mädchen um so schöner, wahre Prachtexemplare von Menschen an Gestalt und Antlitz. Herrliche Augen des Orients, prachtvolle braune Haut, edelster Gesichtsschnitt, wunderbar fein gegliederte Hände. Schade, daß sie, mit Verlaub zu sagen, so dreckig sind. – Übrigens, Freund Maler, eine Frage, über die ich mir Gedanken mache: Woher bekommen die Zigeuner alle ihre blinden und lahmen Pferde? Sie werden sagen: Sie stehlen sie. Aber das kann nicht stimmen, denn die Zigeuner gelten nicht als dumm, und dumm wäre es doch, immer und ausschließlich Ausschußgäule zu stehlen. Ich meinesteils wenigstens würde, wenn ich schon einmal Pferdedieb wäre, Wert darauf legen, besonders junge, gesunde, schöne Exemplare an mich zu bringen. Zudem müßten sich diese auch *leichter* stehlen lassen, weil sie schneller zu laufen und den Dieb gleichzeitig mitzutragen imstande sind. Man wird also doch wohl zu der Annahme gelangen, daß die Zigeuner dieses Krupzeug *kaufen*. Nun aber, ich bitte Sie, lieber Freund, was werden die armen Zigeuner machen, wenn es einmal keine Pferde, sondern nur noch Automobile giebt? Blinde und taube Laufwagen werden selten sein, und mit den lahmen allein werden die unseligen „Rom's“ nicht auskommen. Wir werden die Lösung dieser bangen Frage wie so vieler anderer wohl der Zukunft überlassen müssen. – Heute hätten wir übrigens unser Ideal-Automobil aus dem Nymphenburger Park brauchen können, denn zweimal führte uns der Weg an einen Fluß, doch an keine Brücke. Wir mußten uns bei Dozan über die Eger, bei Weltrus über die Moldau setzen lassen, Begebenheiten, die zu photographieren wir nicht ermangelt haben.

Nach der Überfahrt über die Moldau

Je näher wir auf unserer Fahrt, die fortwährend durch eine Landschaft vom Anscheine reichster Fruchtbarkeit führte, am Prag herankamen, umsomehr fiel uns Eines auf: welchen Kultus das tschechische Volk mit seiner Sprache treibt. Sie ist ihm so teuer, daß es ihm offenbar sündhaft erschiene, ihre Worte bei öffentlichen Aufschriften anders als in Buchstaben von mindestens einem Viertel Meter Höhe malen zu lassen, – und alles in Versalien. Dieser Überschwang in Anfangsbuchstaben, die alle in frischer Ölfarbe glänzen, also offenbar häufig erneuert werden, ruft, schreit, kräht: Schaut her, wir haben eine Schriftsprache! Wir brauchen das Deutsche nicht mehr! Nix Daitsch! Nix Daitsch! Nix Daitsch! – Das Nationalgefühl in Plakatformat.

Prag, den 14. April 1902.

Der Blaue Stern, in dem wir wohnen, ist leider modernisiert und dadurch um seine alte Behaglichkeit gekommen. Es scheint, daß ich doch kein moderner Mensch bin. Nicht einmal der Jugendstil ersetzt mir die Gemütlichkeit. Diese fanden wir dafür im Hause von Hugo Salus und überhaupt bei allen Deutschen, die uns begrüßten. Ach, die Deutschen Prags begrüßen so gerne Deutsche „aus dem Reiche". Sie sitzen hier auf einer kleinen Insel in einem wilden Meere, und dieses Meer frißt ihnen ihr Inselchen immer kleiner. Bald wird es nur noch ein deutsches Helgoländchen in der tschechischen Mordsee sein. Dabei repräsentiert das *deutsche* Prag die reifere Bildung, den festeren Reichtum. Aber – das *Volk* fehlt. Es ist schon fast wie das „englische Viertel" in Dresden, – eine dauernde Ansiedelung von Ausländern.

Im Hofe des blauen Sterns in Prag

(links Hugo Salus und Frau)

Die gesamte Arbeiterbevölkerung und die dienenden Klassen, – lauter Tschechen. Die Geschäftsinhaber und Handwerksmeister sind wohl noch zum Teil deutsch, arbeiten aber mit tschechischen Kräften. Das Bollwerk der deutschen Universität steht zwar noch fest, wird aber grimmig berannt; doch ist es in tapferen Händen. Die deutschen Studenten sind natürlich treu und fest national gesinnt, desgleichen die deutsche Presse. Auch pflegt man in Prag die deutsche Literatur mit größerer Hingabe, als es sonst unter Deutschen die Regel ist, und die deutsche Literatur Prags weist ein paar Talente von hoher Begabung auf. Salus ist ein Poet, den jeder Deutsche lieben muß, der in der Lyrik nicht bloß auf Virtuosenspezialität erpicht ist, und Rilke ist vielleicht das größte lyrische Formtalent, das wir heute überhaupt besitzen. Entschuldigen Sie diese literarischen Bemerkungen. Ich wills nicht wieder tun.

Daß Prag eine der schönsten Städte, und nicht bloß Österreichs, ist, wissen Sie wohl schon. Eine seltsame Stimmung ist hier: deutsche Vergangenheit und tschechische Gegenwart und dann etwas wunderlich orientalisches, das von den vielen Juden herkommen mag. Das alte Ghetto mit dem Judenfriedhof und der uralten, halb unterirdischen Synagoge, – ein Viertel voll Schmutz, Armut und malerischen Reizes. Da gibt es Häuser, die nicht nebeneinander sondern ineinander gebaut zu sein scheinen, ein unsagbares Gewinkel. In der alten Synagoge, diesem ehrwürdigen Kellerloch der Jehowahverehrung, kann man das Gruseln lernen, und ich für mein Teil wurde den Gedanken nicht los: ein Stückchen dieser Düsterheit steckt auch in jeder christlichen Kirche. Oh Zeus von Otriculi!

Beneschau, den 15. April 1902.

Wenn Sie auf der Karte nachsehen wollen, werden Sie finden, daß Beneschau nicht gar weit von Prag entfernt liegt, und Sie werden sich wundern, daß wir heute nur einen so kleinen Weg gemacht haben. Daran ist die *Zündung* schuld, das einzige an unserem vortrefflichen Motor, das uns zuweilen einen kleinen Ärger bereitet.

Heute war es sogar ein großer. Der Wagen wollte durchaus nicht „angehn“, so sehr sich unser Fahrer im Hof des Blauen Sterns abmühte. Schließlich wurden wir es müde, der Quälerei beizuwohnen, und gingen hinüber in den Zirkus Schumann, wo der Herr Direktor gerade ein neues Pferd in der hohen Schule übte. Das ist eigentlich auch keine kleine Quälerei, aber als Schauspiel war es für uns doch angenehmer, als das erfolglose Bemühen, Benzinexplosionen durch Zündung zu erzeugen, die Gottweiß aus welchen Tücken keine Lust hatten. Erst Nachmittags um zwei Uhr ließ sie sich herbei, zu funktionieren, und so haben wir also nicht, wie wir wollten, Wittingau, sondern nur Beneschau erreicht.

Von diesem Orte weiß ich Ihnen nichts zu berichten, als daß es vor 30 Jahren noch deutsch gewesen sein soll, jetzt aber, bis auf einige jüdische Firmen, ganz tschechisch ist.

Außer den Firmen Cohn und Katzenstein erinnert uns noch ein schönes Stück Gotik in Gestalt eines hohen Spitzbogenfensters, das allein von einer alten Kirche übrig geblieben ist, an die deutsche Vergangenheit des Städtchens.

Dafür lebt sich auch hier in allen seinen Prächten der tschechische Jugendstil üppig aus. Das Zimmer, das wir angewiesen erhalten haben (Laufwagenreisende bekommen in kleinen Städtchen stets die Staatszimmer), ist giftgrün-rosa bemalt mit unerhörten Blumen der tschechischen Botanik, halb Lilien, halb Klatschrosen; sämtliche Möbel sind aus moosgrün lackiertem Eisenblech mit ziegelroten Kaldaunenornamenten. Die Biedermeier-Rosen unseres Teeservices erblassen schier vor diesem tumultuarischen Farbengeheul, und ich habe dem Wirt ernstlich ans Herz gelegt, hier nie eine Dame in gesegneten Umständen einzuquartieren, weil eine Frühgeburt die unausbleibliche Folge sein müßte.

Wittingau, den 16. April 1902.

Diese Stadt heißt eigentlich ganz anders, aber ich kann mir den tschechischen Namen durchaus nicht merken. Wittingau hat sie früher geheißen, als sie noch deutsch war. Heute kommt der Name nur noch auf den Plakaten der fürstlich-schwarzenbergischen hiesigen Brauerei vor.

Überhaupt ist die ganze Stadt und alles drum herum fürstlich-schwarzenbergisch. Man kann sagen: es ist eigentlich gar keine Stadt, sondern hundert und ein paar Häuser, die dem schwarzenbergischen Schlosse zur Folie dienen.

Da ist z. B. eine Straße, die vom Schloß zur Kirche führt. Aber die Kirche ist die Schloßkapelle, und die eine Seite der Straße ein verdeckter Gang, der Schloß und Kapelle verbindet.

Das Schloß selber ist ein sehr weitläuftiges Gebäude oder besser: ein Komplex mehrerer ausgedehnter Baulichkeiten, und man müßte taub sein, wollte man nicht hören, was diese Mauern (tschechisch natürlich) laut und vernehmlich predigen. Ich habe es vernommen, lieber Bachmann, und habe es, obwohl es tschechisch war, wohl verstanden. Soll ich es Ihnen aus dem Tschechischen der Schwarzenberger (Sie wissen doch daß die Schwarzenberger Tschechen sind?) übersetzen? Ins Deutsche? Nein: ins Französische. Es ist eine ganz kleine Redensart und heißt: Je m'en fiche!

Diese böhmischen Magnaten, von denen die Schwarzenbergs noch nicht einmal die größten sind, dürften sich diesen Spruch wirklich ins Wappen setzen lassen. Dem Rang und Titel nach sind sie zwar keine Souveräne (obwohl die Schwarzenbergs in ihrer eigentlichen Residenz, denn das hier ist bloß ein pied-à-terre, sogar ein kleines Privatarmeechen haben), aber in Wahrheit sind sie viel souveränere Herren, als irgend ein regierender Fürst. Ein moderner König kann wahrhaftig keine großen Sprünge machen, – die Schleppkugel des Parlaments hängt ihm am Fuß. Kaum daß er noch große Reden im Munde führen darf, und auch das will ihm die Volksstimme schon nicht mehr erlauben. Sein Leben spielt sich noch viel mehr als das gewöhnlicher Menschen zwischen lauter Rücksichten ab, und er ist in der Hauptsache nur durch den Schein einer Machtvollkommenheit ausgezeichnet, deren sich heute in Wirklichkeit nur die wirklich Herrschenden erfreuen, die großen Besitzer, die *keine* nominellen Potentaten sind. Ein heutiger Souverän ist auf Popularität angewiesen; nur ein Genie dürfte es wagen, Potentat und unpopulär zu sein. Ein gewöhnlicher Souverän, der es riskieren wollte, nach dem Spruch je m'en fiche zu „regieren“, würde bald die Bruchstücke seiner Krone und seines Thrones auf der Straße zusammenlesen können.

Einen Schwarzenberg dagegen, wie etwa einen Vanderbilt, hindert eigentlich nichts daran, durchaus und immer zu tun, was ihm beliebt. Er hat Macht schlechthin im Umkreise seines Besitzes. Z. B.: Es beliebt den Fürsten Schwarzenberg, daß sich in oder um Wittingau keine Industrie bilde, denn sie wünschen nicht, daß auf ihrem Gebiete der Arbeiter die Wahl habe, seine Kraft dem Fürsten oder einem anderen zu verkaufen, – also bildet sich keine Industrie, denn alles Land hier, meilen-meilenweit ist Schwarzenbergisch – bis zur Grenze von Nieder-Österreich.

Selbständige Bauern gibt es nicht, – nur schwarzenbergische Untertanen, und die im verwegensten Sinne des Wortes. Leibeigen sind sie ja nicht, aber das Land, das sie bebauen, das Gerät, mit dem sie es tun, die Hütte, in der sie wohnen, gehört dem Fürsten. Er hat die Entscheidung über alle Weg- und Kommunikationsfragen, – in seiner Hand liegt es, welcher Art die Kultur sein soll, die sich hier entwickelt.

Schrecklich, lieber Bachmann, nicht wahr? – Ich weiß nicht recht. Nach dem Prinzip der Liberté, Fraternité, Egalité angesehen ist es ja gräulich, und ich für mein Teil würde, ehe ich so hörig wäre, lieber wundfüßig bis ans Ende der Welt laufen, aber es scheint doch, daß es für viele ein ganz erträglicher Zustand ist, wenn es der Herr Fürst nur ein bißchen gnädig treibt. Also wird es fürs Erste wohl noch eine gute Weile so gehen.

Für die Ästhetik der Landschaft ist das feudale Regime sicher günstig. Unter ihm gedeiht die große Linie: Wald, Wiese, Feld. Alles dehnt sich weit, mächtig, schön. Nirgends Fabrikschlöte, überall reine Natur. Und die Hütten der Bauern so schön verfallen malerisch, moosbewachsen, nieder; die Menschen selber ditto malerisch, nämlich zerlumpt. Ein Unterrock und ein zerrissen Hemd: und das Bauernmädl ist fertig angezogen. Sieht hübsch aus, Bachmann, wenn so ein Stück nackter Rücken durchleuchtet. Sehr unsozial gedacht, – ja; aber, wenn's die Fürsten Schwarzenberg nicht geniert, daß ihre Hütten vor lauter malerischer Romantik schier umfallen, was soll ich tun? Mir ist es genug, daß es Stimmung hat. Auch muß ich sagen, daß die Leute ganz vergnügt aussehen. – Übrigens wird die tschechische Sozialdemokratie den Leuten das Vergnügen an ihrem malerischen Elend schon austreiben. Lassen wir die Mächte sich untereinander abraufen! Einstweilen bin ich den Fürsten Schwarzenberg dankbar dafür, daß auf ihren Gebieten die Natur in allen ihren Prächten erhalten bleibt.

Doch ich sage zuviel: Auch die Feudalen bändigen die Natur, damit sie ergiebiger werde. So haben sie aus den Sümpfen dieses Landes Teiche gemacht, in denen Fische gedeihen, die bis Berlin und Hamburg versandt werden: die berühmten Karpfen von Wittingau.

Über diese Teiche und ihre Bewirtschaftung habe ich mich von einem Beamten des Fürsten belehren lassen, und Sie sollen von meiner Wissenschaft profitieren. Alle drei Jahre werden, in bestimmter Reihenfolge, einige dieser seeartig großen Wasserflächen abgelassen, die Fische in kleineren Becken sortiert und lebend in Fässern verschickt, und was drei Jahre lang Teich war, wird zum Weizenfeld gemacht. Der Teichboden ist besonders fruchtbar, aber es handelt sich nicht so sehr um seinen Körnerertrag wie darum, daß sich durch die Bebauung im Boden das für die Nahrung der Fische nötige Gewürm entwickelt. Interessant ist auch, daß man geflissentlich zwischen die Karpfen, Welse, Maränen Hechtbrut setzt, um dem zahmen Fischvolk zu heilsamer Bewegung zu verhelfen, damit sein Fleisch fester und schmackhafter werde, – eine Übung, die geeignet ist, zu einem kleinen Gedankenkettenspiel zu veranlassen. Das Ideal der Karpfen besteht sicher darin, daß sie einen Teich ohne Hechte erträumen, aber der Idealismus der Fürsten von Schwarzenberg denkt weiter – an die Muskelvervollkommnung der dicken Idealisten, die ohne diese fürstliche Vorsehung in ihrem Fette ersticken müßten und, was das Wichtigste ist, den Berlinern und Hamburgern nicht entfernt so gut schmecken würden, wären sie nicht drei Jahre lang von den edlen Hechten gehetzt worden. So steht immer ein Ideal auf dem Kopfe des andern, – woraus sich ganz von selbst ergibt, daß die untersten am schwersten zu tragen haben. Ob sich die Karpfen durch irgend welche Gefälligkeit von den Hechten loskaufen können, weiß ich nicht. Daß dies in anderen Verhältnissen möglich ist, beweist die letzte deutsche Aufschrift, die an einem der Tore von Wittingau noch zu lesen ist. Sie lautet: „Fürst – Schwartzenbergisch – befreite Schutzstadt Wittingau“ und bedeutet, daß die Wittingauer ehedem nicht sich selber, sondern den Schwartzenbergs gehörten, daß sie aber für gegebene „Darlehen“ aus diesem Besitz entlassen und nun im „Schutze“ der fürstlichen Hechte geblieben sind. Das ist doch gewiß sehr lehrreich und ein weites Feld für Idealisten, Karpfen, sowohl wie Hechte. – Schade, daß man auf der Reise keine Zeit hat, auf so weiten Feldern zu spazieren. Und zudem: welche Blumen der Lebensweisheit könnte ich dort pflücken, die Sie nicht schon längst im Knopfloch tragen? –

Wien, den 25. April.

Das schnelle Fahren mit der Eisenbahn hat es auch mit sich gebracht, daß man sich daran gewöhnt hat, zu glauben, alle Kulturländer seien einander ganz ähnlich geworden. Es kann dies aber doch wohl in Wahrheit nur von den großen Städten und in ihnen vor allem von den Hotels und den großen Varietetheatern gelten. Fährt man, wie wir, im Laufwagen, aber trotzdem behaglich, so bemerkt man, da die große Kulturwalze doch noch nicht alle Verschiedenheiten ausgeglichen hat.

Niederösterreichische Jugend interessiert sich für den Adlerwagen

Böhmen und Niederösterreich z. B. – welch ein Unterschied! Hier vereinigen sich allerdings besonders viele Umstände dazu, die Nachbarn unterschiedlich zu gestalten. Vor allem sicherlich die Verschiedenheit der Rassen, und dann die Verschiedenheit der Wirtschaftsart. Das hier ganz slavische Böhmen mit seiner ausgeprägten Latifundienwirtschaft muß sich notwendig von dem ganz deutschen Niederösterreich mit seiner Kleinwirtschaft unterscheiden. Böhmen, so däucht mir, ist schöner, großartiger als Natur, Niederösterreich sieht, wenn ich so sagen darf, gemütlicher aus. Besonders wohl gefallen hat es uns nicht, und auch unsere Rasseverwandten haben uns nicht eben den angenehmsten Eindruck gemacht. Die Tschechen zeigten ein etwas tumultuarisches

Temperament, wenn sie den Wagen ohne Pferde sahen, die niederösterreichischen Bauern schienen darob zu Stein zu werden, zu Statuen mit aufgerissenen Mäulern, – wenn sie nicht gerade Pferde zu regieren hatten. In diesem Falle fluchten sie auf eine ganz greuliche Manier und benahmen sich weder sehr christlich, noch sehr intelligent. An Armut und Verkommenheit scheint es hier auch nicht zu fehlen, obwohl keine Feudalen da sind, denen man die Verantwortung dafür aufbürden könnte. Zwei Typen: der Bauer, nicht so fett und breit, wie unser guter Freund von der Öd oder Sankt Heinrich, aber immerhin wohlgenährt und „foascht", dazu mit einem paradox differenzierten Gesichtsausdrucke: halb pfiffig, halb stupide; und der Tagelöhner: ein mageres Bündel Elend in Lumpen, knechtischen Blicks und fuselduftig. – Die Straßen in Niederösterreich sind infam schlecht; auch die „Kaiserstraße" macht keine Ausnahme davon. Man könnte sagen, daß sie eine ausgedehnte Verlockung zu Majestätsbeleidigungen vorstellt. – In der Nähe von Wien bemerkt man ab und an alte Edelsitze unfern der Landstraße, meist mit Resten des Zopfgeschmacks. Wir nahmen uns nicht Zeit, sie genauer zu betrachten, denn es ging schon gegen Abend, und die Stadt schien immer noch fern. – Als wir in Floridsdorf einfuhren, das eigentlich schon eine Vorstadt Wiens ist, war es schon dunkel. Das machte uns kein großes Vergnügen, denn bei Dunkelheit kommt der Laufwagenreisende nicht gern in einer großen Stadt an, weil es gar kein Amüsement bereitet, sich durch so und soviel Vorstadtstraßen durchzufragen. Denn der Pöbel, der in den Vorstädten der Metropole gedeiht, gehört nicht zu den holdesten Blüten am Baume der Menschheit. Vielleicht würden alle diese Menschen, wenn es ihnen gut ginge, manierlicher sein, als mancher Geheimrat; das kann wohl sein; in der Tat aber sind sie meist in einem Grade roh und übel, daß man nicht gerne in Berührung mit ihnen kommt. Muß man aber, wie wir in Floridsdorf, mitten unter ihnen Halt machen, weil das Benzin zu Ende gegangen ist, so läßt sich die Berührung schon deshalb nicht vermeiden, weil sie in

Massen herbeiströmen und mit Begierde die Gelegenheit ergreifen, sich unangenehm zu machen. In erster Linie haben sie das Bestreben, zu zeigen, wie so gar nicht sie sich imponieren lassen. „A Automobüll? Alsdann, – was bedeit' das? Gornix! Bei uns im Hof steht ans, wann mir nur fahren wolltn!“ oder: „Sie! Ham's ka Gölt nüt zum Eisenbahnfohrn?“ Nur ein Betrunkener produzierte etwas wie Witz, indem er rief: „Da sollte der Tierschutzverein a Wörtl dreinredn. Alsdann, was geschieht denn mit dene Gäul, wenn ma mit solche Zeugln fahrt? Müssen alle geschlachtet werden! Und überhaupt: Was saufts denn nöt lieber den Spiritus, statt an Gestank daraus zu machen?“ Der Kerl roch aber selber nicht gut. – Wir waren froh, als wir die Elite von Floridsdorf hinter uns hatten und bei voller Dunkelheit über die Franz-Josefs-Brücke nach Wien hineinrollten, wo wir im Hotel Continental abstiegen, einem alten, früher als Goldenes Lamm berühmten, aber noch jetzt recht guten Hause der Leopoldstadt, wo unser Adlerwagen nun der verdienten Ruhe im Hof genießt. Wir benutzen ihn hier fast gar nicht, denn in Wien muß man *Fiaker* fahren. – Meine Frau wollte es anfangs durchaus nicht glauben, daß diese eleganten Wagen keine Privatequipagen seien. Man findet auch kaum in einer anderen Stadt so schöne Mietswagen mit so prächtigen Pferden in so schmuckem Geschirr und so sicher gelenkt von Kutschern, die, wenigstens von weitem, sich von den Kavalieren, den Herrgöttern dieser Stadt, kaum unterscheiden. Aber die breite Trinkgeldhand zeigt dann um so deutlicher, daß die Elegants im Sportpaletot nicht zur guten Gesellschaft gehören, in der bekanntlich das Trinkgeldnehmen nur in Formen geübt wird, die sehr kompliziert und schwer zu erlernen sind. – Bei der Rückfahrt von einem Rennen in der Freudenau, wo wir aber keinen Tag erster Güte hatten, lernten wir die einzigartige Geschicklichkeit dieser besten Mietskutscher der Welt gut kennen. Da fuhren in endloser Kette *sechs* Reihen von Fiakern nebeneinander, und alles ging glatt und ruhig her, obwohl die reitenden Schutzleute sich nur ornamental betätigten. Denken Sie sich, bitte, mal sechs Reihen von münchner Droschken nebeneinander in schneller Fahrt. Ein Débâcle würde die Folge sein. –

Von Wien selbst lernten wir in den wenigen Tagen das eine kennen, daß es eine sehr schöne Stadt von durchaus eigenem Charakter ist, in der es an Gelegenheiten, sich zu vergnügen, nach keiner Richtung fehlt, und wo besonders für die körperlichen Bedürfnisse ausgezeichnet gesorgt wird. Hier ist die hohe Schule der Mehlspeisküche, und die Kunst des Speisens überhaupt braucht hier keine Sezession. Auf diesem Gebiet herrscht in Wien durchaus die alte Richtung, und es wäre verrucht, sie durch eine neue ablösen zu wollen. In der bildenden Kunst dagegen ist die Revolution im vollen Gange. Nirgends, auch in München nicht, lebt und wirkt die Sezession wie hier. Ich war etwas bange davor, denn ich bin nachgerade ein bißchen bedenklich in diesem Punkte geworden, aber ich muß gestehen, daß meine schlimmen Ahnungen sich nicht erfüllt haben. – Von der Umgebung Wiens lernten wir ein besonders schönes Stück im Laufwagen kennen: die Gegend oberhalb Grinzings, die den schönen Namen „Am Himmel“ nicht mit Unrecht führt. Welche große Stadt hätte derlei in unmittelbarer Nähe! Wald und Wiese in unberührter Schönheit, Berg an Berg mit den köstlichsten Ausblicken über die ganz nahe sich ausbreitende Stadt –eine Mittelgebirgslandschaft mit allen Reizen reichster Abwechselung, unterbrochen von alten schönen Herrensitzen, die noch nicht Hotels oder Pensionen geworden sind. – So mag denn Wien ein wunderschöner Aufenthalt sein, und die Wiener selbst werden nicht müde, es zu preisen, obwohl es nun nicht mehr „die“ Kaiserstadt ist. Zum Schluß eine Probe von Wiener Lebensweisheit in einem Verse, der augenblicklich hier grassiert:

Drahn m'r um und drahn m'r auf,
Es liegt nix dran,
Weil ma's Göld auf derer Welt
Nicht fress'n kann.

Haben Sie was dagegen einzuwenden?

Nachschrift: Fast hätte ich das Schönste vergessen, das Wien an neuer Kunst aufzuweisen hat: das Goethedenkmal von Hellmer. – Gegenwärtig werden der Bildhauerei, zumal in Deutschland, meist insofern schwierige Aufgaben gestellt, als sie entweder Persönlichkeiten von im Grunde recht unwesentlicher Bedeutung monumentalisieren soll, oder gezwungen ist, wirklich mächtige Erscheinungen, wie Bismarck, nach einer gewissen Konvention aufzufassen, als gewissermaßen zu demonumentalisieren. Irgend ein gleichgültiger Vorfahre eines jetzt regierenden Fürsten, so gleichgültig, daß die Geschichte an ihm nichts Auszeichnendes fand, als etwa eine ungewöhnliche Wohlbeleibtheit, weshalb sie ihm dann den Beinamen Der Dicke verlieh, ein fürstlicher Guidam also, von Zufalls Gnaden Kronenträger geworden, statt etwa Packträger, soll, allein um dieses Zufalls willens, fürstlich dargestellt werden, fürstlich, d. h. als ein Vornehmer unter den Vornehmen, als eine Höhenerscheinung unter den Menschen. Er, der vielleicht lediglich durch seinen Bauch hervorragte, soll in Marmor Seelengröße, Geisteskraft und jederlei Adel des Herzens, Hirns und der Sinne überhaupt an den Tag legen. Bismarck hingegen, der ein überragendes Genie und im alleroffenbarsten Sinne ein Fürst unter den Menschen war, darf im Grunde doch immer nur wieder sub specie des Herrn Anton von Werner dargestellt werden, nämlich als schnauzbärtiges, brauenbuschiges, nüsternblähendes Zubehör zu ein Paar Kürassierstiefeln, welches Gebilde man dann den Eisernen Kanzler nennt. Unsre Nachkommen werden in diesen Kümmerlichkeiten ganz gewiß keine Monumente Bismarcks, sondern Denkmäler des kümmerlichen Verhältnisses erblicken, in dem unsre bestimmenden Kreise zu diesem Gewaltigen stehen. Wie denn überhaupt unsre Gegenwart von dem heißen Bemühen erfüllt zu sein scheint, sich vor der Zukunft monumental zu blamieren, indem sie ihr in ihren Denkmälern eine wahre Galerie von Mittelmäßigkeiten hinterläßt, sei es hinsichtlich des Dargestellten oder der Darstellungsart oder in beiden Hinsichten gleichzeitig. Angesichts dieses Zustandes ist es erklärlich, daß Künstler von starker Eigenart, wie Max Klinger, mit höchstem Ehrgeiz ihr ganzes Können an die Aufgabe setzen, in einem höheren Sinne monumental zu schaffen, indem sie sich resolut besonders von jener biedermeierhaften Art pseudorealistischer Auffassung einer Persönlichkeit abwenden. Der Beethoven Klingers, den wir hier, von der Sezession mit fast religiöser Verehrung zu dem Mittelpunkt einer schöpferischen Huldigung gemacht, sahen, verdient als Ausdruck eines so edlen Strebens zweifellos hohe Anerkennung, – als Leistung aber ist er höchst unerfreulich. Die Auffassung des großen Musikers als eine Art Jupiter tonans der klingenden Kunst erforderte vor allem Überlebensgröße und Verzichtleistung auf jedes kleinliche, wenn auch im Material noch so kostbare Beiwerk. In einfacher Lebensgröße dargestellt und umgeben von allerhand kleinplastischen Kommentaren seines Wesens wirkt dieser grübelnde Donnergott wie eine Nippesfigur, und spätere Geschlechter mögen glauben, das Denkmal sei, trotz der Signierung Klingers, eine verkleinerte Kopie des Originals. Aber auch wenn man über diesen Grundfehler hinweg sieht, bleibt wenig übrig, woran man seine Freude haben kann. Wer je einen Rodin gesehen hat, wird schmerzlich empfinden, wie wenig Fluß diese Linien haben, wie kleinlich im Grunde das Ganze auch innerlich ist, wie wenig Reiz dem Material abgewonnen wurde. Die Engelsköpfchen an dem großen Sessel sind direkt Backfischsgeschmack; wirklich gut ist nur der Adler. Ich begreife es vollkommen, daß Wien es abgelehnt hat, diese zwar sehr prätensiöse aber hinter ihren Prätensionen unendlich weit zurückbleibende Arbeit zu erwerben. Eine Stadt, die den Hellmerschen Goethe ihr eigen nennt, kann auf ein Werk wie dieses verzichten, ja *muß* es in einem gewissen Sinne. Hellmers Goethe ist, neben Hildebrands Brunnen in München, die stärkste monumentale Leistung der gegenwärtigen deutschen Bildhauerkunst. Dieses Werk sucht nicht durch „neuartige" Auffassung zu verblüffen, indem es etwa den „Olympier" von Weimar nach dem

Vorgange Bettinas nackt darstellt (was eine recht billige Gymnasialprofessoren-Kühnheit wäre), es sieht auch von allem Schmuckhaften in Nebendingen ab und verschmäht jede plastische Zoologie, die es zumal in der Begasschule zu einer Konkurrenz mit Hagenbeckschen Unternehmungen gebracht hat. Dieser Künstler erwies seine Größe, wie es die Art jedes wirklichen Plastikers ist, zuvörderst durch die große und edel einfache Auffassung. Er sagte sich: wie auf einem Denkmal Goethes nur das eine Wort Goethe stehen darf und nicht etwa ein langes oder kurzes Gepreise des Herrlichen nach einer Richtung hin, so darf es auch plastisch auf ihm nichts geben, das von der Gestalt und Haltung dieses Vollkommenen, vor allem seines Kopfes, ablenkt. Dieser Kopf und dann die Haltung, – das ist alles, was zu leisten ist. Freilich: welch eine Aufgabe! Goethe: d. h. höchste Schönheit deutscher Art und vollster Ausdruck deutschen, weltumfassenden Geistes, aber auch tiefstes Fühlen und klarstes Gestalten, Zusammenklang aller Menschengaben in eine Harmonie von sonst nie dagewesener Fülle, und dennoch: Menschlichkeit, kein „Gott". Dem Wiener Meister ist es gelungen, diesen Komplex höchster Menschheitskräfte so darzustellen, daß man vor seinem Bildwerk wirklich empfindet: GOETHE.

Daß gerade Wien diese herrliche Schöpfung besitzt, ist doppelt erfreulich, – Wien, das es, wie mir scheint, besonders nötig hat, immer wieder an deutsche Höhenart erinnert zu werden.

II.
Von Wien nach München

An Frau Anna Croissant-Rust in Ludwigshafen am Rhein

Wels am Traunflusse, den 24. April.

LIEBER KAMERAD! Sie haben schon manche Beichte von mir vernommen und sind den Kreuz- und Querfahrten meines Lebens immer eine anteilnehmende Beobachterin gewesen, obwohl es nicht immer lustig für eine gute Freundin gewesen sein mag, diesem Zick-Zack-Kurs eines im Irrgarten der Liebe taumelnden lyrischen Kavaliers zuzuschauen. Darum sollen Sie nun einmal von einer Fahrt vernehmen, die schon deshalb erfreulich ist, weil ich sie an der Seite eines Wesens machen darf, unter dessen gütiger und guter Leitung ich gewiß nicht mehr taumeln werde. Womit ich meinem guten Kameraden in der Literatur meinen Lebenskameraden vorgestellt und seiner Freundschaft empfohlen haben will. Wie werden es gewiß mit mir wünschen, daß unsre Lebensfahrt immer so glatt und vergnüglich vor sich gehen möge, wie unsre Adlerwagenfahrt, von der ich Ihnen die Strecke Wien-München in schnellen Briefen zu erzählen gedenke.

Wir sind gestern von Wien abgefahren und haben am ersten Tage den Weg durch den Wiener Wald genommen. Wiener Wald, – das klingt wie Walzer, nicht wahr? Und in der Tat hat diese sanft geschwungene, weiche und doch frische Landschaft etwas walzerhaft heiteres und gemütliches. Durchfährt man sie, wie wir, an einem schönen Frühlingstage, so ist anmutigeres an Landschaftsgenuß kaum zu denken. Daß man da nicht rast, bloß weil man es von wegen ein paar Pferdekräften könnte, werden Sie begreifen. Wir haben uns Zeit genommen und haben oft genug Halt gemacht zu ruhiger Umschau. Nur die Berge herunter ließen wir den Wagen zuweilen laufen, um dann, im Schusse, über den nächsten sanften Waldrücken weg zu schwingen. Es war höchst angenehm, und wir waren im Grunde recht froh, die große Stadt im Rücken und wieder die braven elastischen Continentalpneu's unter uns zu haben. Der Adlerwagen hatte nach der wohlverdienten Wiener Ruhepause seinen schönsten Viertakt, und es schien, als freue sich der Motor, wieder arbeiten zu dürfen. Selbst beträchtliche Berge nahm er mit einer raschen Sicherheit, die ich selber immer haben möchte, wenn es gilt, Lebensschwellen zu nehmen.

Abgesehen vom Wiener Walde ist die oberösterreichische Landschaft die schönste, die uns bis jetzt beschieden gewesen ist.

Immer ein weiter Blick über welliges Gelände, das überall Reichtum des alten Kulturlandes zeigt, saubere, nette Ortschaften, häufig schöne, alte Schlösser oder Klöster, alles von einem heiteren wohlhäbigen Charakter.

Daß wir, statt weiter zu fahren, in Melk Rast machten, reut uns nicht. Allein der Anblick der hoch thronenden, alten Benediktiner-Abtei und der kleine Spaziergang über die Brücke, sowie die Überfahrt mit der Fähre über die breite, stark strömende Donau waren es wert. Auch Wels zu besuchen, verlohnt sich, denn diese ehemalige Hauptstadt von Ober-Österreich hat für den behaglichen Reisenden, der nicht bloß die „wichtigen" Städte „mitnimmt", allerhand Reize. In Wels residierte mit Vorliebe Kaiser Maximilian I., der hier in seiner Burg gestorben ist, wo jetzt ein Großhändler mit landwirtschaftlichen Erzeugnissen wohnt. Aus der früheren üppigen Zeit stammen wohl auch die im Verhältnis geradezu massenhaften Gasthäuser, bei deren Anblick man sich fragt, für wen sie noch offen gehalten werden. Im Greifen, wo wir rasten, geben zwei in die Wand gelassene Tafeln ein ganzes Register von Kaisern und Königen, die seit dem Beginn des 19. Jahrhunderts bis in seine sechziger Jahre hier Logis genommen haben. Draußen aber sind moderne Wappen, die Verbandszeichen von Radfahrern und Automobilisten, angebracht, die dieses Gasthaus bevorzugen.

München, 27. April 1902.

[Am 25. von Wels nach Salzburg. Dort Aufenthalt über den 26. Am 27. von Salzburg nach München.]

Die Salzburger stehen wie die Tiroler im Rufe guter Schützen – vielleicht war dies dem Dämon unseres Motors bewußt, und es wäre als eine Ovation für den genius loci zu betrachten, daß er, wie wir uns gen Salzburg aufmachten, aus dem Auspuffrohr viel häufiger Schüsse abgab, als uns lieb war. Riegel, der Maschinist, glaubt nicht an die Dämonologie des Laufwagens und schob die Schuld auf die Zündung oder darauf, daß er schlechtes Öl in Wels „erwischt" hatte. Gleichviel, es war der erste Reisetag, der uns nicht ganz gefallen mochte, denn es ist fatal, in einem Wagen zu reisen, der nicht gleichmäßig, sondern ruckweise anzieht, dafür aber Flintenschüsse abgibt. Es klingt ja gefährlicher, als es ist, und man braucht sein Testament deswegen nicht zu machen, aber für empfindsame Reisende ist dieser kriegerische Lärm nicht die erwünschte Reisemusik. Wir ließen also zu verschiedenen Malen Halt machen, um der Zündung gut zuzureden, was Meister Riegel auch immer willig und mit Aufbietung aller seiner Kenntnisse und Fertigkeiten besorgte. Aber das ersehnte Pianissimo wurde nicht erreicht. Aus dem Schießen wurde ein Pusten und Husten, wie wenn der Motor verschleimt wäre, und das Töff-Töff wollte seinen normalen, zuversichtlichen Viertakt nicht wieder gewinnen. Wir kamen trotzdem gegen sechs Uhr in Salzburg an und waren froh, daß unsere Maschine wenigstens in der Stadt manierlicher wurde, denn wir hatten schon gefürchtet, sie würde, boshaft, wie Maschinen nun sind, mitten in den engen Gassen eine Kanonade eröffnen. Das alte berühmte Hotel zum „Goldenen Schiff", in dem wir abstiegen, war offenbar auf Automobilbesuch nicht gefaßt; der Portier-Oberkellner wollte uns anfangs durchaus weiter weisen, bis wir ihm deutlich klar machten, daß wir uns darauf kaprizierten, gegenüber dem schönen Residenzbrunnen zu logieren – eine Kaprize, die jeder verzeihlich finden wird, der weiß, wie schön dieser Brunnen und der ganze Platz ist. Um dieser Lage willen verdient da sonst etwas wrak gewordene „Goldene Schiff" immer noch den Bädeker-Stern. Vom Glockenturm klang es, pünktlich wie immer, um 6 Uhr: „Blau blüht ein Blümelein", die schönen Marmorpferde bliesen aus ihren Nüstern (die eben mit einer Bürste gereinigt wurden, so daß es aussah als würden den Ungetümen die Zähne geputzt) schönbogige Wasserstrahlen in das Becken; der Wachthornist gab eine Fanfare zum Besten – und nun fing es auch, damit wir bestimmt überzeugt wären, in Salzburg zu sein, leise zu regnen an. Was Wunder, daß wir in den Stiftskeller gingen, wo der Ruster Ausbruch noch immer so gut zu sein scheint wie damals, als ich ihn noch selber trinken durfte. Hier fällt es scher abstinent zu bleiben. – Den nächsten Tag haben wir uns in Salzburg und auf der Festung umgesehen, was immer ein Vergnügen ist, und wenn es auch noch so sehr salzburgerlt. Bei der Festung denkt man unwillkürlich an Gustave Doré und seine Zeichnungen zu Balzacs contes drôlatiques. Daß dies alles in Stein wirklich vorhanden und nicht bloß eine romantische Phantasie ist, nimmt immer wieder wunder. Moderne Festungen sind fester, mathematischer, planmäßiger und verhalten sich zu Hohensalzburg wie eine wissenschaftliche Abhandlung zu einem der gewaltigen, aber sprunghaft bewegten Versromane des Mittelalters. Diese alten Festungskünstler haben den Berg mit seinen zackigen, schroffen und höckerigen Wänden behandelt, wie ein Zahnkünstler von heute einen ruinösen Zahn behandelt: Alles ausgefüllt, verbunden, kompakt gemacht, bekrönt. – Und die Fürsterzbischöfe von Salzburg haben gut zugebissen mit diesem gewaltigen Malmzahn. In ruhigen Zeiten wohnten sie unten in dem Teile der Stadt, der eigentlich nichts ist als eine Ansammlung von Klöstern, Kapiteln, Kirchen; wenn es aber drüben in dem andern Stadtteile, wo die eng aneinander gedrängten, winkelhöfigen, hohen Bürgerhäuser stehen, unruhig wurde, krawallen und rebellieren wollte, dann machten sie sich, wie die Sage geht, durch einen unterirdischen Gang nach der Feste auf, von wo aus sie in der Lage waren, mit schönen, runden und schweren Steinkugeln zu argumentieren, davon man noch einige paar Haufen im Festungshof liegen sehen kann. Einmal ist ihnen eine ebenso steinerne Replik zu teil geworden, als die wildgewordenen Bauern ein Vorwerk der Festung besetzt hielten und Miene machten, der bischöflichen Gewalt den großen Zahn auszuziehen. Eine Erinnerung daran weist eine der schönen Säulen im Festsaale der Festung auf; sie wurde von so einer bäuerischen Kugel getroffen. Warum die Bauern schließlich doch unverrichteter Sache abgezogen sind, darüber ist eine kleine Geschichte überliefert. Sie lautet so: Die Bauern sahen ein, daß sie mit ihren Kanonen doch nichts ausrichten würden, und so beschlossen sie, den Erzbischof mitsamt seiner Festung auszuhungern, mutmaßend, daß der bischöfliche Viehvorrat bald aufgezehrt sein müsse. Aber Tag für Tag, wie lange sie auch lauerten, hörten sie aus der Veste des Feindes das Gebrüll von Stieren, und so sagten sie sich, daß auf den bischöflichen Hunger nicht zu rechnen sei, und zogen ab. Es waren aber keine Stiere, die da oben brüllten, sondern die riesige Baßpfeife der großen Orgel, die auch heute noch täglich mit ihren Weisen auf das Spiel des Glockenturms in der Stadt antwortet. Seit jener Zeit heißt diese Pfeife der Stier von Salzburg. Die Salzburger selber führen den Spottnamen der Stierwascher, was aber nicht mit dieser Orgelpfeife zusammenhängt. Vielmehr ist das eine der boshaften Geschichten im Stile der Schildbürgereien, wie sie unserer Vorväter gerne einander anhängten. Es heißt nämlich, daß die Salzburger einmal versucht hätten, einen schwarzen Stier weiß zu waschen, bei welchem Geschäfte sie eine so reichliche Menge Seife verbraucht hätten, daß die Salzach ganz weiß davon geworden sei, der Stier aber nicht. Die Salzburger, denen man damit offenbar zu Gemüte führen wollte, daß der Verstand ihre stärkste Seite nicht sei, rächten sich, indem sie die Geschichte fortsetzten und sagten, die Bayern hätten dieses weiße Wasser der Salzach für Milch genommen und ausgesoffen. Sie sehen, lieber Kamerad: die Deutschen haben sich von jeher gerne gegenseitig aufgezogen, und wenn sie sich nicht in den Haaren lagen, lagen sie sich wenigstens in den Zungen. (Eine Übung, die nebenbei gesagt, hier in München noch immer sehr im Schwange ist. Kaum, daß wir hier sind, hat sich schon ein Meer von Klatsch über uns ergossen. Sie kennen ja unser gutes München: wenn man ihm jetzt auch den Ruhm absprechen will, die Kunsthauptstadt des Reiches zu sein, – in der Kunst des Klatsches ist es ganz sicher an der Tête.) – Die alte Frau, die uns in der Festung herumführte, hat uns noch mehr solche Geschichten erzählt. Man sollte immer Frauen zu solchen Posten bestellen und nicht Männer, die meist ohne Liebe zur Sache ihre auswendig gelernten Geschichten herleiern. – Es versteht sich, daß wir Salzburg nicht verließen, ohne dem Mozarteum einen andächtigen Besuch zu machen, dem Hause, in dem der wunderbare Mann aufgewachsen ist, und in dem sich jetzt zwei Zimmer voll Mozartreliquien befinden, die man nicht ohne Rührung betrachten kann. Stehen doch hier zwei der Instrumente, an denen er komponiert hat, darunter das kleine Spinett, an dem die Zauberflöte entstanden ist. Auch seinen Schädel kann man hier sehen, den der Totengräber rettete, als das Grab demoliert wurde, das später nicht einmal seine Witwe aufzufinden vermochte, die mittlerweile zur Etatsrätin Nissen gewordene Konstanze – eine Frau, die der Liebe des Herrlichen leider nicht ganz wert gewesen zu sein scheint. Freilich hat sie sich als Etatsrätin Nissen materiell besser befunden denn als Frau k. k. Kammer-Kompositors-Gattin Mozart. Wolfgang Amadeus hinterließ ihr und den beiden Söhnen rund 60 Gulden Baargeld und an abgeschätzten Habschaften (Zimmereinrichtungen und dergleichen) 532 Gulden 9 Kreuzer, zusammen 592 Gulden 9 Kreuzer. Dieser Summe standen aber außer etwa

3000 Gulden unangemeldeter Schulden an dringenden Forderungen 918 Gulden 16 Kreuzer gegenüber, so daß ein ungedeckter Rest von 326 Gulden 7 Kreuzer verblieb… Und Mozart hatte 626 Werke geschaffen… Solche Daten sollte man dem braven Volksfreund Eugen Richter, der ja auf Zahlen etwas gibt, vorhalten, wenn er sich dagegen sperrt, daß schaffende Künstler nicht bloß „Ruhm“ (ach Gott!), sondern auch klingende Münze bekommen. – Die Fahrt von Salzburg nach München (135 Kilometer) haben wir in 5½ Stunden zurückgelegt dank der vorzüglichen Straße von Freilassing bis München, die, da es Sonntag war, zudem auch keinen Fuhrverkehr hatte, so daß wir schlankweg fahren konnten. Auffallend war uns der Unterschied zwischen der salzburgischen und bayerischen Bevölkerung. Andere Tracht, anderes Gehaben. Der salzburgischen Bevölkerung haftet etwas Weiches, Gelecktes an – das Jahrhunderte lange Wohnen unterm Krummstabe hat den Charakter beeinträchtigt; die Bayern treten fester, bewußter einher und sehen ganz nach ihrer Landschaft aus, die nicht so ergiebig ist. Wald und Weideland, nadelholzdunkel, nicht gerade streng, aber derb. – Schön liegt Wasserburg am Inn, eine durchaus altertümliche Stadt, hinter der man unwillkürlich eine kriegerische Vergangenheit sucht. Die Hochebene, durch die man nach München gelangt, ist nicht sehr reizvoll und macht den Eindruck spröden Bodens, der das Wenige, das er vermag, nicht gern hergibt. Das Wahlzeichen Münchens, die beiden haubenbedeckten Türme der Frauenkirche, werden sehr bald sichtbar. In der Vorstadt Haidhausen, durch die man einfährt, stehen noch ein paar jener in einer Großstadt sehr auffälligen einstöckigen Bauernhäuser mit Holzaltanen, die uns heute noch einen Begriff vom Aussehen der alten Städte mit ihren äußeren Teilen geben können und, soviel sich hygienisch gegen sie einwenden lassen mag, immerhin hübscher und heimlicher sind, als die abscheulichen Mietkasernen der modernen Vorstädte. Sie, lieber Kamerad, haben gleich mir noch mehr davon gesehen, z. B. im Lechel; das ist aber nun auch schön gemacht, – schön und langweilig. – Den Eingang zum Bayerischen Hof, wo wir abstiegen, fanden wir von zwei Schilderhäusern mit Wachtposten flankiert, wie wir erfuhren zu Ehren des Grafen Waldersee, der sich eben in München aufhält und, wie wir zu sehen Gelegenheit hatten, vom Publikum mit respektvoller Aufmerksamkeit behandelt wird. Was mich betrifft, so freue ich mich darüber, denn es zeigt, daß der Reichsgedanke, den wir festhalten müssen, auch wenn er manchmal falsche Formen annimmt, auch hier mächtig ist, wo man im übrigen mit gutem Rechte eifersüchtig darüber wacht, daß das Blau im fröhlichen Blau-Weiß nicht schwarz werde.

Auf der schwäbisch-bayrischen Hochebene

Da sich hier eine Filiale der Adler-Fahrradwerke befindet, ließen wir unserm Wagen die Wohltat einer durchgreifenden Reinigung angedeihen. Einer Reparatur bedurfte er nicht; alle Teile befanden sich noch in bestem Zustande; wir haben uns nur vorsichtshalber mit Reservezündkerzen versehen, und Meister Riegel hat unter dem Wagen eine große Leinwand angebracht zum Schutze gegen die Feuchtigkeit bei nassem Wetter. Zu unserer persönlichen Ausrüstung aber gehören jetzt zwei Reitpeitschen, mit denen wir allen Hunden von allzu hitzigem Temperamente Respekt einzuflößen gedenken – zurück ihrem eigenen Heile, damit sie bei ihren manchmal sehr stürmischen Attacken nicht unter die Räder kommen. Über München selber brauche ich Ihnen nichts zu erzählen. Sie wissen, wie sehr ich es vor allen deutschen Städten liebe. Es ist und bleibt, bei allen seinen Mängeln, die künstlerischste deutsche Stadt, die Stadt der künstlerischen Jugend, weil es, trotz Daller und Orterer, die freieste deutsche Stadt ist. In seiner frischen Höhenluft atmet es sich schon körperlich leichter, als in andren deutschen Städten, und auch seine geistige Atmosphäre ist Höhenlust. – Leben Sie wohl!

III.
Von München nach Eppan

An Professor Ludwig Thuille in München

Mittenwald an der Isar, den 4. Mai

MEIN LIEBER LUDWIG! Treu einem Schwur, dem goldenen Munde des Morgens gelobt, hatten wir beschlossen, heute früh schon um acht Uhr abzufahren. Es ist aber doch fast halb neun geworden, maßen die Rechnung im Bayrischen Hof sehr lang und nicht minder endlos die Kette der Trinkgeldhände war, an der entlang wir uns zu unserem Wagen zu begeben hatten. Diese Abschiedsguirlande wird heute keinem erspart, der in einem Hotel von Rang abgestiegen ist. Nur Amerikaner und Engländer sind mutig genug, mit hochgehobenen Nasen diesen Händen vorüberzuschreiten, ohne in jede etwas klimpern zu lassen, wobei sie wie folgt denken: Wir sind hier schon von den beiden schönen Herren Direktoren um Gehrock und Zylinder genugsam geschröpft worden und finden, daß bei solchen Preisen die Direktion ihre Angestellten selber bezahlen könnte. Wir empfindsamen Deutschen aber denken: Die armen Leute! Würden sie wohl die Hände herhalten, wenn sie ordentlich bezahlt wären? Eine Schande ist es ja, daß sie auf unsern guten Willen angewiesen sind, aber es ist halt mal so. Und so lassen wirs klimpern, so gut wir können, und meistens mehr, als vernünftig wäre. Seine Magnifizenz, der Herr Portier mit der Goldbortenmütze, dieses massige Torornament, mit dem wir so gut wie nichts zu tun hatten, erhält, einer alten Convenienz gemäß, am meisten, wofür wir die Ehre und das Vergnügen haben, von ihm feierlich salutiert zu werden. Die Hausdiener, die eigentlich viel mehr bekommen sollten, erhalten, gemäß dem sozialen Gesetze, daß man die Leute, die weniger repräsentieren, als arbeiten, auch weniger bezahlt, weniger. Desgleichen die Zimmermädchen (die man übrigens besser Zimmermütter nennen sollte, da es Exemplare unter 40 Jahren überhaupt nicht mehr gibt, – offenbar aus Gründen der öffentlichen Moral). Die Zimmerkellner sind auch da, und man bestätigt seine Freude, sie zum Schlusse kennen lernen zu dürfen, gleichfalls durch ein „Reichnis". Die Liftboys und Pagen mit ihren knöpfereichen Jacken und koketten Mützen sind zwar noch sehr jung, aber die Trinkgeldreife haben auch sie erreicht, und wir würden ihr Kindergemüt verbittern, wollten wir achtlos an ihnen vorüberschreiten. Der Postbesorger und der Telephonmann, der Droschkenherbeipfeifer und der Jüngling, der uns mit dem riesigen Regenschirm von der Schwelle des Hotels zum Trittbrett der Droschke begleitet hat, wollen auch nicht übersehen sein. Wer ein Herz im Busen hat, tut Geld aus seinem Beutel. Im Grunde aber findet man doch manchmal, daß die herzlosen Engländer und Amerikaner das bessere Teil erwählt haben, und auf alle Fälle gelobt man sich, künftig Hotels aufzusuchen, die nicht zwei wunderschön von englischen Schneidern bediente Herren Direktoren, sondern einen ganz gewöhnlichen Wirt haben, so einen braven dicken Herrn, der zum Schluß unsre Hand ergreift und „glückliche Reise" wünscht.

– – In Mittenwald, wo ich dies schreibe, gibt es noch einen Wirt, aber er hat auch einen Titel. Er ist großherzoglich luxemburgischer Hoflieferant. Wie das? Weil der alte Luxemburger die hiesigen enormen Jagdgebiete gepachtet hat und alljährlich im Gasthofe zur Post in Mittenwald residiert. Auch jetzt ist er hier, und sein oberbayrischer Hoftraiteur eilt nervös Trepp auf, Trepp ab, ihm persönlich das Abendessen zu servieren. Nachts um zwei Uhr, so hör ich mit Staunen, begibt sich die königliche

Hoheit auf den Anstand, um punkt sechs Uhr früh wieder im Hause zu erscheinen. Dabei gießt es, als sollte die Isar wieder einmal so voll und wild werden wie vor zwei Jahren, als sie bei euch ein paar Brücken umriß. Vermutlich ist das Jagen im Regen so angenehm, wie das Laufwagenfahren bei demselben Wetter. Das ist nämlich wirklich sehr nett, wenn man nur, wie wir, eine gute Wagenplane hat. Wir sind von 8 Uhr zwanzig Minuten bis genau zwanzig Minuten nach vier Uhr fortwährend im Regen gefahren, abgerechnet eine Stunde Aufenthalt im Postwirtshause am Walchensee, wo wir zu Mittag aßen, und wir sind gar nicht böse darüber. Besonders schön war die Fahrt über den Kesselberg auf der prächtigen neuen Straße, die auf einer Strecke von fünf und einem halben Kilometer 260 Meter Höhenunterschied überwindet, bis sie mit 861 Meter Höhe ihren höchsten Punkt erreicht. Unser Adlerwagen machte das mit, ohne daß unser Führer öfter, als zwei, drei Mal genötigt gewesen wäre, die kleinste Übersetzung einzuschalten. Man ist wie mit einem Schlage mitten im Hochgebirge, das auch dann seinen großen Reiz hat, wenn die hohen Herrschaften ihr Haupt in Wolken bergen. Und immer dieser herrliche Hochwald! Es ist ganz köstlich. Der Walchensee ist von einer ernsten, fast düsteren Schönheit, ein rechter Alpeneinsiedelsee, abgeschlossen von der Welt durch Fels und Wald. Während draußen alles das passierte, was wir Weltgeschichte nennen, berichtet die Chronik über diesen versteckten Winkel nichts weiter als dies: daß einmal, im 14. Jahrhundert durch einen Abt von Benediktbeuren 300 Renken aus dem Kochelsee in den Walchensee eingesetzt wurden, und im 16. Jahrhundert 600 Seiblinge. Nur von *einer* Erscheinung in der Fremde hat dieses trotzige Gewässer Notiz genommen: von dem Erdbeben in Lissabon. Am selben Tag und zur selben Stunde, wo sich dieses begab, ist er in wilde Aufregung geraten, so sehr, daß alle Kähne an seinen Ufern losgerissen wurden. Also berichtet „allen Herren Passagiers“ ein schön geschriebener Chronikauszug vom Ende des 18. Jahrhunderts, der im Postgasthause an der Wand hängt, und den vielleicht auch Goethe gelesen hat, als er im September 1786 durch Walchensee kam. Das Haus, in dem sich früher die Post von Mittenwald befand, zeigt eine Tafel zur Erinnerung daran, daß in ihm der große Wolfgang damals übernachtet hat. Wie zu jener Zeit, so blüht auch jetzt noch hier der Instrumentenbau; gleich beim Eingang in den Marktflecken fällt die Geigenbauschule auf.

Innsbruck im Goldenen Stern, den 5. Mai 1902.

In Mittenwald wollten uns die Bauern bange machen, indem sie uns, recht vorsorglich, Pferde anboten, damit unser Wagen über die Scharnitzer Höhe käme. Da ich mutmaßte, daß dieses Interesse nicht ganz selbstlos sein möchte, dankte ich verbindlichst, und wir überließen uns unsern acht Pferdekräften im Motor. Es regnete noch immer, aber die Berge waren nicht mehr ganz von Wolken verhüllt, so daß wir die großen Massen neuen Schnees sehen konnten, mit denen sie sich in der Nacht bis ziemlich herunter bedeckt hatten. Ich schätze, daß sich der Beherrscher Luxemburgs doch einmal bedenklich erkälten wird, wenn er fortfährt, bei dieser Witterung in den Bergen zu jagen, wie er tatsächlich wieder vergangene Nacht getan hat. Just, als wir aufstanden, kehrte er von seinem nächtlichen Waidwerk zurück. Von der Strecke haben wir leider nichts zu sehen bekommen. Vermutlich ist auch diese Art Jagd mehr ein empfindsames Vergnügen für Leute, die ihre Nerven massieren lassen wollen, als daß sie einen wesentlichen praktischen Zweck hätten. – Unser Motor bekam reichlich zu tun. Er hatte in kurzer Zeit von 913 auf 1180 Meter zu steigen und dabei einmal eine so steile Straße zu nehmen, daß wir es vorzogen, den Wagen um unser Gewicht zu erleichtern und etwa zehn Minuten zu Fuße zu gehen. Der Abstieg nach Innsbruck ist noch erheblicher, da diese Stadt nur 574 Meter hoch liegt. Ohne so ausgezeichnete Bremsvorrichtungen, wie sie unser Adlerwagen hat, wäre die Befahrung eines solchen Gefälles im Automobil eine lebensgefährliche Tollkühnheit. Es ist eine echte Hochgebirgspartie von mächtiger Schönheit. Der Blick geht tief herunter nach dem Tale der Inn, während rings der Alpenwall gewaltig aufragt. Die Riesenhäupter hatten sich freilich wieder in Wolken gehüllt, aber manchmal entblößte sich ein schneeiges Gezack in wundervollstem Glanze, während der untere Teil dick umwölkt blieb. Was uns an Menschen begegnete, war urwüchsiges Bergvolk, Leute, denen Wind und Wetter förmlich Holzschnittfalten in die Gesichter gegraben haben. Am Fuße des Berges führt der Weg an der alten Ruine Fragenstein und der schroffen Martinswand vorüber, auf der sich nach der Überlieferung Kaiser Maximilian I. bei einer Gemsjagd verirrt haben soll. Als ihn aber ein Geistlicher in dieser Todesgefahr mit der Absolution versah, indem er ihm von dem gegenüberliegenden Martinsbühel die Hostie zeigte, erschien ein Engel und führte die Majestät wohlbehalten auf die Alpe. In der Maximilianshöhle, wo sich dies begeben haben soll, steht heute ein Kruzifix, das man von unten aus deutlich erblickt. Schwindlige Leute werden, glaube ich, auch in Begleitung von Engeln den Weg nicht riskieren wollen, während er für schwindelfreie Bergsteiger, wie man mir sagt, eine Partie ist, zu der man keinen Führer braucht, weder einen geflügelten, noch einen ungeflügelten. – Obwohl wir nur einen kurzen Weg zurückgelegt hatten, beschlossen wir, da der Regen immer dichter wurde, in Innsbruck Rast zu machen. Wir sind im Goldenen Stern eingekehrt, einem Gasthaus, in dem nicht Queue gebildet wird, und wo man sich deshalb doppelt wohl fühlt. Daß wir nicht mehr im bayrischen Gebirge sind, merken wir mit Vergnügen an der guten Küche. Ich begreife den Großherzog von Luxemburg durchaus, daß er sich, wenn er nach Mittenwald zur nächtlichen Jagd reist, einen luxemburgischen Koch mitnimmt.

Brixen, im Elefanten, 6. Mai.

Auf der Höhe des Brenners

Noch an keinem Tage haben uns die Eisenbahnreisenden so leid getan wie heute, denn wir fuhren heute auf der alten Straße über den Brenner, bald über, bald unter, bald neben der Brennerbahn, deren schwarze geschlossene Wagen uns wie aneinander gekoppelte rußige Käfige vorkamen. Daß die heutigen Menschen, ohne durch Amt, Geschäft, Krankheit dazu gezwungen zu sein, sich freiwillig nicht bloß zur rauhen Jahreszeit, sondern auch dann, wenn alles ins Freie lockt, in diese Käfige begeben, nur, weil sie die Möglichkeit haben, damit schnell vorwärts zu kommen, wird einmal zu den Wunderlichkeiten unserer Zeit gehören, über die unsere Nachkommen lächeln werden, wie wir über unsere Vorfahren, die, als die exotischen Gewürze anfingen in größeren Mengen und leichter nach Europa geschafft zu werden, im Überschwange des Vergnügens darüber einen wahrhaften Kultus mit Zimmt und Muskat trieben, wie wir mit Grausen in alten Kochbüchern lesen können. Es ist psychologisch derselbe Fall. Unsre Vorfahren verdarben sich mit den billig gewordenen, früher nur den Reichsten zugänglich gewesenen Gewürzen den Magen, wie ein Parvenu sich mit Schmuck behängt, denn sie wollten, wie dieser, das bisher Versäumte möglichst schnell nachholen, wobei sei den Zweck und Sinn von Gewürzen vergaßen. So stehen auch wir immer noch in der Periode des Entzückens über die neu gewonnene Möglichkeit des schnellen Vorwärtskommens und haben darüber Sinn und Zweck des Reisens vergessen. Es ist gewiß schön, daß uns das Ferne damit nahegebracht worden ist, aber unsinnig ist es, daß wir damit gleichzeitig das Nahe so behandeln zu müssen glauben, als sei es gar nicht mehr da, und daß wir, um das Ferne zu erreichen, tausend Schönheiten, die zwischen uns und ihm liegen, überschlagen, nur, weil wir dazu fähig sind. Ich bin schon sehr oft im Eisenbahnwagen über den Brenner gefahren, mehr als ein Dutzend Mal, kennen gelernt aber habe ich die Schönheit dieses Alpenüberganges erst heute. Es kam allerdings hinzu, daß uns das Wetter sehr begünstigte. Wir hatten fortwährend die schönste Aussicht nach allen Seiten und genossen sie in unserm offenen Wagen, der alle Steigungen ohne Schwierigkeiten nahm, nach Herzenslust. Der Umstand, daß die Brennerstraße so gut wie keinen Fahrverkehr hat, macht sie für Laufwagenreisen noch besonders angenehm. Auf der Paßhöhe fanden wir frischen Schnee, doch war die Temperatur milder, als wir es von den 1400 Metern erwartet hatten. Die warmen Winde, der Anhauch des Südens, begannen aber erst mit Franzensfeste. Vorher hatten wir im Sterzing Mittagsrast gemacht, in der Alten Post, zu deren Gästen zweimal auch Bismarck gehört hat. Es ist ein uraltes Nest von großem architektonischem Reiz, typisch tirolerisch. Viel kurioser noch ist aber Brixen, wo wir, getreu unserm Vorsatze, die weniger besuchten Städte aufzusuchen, Halt machten, statt gleich nach Bozen weiter zu fahren, das wir leicht noch hätten erreichen können. Auch lockte uns hierher der Elephant, dieses berühmteste aller Tiroler Gasthäuser. Es leitet seinen Namen davon her, daß in ihm der erste Elephant eingekehrt ist, der in deutsche Lande gebracht wurde, im sechzehnten Jahrhundert. Man sieht ihn mit seinen Führern noch in Lebensgröße am Hause abgemalt und einen Vers dazu, der dies Ereignis gebührend feiert. Andere hohe Besuche sind im Hause selber rhythmisch verewigt. So heißt es von dem Besuche Josephs II. einmal:

Durch seine Majestät hat Kaiser Joseph heut,
Ihr Fürsten, dieses Haus für jeden eingeweiht.

Daß die Fürsten sich dieses haben gesagt sein lassen, beweist eine große Tafel, auf der eine lange Reihe von Fürstlichkeiten aufgeführt ist, die hier Quartier genommen haben.

Das Register ist schematisch so eingeteilt: 1. Aus dem Erzhause Österreich. 2. Deutsche Könige und Fürsten. 3. Europäische Könige und Fürsten. Kein Wunder, daß der Besuch Josefs die damaligen Besitzer aufs äußerste mit Genugtuung erfüllte. Sie haben dieser Genugtuung auf Marmor in Versen folgenden Ausdruck gegeben:

Noch verehret jene Nacht,
Die ihre Majestäten hier zugebracht,
Franz und Ludovica.

Auch sonst gibt es noch Verse im Elephanten. So steht unter einer Madonna, die die Schlange unter sich tritt, sehr hübsch dies:

O Jungfrau, die der Schlange Feind,
Bleib immer Elephantens Freund!

Schöner als alles dies, wirklich schön, ist aber ein Vers, den wir in der Stadt unter einem holden Marienbilde lasen:

O liebes Kind, wo gehst Du hin?
Wisse, daß ich Deine Mutter bin.

Protestanten, die den Marienkultus nicht verstehen, können aus diesem Verse ihn verstehen lernen. Es ist nicht bloß der Mutter *Gottes*-Kultus. – In der alten Bischofs-Kathedrale wohnten wir einem Hochamt bei, das der alte Fürstbischof für bayerische, aus Rom zurückkehrende Pilger celebrierte. Es war abends nach sieben Uhr, und der Dom, voll von

Andächtigen, glänzte im Scheine der Wachskerzen, wie mattes Gold auf hellbraunem Lackgrunde – ein Eindruck, wie ich ihn in dieser Art noch nirgends gehabt habe: ein unendlich feiner, verschwebender Goldton. Die bayerischen Pilgerstimmen klangen etwas barbarisch dazu.

Schloß Englar in Eppan, den 8. Mai.

Wir wollten Brixen nicht verlassen, ohne dem Kreuzgang einen Besuch abgestattet zu haben, und so kam es, daß wir vorgestern erst um 10 Uhr abfuhren. Die Fresken des Kreuzganges sind überaus kostbare Reliquien der Malerei des Mittelalters, von der man hier einen sehr starken Eindruck empfängt, als Ganzes von einer großen dekorativen Wirkung und im einzelnen köstlich reich an malerischen und poetischen Werten. Der Einfluß des nahen Italiens ist deutlich ersichtlich, aber es ist dennoch deutsche Kunst. Da sind die lieblichsten deutschen Frauengestalten einerseits, und anderseits spricht sich in den Männern eine fast ungeschlachte Freude am Derben aus. Am merkwürdigsten sind die Bilder des Künstlers, den Semper den „Meister mit dem Skorpion“ genannt hat, obwohl es wahrscheinlich ist, daß der Skorpion das Zeichen einer ganzen Brixener Malerwerkstatt und jener Künstler nur ihr meisterlichstes Mitglied gewesen ist. Er würde, wollte er heute so malen, in den Geruch einer höchst brutalen Modernen kommen, dem es schwer fallen würde, zu einer Ausstellung zugelassen zu werden. Es steckt etwas von der Art des Mathäus Grünewald in ihm, mit dem er die Lust am körperlich krassen gemein hat. Wie er die beiden Schächer am Kreuz darstellt, ist in der Tat so gewagt, daß empfindliche Gemüter davor zurückschrecken müssen. Sie erscheinen wie Klumpen, bäuchlings über den Querbalken des Kreuzes gezogen, mit blutigen gebrochenen Gliedern. Der Körper Christi ist mit Geißelmalen über und über bedeckt. Man spürt aus allem den Künstler heraus, der vom Hergebrachten weg will und sich bemüht, die heiligen Geschichten in einer künstlerisch neuen Auffassung darzustellen, wobei er sich besonders zeichnerisch sehr schwierige Aufgaben stellt, zumal in den Verkürzungen. – Die Fahrt von Brixen nach Bozen ist wohl die schönste, die wir bis jetzt gehabt haben. Hier vereinigt sich der Reiz der nördlichen Landschaft mit dem der südlichen. Die

Vorberge waldreich und streng, das Tal üppig fruchtbar und milde, und überall als Abschluß gewaltige Berge, die aber schon die ruhigere Weise des Südens haben: keine Zacken, sondern Wellen. Und es beginnen nun die Zeichen der alten Kultur: prachtvolle Burgen, zum Teil verfallen, zum Teil erhalten. Das mächtigste unter allem ist Säben, die ehemalige Bischofsburg über Klausen mit dem riesigen Christusbilde, das mit seinen gekreuzigten Armen das ganze Land an seine Brust zu rufen scheint. Herrlich thront auch die uralte Trostburg, wo der Wolkensteiner geboren ist, der letzte Minnesänger, gleich reich an Abenteuern wie an Liedern. Die Sprache dieser Lieder ist fast dieselbe wie sie noch heute im Munde der Bauern des deutschen Südtirols lebt. Ich habe sie nun wieder und wieder mit derselben Rührung und Freude vernommen wie in den Jahren, die ich hier im alten „Gschloß am Gschleich“, dem schönen Englar, verbracht habe. Welche Kraft und Fülle in Ton und Ausdruck! Unser Hochdeutsch nimmt sich dagegen aus wie abgegriffene Scheidemünze neben der kernig schönen Prägung eines alten Silberstücks oder wie die Mietskasernenstraße einer Großstadt neben einer giebel- und erkerreichen Gasse in Klausen oder Sterzing. In dieser Sprache lassen sich trefflich die alten Schwankgeschichten erzählen, die der alte Torgler auf Schulthaus bei Englar noch immer so gerne zum Besten gibt wie früher, und die sich, ich fühle es jetzt wieder, hochdeutsch gar nicht nacherzählen lassen. Fast reut es mich, mit dem „Meßner-Michel“ den Versuch gemacht zu haben. – In Englar wohnt jetzt M. A. Stremel, der ausgezeichnete impressionistische Maler, der nur ein Franzose zu sein brauchte, um nicht bloß hoch berühmt, sondern auch hoch bezahlt zu sein. Ich sah hier einige ganz wundervolle Blumenstücke und Interieurs von ihm, pompöse Malereien von einer vehementen Farbenfreude und einem so sicheren Gefühl für farbige Balance, daß jedes einzelne Bild die Vollkraft eines Akkords hat. Ein Akkord Rosen: der Sommer, ein Akkord Chrysanthemen: der Herbst. Ich bin noch voll von dem dramatischen Eindruck der Kreuzigung des Brixener Meisters mit dem Skorpione, und dennoch wirken diese modernen Malereien, denen ein entgegengesetztes malerisches Prinzip zu Grunde liegt, unbeeinträchtigt genau in demselben Sinne auf mich: lebensgefühlsteigernd. Und ich sehe wiederum: es ist nichts mit den Schlagworten, nichts mit den „Richtungs"-Prätensionen: man kann auch künstlerisch auf jede Weise selig werden, soferne sie nur Ehrlichkeit und Kraft hat. Auch auf Alt oder Neu kommt es durchaus nicht an, – bloß *echt* muß die Sache sein. – Ein Spaziergang über die Waldhöhen von Eppan war reinster Genuß. Diese Landschaft, Du kennst sie ja, gehört zu den allerschönsten, die von Deutschen bewohnt werden, und sie verdiente, besser bekannt zu sein. Die alten tiroler Herrengeschlechter, von denen noch einige, die wie Grafen Khuen, hier sitzen, wußten wohl, warum sie gerade Eppan, das alte Appianum, zum Ort ihrer Frühlings- und Herbstlust erwählten, und mit Recht hieß dieses Hochtal im 18. Jahrhundert das Tiroler Adelsparadies. Jetzt ist es, bis auf wenige Schlösser, wie Englar, Gandegg, Freudenstein, in Bauernhänden, und diese lassen die alten Edelsitze arg verfallen. Aber auch im Verfall lebt noch Schönheit.

IV.
Von Eppan nach Venedig

An Herrn Dr. Franz Blei in München

Trient, den 10. Mai

LIEBER BLEI! Auf der Reise ist es leider nicht möglich, so schöne gesetzte Briefe zu schreiben, wie ich sie von Dir gewöhnt bin, und so schäme ich mich fast, in dem Zustande, der nach Dir und Emerson das Unanständigste auf der Welt ist, an dich zu schreiben –: in Eile. Auch werde ich Dir kaum viel Neues erzählen können. Nimm also diese Zeilen nur als Lebenszeichen und Dokument des Vergnügens, das wir, Gemma und ich, auf dieser Reise im Adlerwagen genießen, dessen angenehmen Gang Du selber in München ja kennen gelernt hast. Was wir uns damals so schön auseinander gesetzt haben, daß das Reisen im Automobil das Reisen en grand seigneur sei, hat sich uns bis jetzt durchaus bestätigt. Es ist wirklich das Reisen als Genuß der Freiheit, das Reisen als Befreiung.

Wir sind, meiner alten Vorliebe für Eppan nachgebend, hierher nicht direkt von Bozen, sondern über Englar gefahren und haben davon nicht allein den Genuß gehabt, die Herrlichkeiten Eppans zu genießen, sondern auch eine zwar nicht automobilmäßige, aber entzückend schöne Straße kennen zu lernen: die über Kaltern nach Auer.

Der Weg war zum Teil freilich pneumatikmörderisch, und wir haben, als vorsichtige Laufwagenreisende, hier einen arg zerfetzten Hinterradmantel ersetzt, weil zu befürchten stand, daß er morgen das Zeitliche segnen würde, aber dafür führte er uns mitten durch die schönsten Strecken dieser in jeder Hinsicht gesegneten Landschaft. Ich weiß nicht, ob es wahr, oder bloß eine boshafte Erfindung ist, daß die Ackerbürger Kalterns, die in dem Rufe stehen, des frommen Tirols allerfrömmste Katholiken zu sein, Christus zum Ehrenbürger ihres Ortes ernannt haben, – eine Blasphemie würde aber nicht darin liegen, denn die Schönheit dieses Erdenwinkels ist ein würdiger Rahmen auch für die Gegenwart des Höchsten. – Eine Fähre setzte unseren Wagen als erstes Automobil bei Auer über die Etsch, dann ging es die alte schöne Etschstraße entlang aus dem deutschen Südtirol ins welsche, vorbei an der völlig unwahrscheinlich gelegenen uralten Nibelungenfeste Hadernburg und immer zwischen Weingelände durch bis Trient, der ersten Stadt von rein italienischem Charakter. Leider fanden wir das alte Hotel Europa ganz vermodernisiert, wie es denn überhaupt eine Unart der Italiener zu sein scheint, das schöne Alte ohne Empfindung auszutilgen, wofür sie mit mehr Zuversicht als Geschmack etwas unzulänglich Neues aufrichten. Ein Glück, daß der Dom, dieses schöne, alte, deutsche Werk, nicht so leicht zu modernisieren ist wie ein Hotel. Die ehrwürdige lombardische Gottesburg steht noch in alter, grimmiger Schöne da, und wir wollen hoffen, daß sie auch noch stehen und bleiben wird, wenn sich die Sehnsucht der Welschtiroler erfüllt, und das Trentino als selbständiges Kronland ersteht.

Bassano an der Brenta im Allergo del Mondo
(Deutsch: Zur Weltkugel), 11. Mai

Der Weg durch das Val Sugana und dann über Promolano und Bassano ist nicht bloß der kürzeste, sondern wohl auch der schönste von Trient nach Venedig, doch muß man freilich auf die drei Perlen der Lombardei verzichten: Verona, Vicenza, Padua. Wir beschlossen diesen Verzicht, weil uns das Suganatal und dann Bassano, die wenig besuchte Brentastadt, lockte, in der die Malerfamilie der da Pontes geblüht hat. Denn je weiter hinein man ins Welsche kommt, um so lebhafter wird uns Deutschen ja die Sehnsucht nach Kunst. Wir fuhren beim schönsten Wetter ab und erfreuten uns bis hinter Levico dieser Wettergunst inmitten einer Landschaft von großartiger, zuweilen wilder Schönheit. Dann fing es zu regnen an, und als wir vor Primolano die italienische Grenze überschritten hatten, gab es einen recht kalten Platzregen, in dem sich die hier beginnenden Olivenhaine etwas deplaziert ausnahmen. Die Landschaft wirkte grau in grau, und die häßlichen, verwahrlosten Häuser, gleichfalls aus grauem, unbeworfenem Stein, taten das ihrige dazu, diesen Eindruck von Düsterheit zu erhöhen. In der Sonne mag auch dies wohl fröhlicher aussehen, doch wird immer etwas Starres und Ödes übrig bleiben, vornehmlich deswegen, weil alle die Äcker, Wiesen und Weinleiten, die das ziemlich steile jenseitige Ufer der Brenta einnehmen, von großen, grauen Steinwällen umgeben sind. Kurz vor Bassano aber ändert sich der Anblick der Landschaft vollständig; er zeigt sich ein grünes, welliges, weites Gelände von durchaus heiterem Charakter, dem nur die altersgrauen Umwallungstürme Bassanos eine strengere Note verleihen. Im alten Gasthofe zur Weltkugel fanden wir uns wohl geborgen, und wir unternahmen bald einen Rundgang durch die merkwürdige Stadt, um die in alter und neuer Zeit viel gekämpft worden ist. Das Schönste an ihr ist der Blick von der Brentabrücke, die leider nicht mehr die alte schöne Form hat, die im Jahre 1813 von den Franzosen zerstört worden ist. Das Museo civico ist in der Tat sehenswert. Uns fiel besonders ein mit David da Trevigi gezeichnetes Marienbild auf, das die ganze Lieblichkeit der Primitiven hat, und ein Heiliger Martin von Jacob da Ponte, ein Werk von ganz monumentaler Kraft in Form und Farbe. Auch die Pietà desselben Meisters ist ein schönes Stück. Die da Pontes sind überhaupt alle ausgezeichnet vertreten. Ob das dem Giorgione zugeschriebene Bild der Kreuztragung wirklich den „Zorzi da Castel franco“ zum Urheber hat, mögen Berufenere entscheiden; sicher ist, daß der wunderbare Kopf einer Blondine rechts darauf von einem Meister ersten Ranges erschaffen worden ist. Ein zweifellos echter und sehr kennzeichnender Salvator Rosa ist die Grabschaufelung der Trappisten. Das Bild (steinalte Trappistenmönche, die sich um Mitternacht ihre Gräber schaufeln) wirkt wie eine Callot-Hoffmannsche Phantasie. Ein schöner, etwas süßlicher Johannes der Täufer im Knabenalter ist dem Guido Reni zugeschrieben. Würde das Bild in einer großen Galerie und von einem Kunstgeheimrat als echt „nachgewiesen" sein, so würde es der Vervielfältigung auf Ansichtskarten nicht entgehen. Für junge Kunstgelehrte, die erst noch Geheimräte werden wollen, ist hier noch allerlei zu suchen und wohl auch zu finden, denn es giebt nicht bloß Bilder, sondern auch Archive. Bei dieser Gelegenheit eine Bemerkung zum Thema der Kunstgelehrsamkeit: Welchen Zweck haben in unseren Reisehandbüchern die kritischen Zensuren und kunsthistorischen Fachsimpeleien, mit denen die „hervorragenderen" Kunstwerke bedacht werden? Würde nicht (für die freilich vielen, die nicht sehen können) der einfache Hinweis auf die Stücke genügen, die „man gesehen haben muß"? Muß uns der Schulmeisterbakel wirklich überall hin begleiten? Wer „studieren" will, dem sagen diese kritischen Verdikte en passant gar nichts; der wird sich an die wirklichen Handbücher halten; wer aber genießen will, den stört diese am unrechten Ort produzierte vordringliche Gelehrttuerei; und bei den meisten hat sie leider sich selber zur Folge: das höchst leere Gerede von tiefgründigem Anschein, anstatt stiller und bescheidener Hingabe an die Werke.

Venedig, den 12. Mai.

Die Fahrt von Bassano nach Mestre, dem Automobilhafen Venedigs, ist eine wahre Laufwagenlust von wegen der schönen glatten Straßen. Dazu ein heiteres, reiches Gelände ringsum, interessante, alte Ortschaften, stattliche Landedelsitze, eine liebenswürdige Bevölkerung, die sich nicht genug tun kann in fröhlichen Zurufen, und alles Zuggetier, Pferd, Esel, Maulesel, durchaus auf der Höhe der Modernität, will sagen, ruhig vorbeitrabend, ohne zu scheuen – was könnte man mehr wünschen wenn man im Laufwagen reist? Vielleicht etwas besseres Wetter. Denn die Sonne gab sich zwar Mühe, herauszukommen, aber es gelang ihr schlecht. Die Wolken wurden ihrer Herr, wenngleich sie uns mit Regen verschonten. Trotzdem sind wir auch diesem Tage dankbar, dem ersten, der uns ganz auf italienischem Boden beschieden war. Dieses Italien hat zwar noch wenig von dem, was man sich gemeinhin unter italienischer Landschaft vorstellt; es wirkt auf den ersten Blick gar nicht „südlich“, aber es ist, sieht man genauer hin, doch eine Landschaft, die sich von der unseren wesentlich unterscheidet. Das weithin gestreckte deutsche Feld, die großen Wiesenflächen, von Wald begrenzt oder unterbrochen, fehlen gänzlich; alles, Feld wie Wiese oder Weingarten, ist mit Bäumen durchsetzt, darunter viele Maulbeerbäume, wogegen der eigentliche Wald gänzlich fehlt. Die Straßen entlang ziehen sich häufig breite, buschig eingeschlossene Wasserläufe, die sich sehr viel lustiger ausnehmen, als unserer Straßengräben. Die Herrenhäuser liegen häufiger als bei uns an der Landstraße und fallen uns durch die geringe Höhe auf, wofür sie sich weitflügelig ausdehnen. Oft sieht man alte Statuen, und die Häuser gewinnen ein freies luftiges Ansehen durch Säulenhallen. Es muß sich sehr angenehm in ihnen hausen lassen, und man bedarf keiner großen Phantasie, um sich vorzustellen, wie prächtig bunt sich das Leben hier in den Zeiten gestaltet haben mag, als sie noch die Lustsitze der Edlen von Venedig waren. – Die Bevölkerung macht einen durchaus sympathischen Eindruck. Die Leute haben anscheinend ein fröhliches Lebensbehagen und lachen gerne. Der Anblick unseres Wagens riß Alt und Jung zu lauten Äußerungen der Bewunderung hin. Evviva! und Buon viagio! ruft es vor und hinter uns, und, wenn meine Frau sie als Landsmännin anspricht, so erhält sie ausgiebig und aufs freundlichste Antwort. Sogar die Kutscher benehmen sich huldreich. Macht mal ein Pferd oder Esel Miene zu stutzen, so erfolgt keineswegs ein wildes Drohen und Donnerwettern, sondern der Mann auf dem Bocke zieht einfach die Zügel fest an und lacht uns die Versicherung entgegen: Nur keine Angst, es geht schon! – So war es trotz des zweifelhaften Wetters eine angenehme Fahrt, an die wir immer mit Vergnügen zurückdenken werden. Sie führte uns auch durch den Geburtsort des Giorgione, Castelfranco, nach dem der Meister in alten Rechnungen des Staates Venedig Zorzi da Castelfranco genannt wird, was etwa soviel wie Jörgel bedeutet hat. Da Denkmal, das sie ihm errichtet haben, ist leider eines von den modernen

Bildhauerwerken, die mehr an Zuckerbäckerei, als an plastische Kunst erinnern, und das fällt um so fataler in einem Orte auf, der, wie Castel Franco, noch manche Spuren einer künstlerischen Vergangenheit aufweist. – Mestre erschien uns nicht sehr reizend, und wir waren froh, daß wir dank der Aufmerksamkeit des Herrn Carlo Glöckner, der für Italien die Vertretung der Adler-Fahrradwerke hat, unsern Wagen sogleich an einem sichern Ort einstellen und sofort nach Venedig reisen konnten – zum ersten Male auf unserer Reise mit der Eisenbahn. – Wir sind hier im Grand Hotel abgestiegen, haben aber sofort beschlossen, schon morgen wieder auszuziehen. Diese Engländerfalle ist für empfindsame Reisende nicht die rechte Herberge. Daß sie teuer ist, möchte noch hingehen, wenn sie gleichzeitig gemütlich oder komfortabel wäre, aber sie ist geradezu ein abschreckendes Beispiel für die Art moderner Gasthöfe, die ein rein industrielles Gepräge tragen, und denen alles das fehlt, was der Deutsche von einem Gasthof verlangt: Ruhe, Bequemlichkeit, aufmerksame Bedienung. Der Engländer und vornehmlich der Amerikaner vom Durchschnitt scheint Anforderungen anderer Art zu stellen. Er scheint auch Vergnügungen an Veranstaltungen zu finden, deren eine z. B. das Tingel-Tangel auf dem Canale grande ist, das sich hier allabendlich vor dem Grand Hotel etabliert und zweifellos eine Spekulation der Hotelleitung ist. Es ist eine abscheuliche Travestie auf die frühere Sitte des Gondelständchen in so vergröberter Form, daß jeder Mensch von Empfindung davon beleidigt werden muß. In einer mit Lampions beleuchteten Barke sitzt eine Bande von Guitarrenrupfern und Sängern, die von 8 bis 12 Uhr abends einen schrecklichen Spektakel verüben, indem sie ein endloses Programm von allerlei Musik herunterleiern. Und dies auf dem Canale grande, dessen Seele die Ruhe ist! Unsere angelsächsischen Vettern, sitzen mit ihren Damen auf der Hotelterrasse und applaudieren dazu, als wären sie im Londoner Empire-Theater. Sie halten diese Komödie vermutlich für etwas sehr Venezianisches, während die Venezianer über diesen Unfug außer sich sind. In den kleineren Kanälen kann man zuweilen noch das echte Vorbild dieser Veranstaltung sehen. So trafen wir eine Barke mit jungen Wäscherinnen an, in deren Mitte eine gedeckte Tafel mit Wein stand, und aus der ein einfaches Volkslid ungekünstelt klang. Es war reizend und ließ uns den Lärm der Tringgeldheuler schnell vergessen.

Venedig, im Hotel de Milan, den 14. Mai

Dem Himmel und Max Schillings dank: wir sind dem Grand Hôtel entronnen und haben nun ein angenehmes, durch kein Kanaltingeltangel gestörtes Zimmer im Hotel Milan nach dem „Garten" zu. Ein venezianischer Garten ist nun allerdings eine wunderliche Abart von Garten, aber immerhin, es sind ein paar große, schöne Bäume, die uns ins Zimmer sehn, und man hat hier *Ruhe*. Ruhe aber ist unter den Gaben Gottes eine der holdesten für den, der es liebt, zuweilen nach innen beschaulich zu sein. Zumal:

Wer dichten will,
Der hab' es still,

denn das Dichten ist ein Lauschen auf die inneren Quellen und die kann nur der hören, um den Ruhe waltet. Aber auch zu der beschaulichen Revueabnahme über das, was man im Lärme des Tages an schönen, seltenen Dingen in sich aufnahm, ist Ruhe nötig. Deshalb sollten besonders Hotelzimmer Ruhe bieten, denn auf der Reise ist jeden Abend große Revue, was aber nicht hindert, daß die meisten Hotelzimmer akustische Kabinette sind, in denen sich alle üblen Geräusche Stelldichein geben.

Wir verdanken es Max Schillings, daß wir dieses Zimmer haben. Auf dem Markusplatze trifft man bekanntlich *stets* einen Bekannten. Er ist er große Rendez-vous-Platz aller guten Europäer, sein Campanile das riesige Ausrufezeichen, das Alle lockt, die nach Schönheit durstig sind. Gestern also trafen wir Max Schillings und seine rheinisch-heitere Frau dort, die ganz gewiß auch noch als Großmama dieses reizende Jugendlachen in den Augen haben wird, das zum Leben sagt: Bild Dir nur nicht ein, daß Du mich je unterkriegst; und wenn Du noch so grau tust, ich weiß ja doch, daß Dein eigentlicher Sinn Licht ist. Tanzaugen, – wenn ich Maler wäre und die Göttin schelmisch kluger Heiterkeit malen wollte, würde ich Frau Schillings bitten, mir Modell zu sein.

Nun soll ich Dir aber von Venedig reden, dieser wundervollen alten Dame, die *nicht* mehr lachende Augen hat. Was ist sie nicht Alles gewesen! Heldin, Herrscherin, Courtisane. Ihre Augen waren lange die strahlendsten Europas, jetzt haben sie einen melancholischen Glanz. Aber schön ist Ihre Majestät Venezia immer noch, – vielleicht zu schön für diese plebejische Gegenwart, in die sie gar nicht paßt. Eine Königin, die sich für Geld sehen lassen muß vor Gaffern, die zwar Geld, aber keinen Respekt vor alten echten Majestäten haben. Herr Thomas Cook ist auch *ihr* Impresario. Sic transit gloria mundi, – daß Gott erbarm!

Ohne Bild gesprochen: Der Hauptreiz dieser Stadt liegt in ihrem Verfall und darin, daß sie weniger als alle übrigen großen Städte die Möglichkeit hat, sich wesentlich zu modernisieren. Venedig ist, modern genommen, eine ganz unmöglich Stadt, weil sich in ihr keine eigentlich Industrie entwickeln kann, da es dazu an Platz gebricht. Solange Venedig als Staatswesen blühte, war sie der Mittelpunkt des Zusammenflusses von Reichtümern, die auswärts erworben wurden, eine reine Luxusstadt, die sich als solche nur solange erhalten konnte, als die in ihr herrschenden Geschlechter auf den Einkünften ihrer auswärtigen Besitzungen und Unternehmungen fußten. Seitdem sich dies geändert hat, verfällt sie, und es sind eigentlich nur die Fremden, die den rapiden und völligen Verfall hintan halten. Leider erhält sie dadurch auch den Charakter einer bloßen Kuriosität, einer riesigen Schaustellung. Sie ist eine Art permanenter Ausstellung der Vergangenheit. Was die Mathildenhöhe von Darmstadt im vergangenen Jahre für die künstlerische Gegenwart sein wollte, ist sie in Wahrheit für die künstlerische Vergangenheit. Hier sehen wir in wunderbaren, obschon zum großen Teil verwahrlosten Resten, wie mächtig in früheren Zeiten unter den günstigen Bedingungen großer politischer Macht eines aristokratisch geleiteten Gemeinwesens und enormen öffentlichen wie privaten Reichtums die Kunst ins Leben gewirkt hat. Venedig ist mehr als irgend eine andere Stadt im eigentlichsten und umfänglichsten Sinne ein großes Kunstwerk. Was man hier sieht, alles mit Ausnahme des Wassers, ist Kunst. Derlei wird sich kaum jemals wiederholen, und darum erscheint uns dies alles so reizvoll, fast märchenhaft. In verhältnismäßig geringem Umkreis ist hier eine Summe von Kunst zusammengetragen, die wie unerschöpflich wirkt. Bezeichnend dafür ist die unglaubliche Menge von Stätten des Antiquitätenhandels. Mag auch recht vieles von dem, was als alt hingestellt wird, nur geschickte Imitation sein, es bleibt doch noch eine Fülle von wirklich alter Kunst übrig, die nun zum Verkaufe steht. Vieles stammt freilich aus den Edelsitzen der Umgebung, aber auch dies ist venezianisch. Von den Palästen sind nur noch recht wenige im Besitze der alten Familien, denn diese haben zumeist den Reichtum eingebüßt, der dazu gehört, derlei zu erhalten. Man kann heute ganze Paläste für einen Preis mieten, um den man in Berlin keine Wohnung von zehn Zimmern erhält. Diesen Umstand haben sich schon viele vermögende Fremde zu Nutze gemacht. Auch der Antiquitätenhandel weiß davon zu profitieren, indem er mehr als einen Palast zu einem Antiquitätenlager hergerichtet hat. Zuweilen verhüllt er dies auf eine amüsante Weise. So wurde uns als verbürgt mitgeteilt, daß ein Konsortium von Altertumshändlern nicht allein einen alten Palazzo, sondern auch gleich einen alten Nobile gemietet habe, der darin wohnen durfte unter der Bedingung, daß er die Rolle des Besitzers spielte, als welcher er nun mit vieler Würde kauflustige Fremde empfing, die ihren neu erworbenen Besitz an Altertümern mit einem ganz besonderen Gefühle davontrugen, weil sie glauben durften, ihn aus erste Hand empfangen zu haben. Gute Käufe kann man zuweilen bei den Kirchendienern machen, die zugleich Antiquitätenhändler sind und am besten wissen, wo noch etwas zu holen ist. Gemälde bedürfen aber nach dem bekannten Staatsgesetze einer Ausfuhrerlaubnis durch die Akademie, doch gibt es Mittel und Wege, das zu umgehen. – Von den eigentlichen Sternen am Himmel der alten venezianischen Kunst gilt freilich dasselbe, was von den Sternen überhaupt gilt: man begehrt sie nicht und freut sich ihrer Pracht. Wir haben einige davon gesehen und werden die Freude, die wir daran gehabt haben, gewiß nie vergessen; wir haben also aus ihnen ein unverlierbares Eigentum gewonnen. Zum ersten Male ist mir bei diesem Besuche ein Meister lieb geworden, den ich bisher weniger beachtet hatte: Cima da Conegliano. Der Sinn für ihn ist mir in der Kirche der Madonna dell' Orto vor seinem Johannes dem Täufer aufgegangen, der mir ein wahres Labsal nach den Kunststücken des Tintoretto war, die dort hängen. Meister wie er und Giovanni Bellini haben in ihren Werken das Höchste erreicht, was der Kunst möglich ist: Trostspendung. Diese Werke atmen Frieden, Ruhe, Gleichmaß. Sie sind wahrhaft religiös, und vor ihnen wird der Genuß zur Andacht. Ich gebe die ganze Prunkmalerei des Dogenpalastes für eine Madonna des Giambellino hin, und selbst an der gepriesenen Assunta Tizians gehe ich jetzt leichter vorüber, als an ein paar Heiligen des Cima da Conegliano. Das Innere des Dogenpalastes hat mich wieder kalt gelassen, – dieser Pomp ist schwülstig und allzulaut. Dagegen ergriff mich wiederum die mächtige Pracht der byzantinischen Mosaiken im herrlichen Hause des heiligen Markus. – Am Uhrturme ließen sich diesmal allstündlich die heiligen drei Könige sehen, die nur während vierzehn Tagen des Jahres ihren Rundgang um die goldene Madonna machen. Es ist ein naiv lustige Schauspiel, das Einheimische und Fremde mit gleichem Vergnügen betrachten. Sobald die beiden „Mori" oben mit ihren Eisenhämmern die Stunde vollgeschlagen haben, tut sich rechts von der Madonna die goldene Türe auf, und ein flöteblasender Engel erscheint. Mit gemessener Würde folgen ihm die drei Magier und schreiten an der Himmelskönigin vorüber, indem sie sich verbeugen und grüßend die Hand an ihre Kronen legen. – Die Tauben von San Marco sind echte Venezianer, sie leben von den Fremden, und es steht zu befürchten, daß die meisten von ihnen während der Saison an Fettsucht zu Grunde gehen. Aber es nimmt sich hübsch aus, wie sie sich zutraulich um die Maisspenderinnen scharen. Wenn um zwölf Uhr vom Arsenal her der Kanonenschuß fällt, fliegt die ganze Schar erschreckt auf und umkreist die Piazza. Vielleicht *tun* sie bloß erschreckt, und das Auffliegen gehört zum Programm der Sehenswürdigkeiten für die forestieri. Denn es ist leider so: Alles hat hier den Anschein, als sei es für die Fremden gemacht. Dieser Umstand beeinträchtigt den Genuß der schönen Stadt erheblich, in der die einzige Industrie, die es gibt, allzueifrig gepflegt wird: die Fremdenindustrie. Man wird das Gefühl nicht los: Welch Schauspiel, aber, ach, ein Schauspiel nur!

Venedig, den 15. Mai.

Wir haben, bei gutem und schlechtem Wetter, fleißig Gondelfahrten und einen Ausflug über Fusina nach Padua unternommen, sowie der Insel der Glasfabriken, Murano, einen Besuch abgestattet. In Murano haben wir in der Rigoschen Fabrik eine Anzahl Gläser nach einem schönen einfachen alten Muster für uns herstellen lassen und dabei die Geschicklichkeit der Arbeiter bewundert, wobei wir es nur bedauerten, daß die Kunstfertigkeit dieser Leute fast ausschließlich in den Dienst der Imitation der nicht übermäßig geschmackvollen Barockmodelle gestellt wird. Auch darin zeigt sich das Wesen des heutigen Venedig: die Kunstübung schreitet nicht fort, sondern zehrt sich in Wiederholung des Alten auf. – Wir sehnen uns nach unserm Laufwagen und freuen uns, morgen wieder mobil zu werden, wieder ins Leben hinaus zu fahren aus dieser sterbenden Stadt mit ihrem Fliegengesumm von Fremden.

Es bleibt, trotz aller Decadenten, wahr: „Das Leben hat am Ende *doch* gewonnen!“ Immer träumen, und sei es in die schönste Vergangenheit hin, macht die Seele flau und katzenjämmerlich. Wir sind auf diesen Planeten gestellt, nicht, um auf einem Faulbett zu liegen und holden Imaginationen nachzugehen, sondern um im bewegten Allgemeinen mit bewegt zu sein. Die Gegenwart ist unser Rhodus, wo wir zu zeigen haben, ob wir tanzen können, oder faule Bäuche sind, uns selbst schließlich zur Last und allen lebendigen Wesen ein übler Anblick.

Auf und wende den Schritt
Heiter ins Leben hinein!
Schmäle die Stunden nicht,
Die dir der Tag bescheert,
Wenn Deine Seele auch voll
Holdrer Gesichte ist,
Die im Vergangenen einst
Leben waren, wie jetzt
Du.

Entschuldige diese Hotelverse. Möge unser Adlermotor morgen bessern Rhythmus bewähren.

V.
Von Venedig nach Rimini

An Herrn Max Schillings in München

Padua im Hotel croce d'oro, den 16. Mai 1903.

LIEBER HERR SCHILLINGS! Ich habe Ihnen schon auf dem Markusplatze allerhand Schönes vom Reisen im Laufwagen erzählt. Verzeihen Sie, wenn ich mich nun schriftlich in Einigem wiederhole. Eine Reise wie die unsre hat doppelten Reiz, weil hier das Reisen an sich, gewissermaßen die Technik des Reisens, neu ist. Man reist fast mit dem Entzücken des Kindes, das zum ersten Mal Eisenbahnfahren darf.

Nach der längeren Pause in Venedig fühlen wir dies wieder stärker. Unsern Adlerwagen haben wir in Mestre wie ein befreundetes lebendes Wesen begrüßt, und wir waren sehr glücklich, ihn bei gutem Befinden wieder zu sehen. Unser Führer hatte ihn schon von Venedig aus öfters besucht und ihm allerhand Gutes, so auch einen neuen Reifen angedeihen lassen. Schon dieses persönliche Verhältnis zum Objekt ist angenehm und nicht etwa eine Last. Es ist halt doch auch eine Liebe, und deren Betätigung ist immer angenehm. Daher haben, glaube ich, Frauen mehr Glücksgefühl im Leben, weil sie es besser als Männer verstehen, auch Objekte liebreich zu behandeln.

Die Fahrt von heute hatten wir ein paar Tage vorher bereits mit der Eisenbahn gemacht, und so können wir nun einmal genau abmessen, wie verschieden stark die Eindrücke derselben Landschaft sind, wenn man sie im Eisenbahnwagen und wenn man sie im Automobil genießt. Der Unterschied ist sehr groß, so groß etwa wie der Unterschied einer flüchtigen und einer intimen Bekanntschaft. Im Eisenbahnwagen fährt man eigentlich nur an einer Landschaft vorbei, im Laufwagen bewegt man sich mitten in ihr. Sagt man im Eisenbahnwagen zu den Schönheiten eines Landes „Guten Tag!“ und „Lebewohl!“ in einem Atemzuge, so gewährt der Laufwagen die Möglichkeit, sich mit ihr gemütlich zu unterhalten. Nichts ist unterhaltender als solch eine Unterhaltung, zumal, wenn es sich, wie hier, verlohnt, d. h. wenn die Gegend etwas zu sagen hat. Die Ufer der

Brenta von Mestre bis Padua sind landschaftlich nicht weiter „interessant"; es ist eine weite sehr fruchtbare Ebene, gartenartig bebaut; was ihr den besonderen Reiz verleiht, sind die außerordentlich zahlreichen alten Landsitze der venezianischen Adelsfamilien, die sich die Straße und damit den Fluß entlang hinziehen, zuweilen in ununterbrochener Kette, zuweilen mit Meiereien abwechselnd. Viele dieser Besitzungen zeichnen sich durch architektonisch schöne Herrenhäuser aus, deren einige die Größe und das Ansehen von Schlössern haben. Auffällig ist der reiche bildhauerische Schmuck. Überall, auf den Toren, Mauern, Giebeln, in den Gärten: Statuen, meist wohl aus der Zopfzeit und leider recht häufig übertüncht, aber auch noch in diesem Zustande lustig anzusehen. Ausgedehnte Vorgärten, oft mit Zitronen- und Orangenbäumen in Tonkübeln besetzt, schützen das Herrenhaus vor dem Staub und Lärm der Straße, und hinter den Häusern dehnen sich Parks mit wundervollen alten Bäumen aus. Alles atmet Vornehmheit bei durchaus ländlichem und ungezwungenem Wesen. Die repräsentative Würde der Palazzi blieb der Stadt vorbehalten; nur das Schloß bei Malcontenta und der Schloßkomplex von Strà machen eine Ausnahme davon. Das Schloß von Strà ist außerhalb Italiens (wie dieser ganze Strich) wenig bekannt, aber eine große Sehenswürdigkeit, die wir uns natürlich nicht entgehen ließen. Es wurde von einem aus der mächtigen venezianischen Familie der Pisani Anfang des achtzehnten Jahrhunderts gebaut, kam 1808 in den Besitz Napoleons, dann an das Erzhaus der Habsburger, dann an das königliche Haus Savoyen und wurde schließlich als Monumentum nationale von der italienischen Regierung übernommen. Es ist ein Vergnügen, diese schier endlosen Zimmerfluchten mit ihren hohen, schönen Zimmern zu durchschreiten, die architektonisch und in der Wandbemalung meist rein im Stile vom Anfang des 18. Jahrhunderts sind, während ihre Möblierung, von der Anwesenheit des erlauchtesten Schloßherrn von Strà, Napoleons, her, Empirarbeit ist. Im Schlafzimmer Napoleons wird eine Sänfte gezeigt, in der sich der zum Diktator Europas gewordene korsische Advokatensohn soll ins Bad haben tragen lassen. Ich erinnerte mich, als ich dies hörte, an den schönen Napoleonskopf Canovas, dessen Modell wir in Bassano gesehen hatten, und ich hatte, wie es einem zuweilen begegnet, blitzartig eine fast visionäre Vorstellung: den nackten brauen Körper des Erben der Revolution mit dem Cäsarenkopfe, hingestreckt in die gelbseidenen Kissen des Tragstuhles. Dieses Bild wird für mich immer mit dem Schlosse Strà verbunden bleiben. Dies und der Zitronengarten mit seinen Hunderten wohlgepflegter Zitronenbäume aller Arten. Der uns führende Gärtner erzählte, daß 68 verschiedene Sorten Zitronen hier gezogen werden, darunter auch die riesigen Pompeani, die sich bis zur Größe kleiner Kürbisse auswachsen. Es sind wunderbare Schaufrüchte, aber ungenießbar. Das saftige Zellenfleisch, das bitterer schmeckt als das Fleisch der gewöhnlichen Zitrone, ist im Vergleich zu der Schale, die außerordentlich dick ist, sehr spärlich. Wir maßen den Durchmesser einer Frucht und fanden ihn 12 Zentimeter groß, wovon auf das Fleisch kaum sechs Zentimeter kamen. Was bei der gewöhnlichen Zitrone eine dünne Scheidehaut zwischen Fleisch und Schale ist, bildet hier das Hauptvolumen der Frucht in Form einer porösen, ziemlich trockenen, weißen Masse. – Zu Wächtern des Zitronengartens in Strà ist der ganze griechische Olymp bestellt. Die steinernen Götter u die aus dunklem Glanzgrün goldig leuchtenden Früchte passen gut zusammen. Übrigens sind die alten Götter hier zu Lande noch nicht tot; sie leben noch in der Sprache des Volkes, das seine Rede gern mit einem „per Bacco!“ oder „per Diana!“ bekräftigt. – In Padua haben wir, wie sich's gehört, zuerst dem heiligen Antonius einen Besuch gemacht. Wir trafen es gut, da der Freitag der Tag des Heiligen ist und die Franziskaner dem Andenken ihres großen Ordensbruders gerade die feierliche wöchentliche Verehrung darbrachten. Sie schritten in langer Reihe an seinen Altar und knieten dort nieder, dann begann ein langer Wechselgesang, etwas näselnd von Seiten der Mönche, aber in wunderbarer Stimmfülle von der Orgelempore her; eine fast fröhliche Melodie, man möchte sagen ein heiliger Marschgesang.

Ferrara, 17. Mai.

Der heutige Vormittag galt der Kunst Paduas. Darüber zu reden, heißt um Superlative verlegen sein. Die Reliefs in der Kapelle des Heiligen zeigen die Bildhauerkunst der Renaissance auf einer erstaunlichen Höhe. Auch sie ist freilich nur ein Abglanz der Antike, und zur vollen Größe fehlt die Einfachheit, aber der Bewunderung bleibt genug übrig. Wie wenig die Künstler jener leidenschaftlich zur Antike strebenden Zeit im Grunde an den christlichen Mönch, wie sehnsüchtig sie vielmehr an die große heidnische Zeit des Volkes dachten, zeigt sich deutlich darin, daß sie die Begebenheiten aus dem Leben des Heiligen ungescheut in antikem Gewande vortrugen. Nicht einmal der Heilige selbst ist überall als Mönch dargestellt, und wo dies der Fall ist, zeigen wenigstens die übrigen Figuren rein antike Tracht, und wo es nur irgend angängig ist, wird der menschliche Körper nackt dargestellt. Auch sonst springen die Künstler mit der Legende sehr frei um und denken nur an die Schönheit ihres Werkes und nicht an den überlieferten Vorgang. So soll eines der Reliefs vorstellen, wieder der Heilige einem Jünglinge, der sich aus Reue über eine von ihm gegen seine Mutter begangene Untat ein Bein abgehackt hatte, das Bein auf wunderbare Weise wieder zusammenfügt. Dem Künstler lag aber gar nichts daran, eine derartige Operation zur Anschauung zu bringen; er bildete zwar ein nacktes Jünglingsbein, und zwar ein sehr schönes, aber er stellte es – *nach* der Operation dar, so vollkommen und tadellos geheilt, wie nur ein Bein sein kann. Diese Darstellungen sind tatsächlich direkt unchristlich. Die Symbole und Zeichen der Kirche, selbst das Kreuz, fehlen gänzlich, und die gesamte Architektur ist wie die Tracht antik. Dem heutigen Volke, das hier seine Heiligen zu verehren kommt, sagen sie daher auch gar nichts. Männer und Frauen stehen gedrängt um die Rückwand des Sarkophags, in dem die Überreste des Wundertäters liegen, wenden den herrlichen Marmorbildern den Rücken und legen ihre Hände mit gesenktem Haupte an den Grabstein, hoffend, daß die Wunderkraft des Heiligen ihn durchdringe und heilend in ihren Körper übergehe. – Auch in den herrlichen Fresken Mantegnas in der Kirche der Eremitani lebt dieser zur Antike gewendete Geist, der sich, indem er heilige Geschichten erzählt, doch zum antiken Evangelium der Kraft und Freude bekennt. Der heilige Jakob ist dem Künstler so gleichgültig, daß er ihn auf drei Bildern blond und auf dem Schlußbild schwarzhaarig darstellt, und so sehr überwog seine Lust am Schönen des Körperlichen den gegebenen Inhalt seines geistlichen Themas, daß dieses dem Betrachter kaum zum Bewußtsein kommt. So lenkt auf dem Bilde, das den heiligen Jacobus auf dem Gange zur Richtstätte zum Inhalte hat, vielmehr als dieser die prächtige Gestalt eines antiken Soldaten die Blicke auf sich, der das Volk mit quer gehaltener Lanze zurückdrängt. Selbst auf dem Bilde der Hinrichtung des Heiligen (der bäuchlings zur Erde geworfen, mit einem Holzhammer erschlagen wird), ist dieser künstlerisch nicht die Hauptperson, und der ganze schauderhafte Vorgang ist mit einer vollendeten Kälte, mit der absolutesten Gleichgültigkeit erzählt. Kein Mensch zeigt irgend welche Aufregung. Ein junger Mann von wundervollem Körperbau lehnt sich in elegant nachlässiger Haltung über die Barriere, unter der Jacobus den tödlichen Hieb auf den Schädel erwartet, und sein Blick zeigt etwa die Aufmerksamkeit eines Anglers, der zusieht, ob ein Fisch anbeißen will. Im Mittelgrunde stehen drei entzückende Jungen in schönen Brustpanzern, sonst nackt, und kümmern sich absolut nicht darum, daß im Vordergrunde ein Heiliger totgeschlagen wird. Der eine, mit dem linken Arm auf die Straßenmauer gestützt, sieht vor sich nieder wie einer, der an etwas recht Angenehmes ohne Aufregung denkt; der mittlere blickt an ihm vorbei in die Landschaft – vielleicht sieht er einen schönen Schmetterling fliegen; der dritte stemmt seinen rechten Arm in die Hüfte und sieht über die ganze Szene hinweg geradeaus ins Leere, ein bißchen gelangweilt und ärgerlich darüber, daß er kommandiert ist, dieser faden Hinrichtung eines Christen beizuwohnen. Daß die Staffage mit bewußter Absicht so behandelt ist, kann nicht bezweifelt werden, und ich bin mir darüber nicht unklar, daß Meister Mantegna zwar ein sehr guter Maler, aber ein schlechter Christ gewesen ist. – Giotto dagegen verdient auch in der Religion die Note 1a. Seine wunderbare Farbenfuge in der Arenakapelle, deren Dominante ein unvergeßliches Blau ist, preist in schöner Einfalt aus inbrünstigem Herzen die Dreifaltigkeit. Nur ein Frommer kann fromme Verzückung so ergreifend darstellen, wie er es in der Grablegung getan hat, in der Engeln und Menschen tiefster Schmerz zur höchsten Seligkeit wird. Wir können dem Geschick nicht dankbar genug sein, das uns diese unbeschreiblich schönen Fresken so unversehrt erhalten hat. – Daß so viele Italienreisende Padua unbesucht lassen, ist künstlerisch eine wahre Unterlassungssünde. Die Werke, die man hier von Mantegna und Giotto zu sehen bekommt, gehören zu dem Erhabensten und Schönsten, das man überhaupt sehen kann. Die Stadt ist auch selber sehr interessant in ihrer echt italienischen Architektur mit den vielen Laubenbögen und mit ihren alten, zum Teil gewaltigen Staatsgebäuden. Wir besuchten im Palazzo della Ragione den riesigen Saal, der wohl mit Recht der größte Saal der Welt genannt wird und in dem sich das kolossale hölzerne Pferd Donatellos befindet. Überlebensgroß wie dieses war die Rechnung im „Grand Hotel croce d'oro“; es scheint, daß der Wirt dieses Gasthauses sich für die vielen Forestieri, die an Padua vorüberfahren, an denen schadlos hält, die Padua besuchen und dabei so unvorsichtig sind, bei ihm einzukehren. – Die 76 km lange Strecke von Padua bis Ferrara legten wir in unserm Adlerwagen, der herrlich bei Rhythmus war, in dreieinhalb Stunden zurück. Eine sehr schöne Fahrt auf ausgezeichneter Straße und zum Teil am Po entlang, der hier ein mächtiger Strom ist. Wir überschritten ihn bei Pontelagoscuro auf einer Schiffsbrücke, nachdem wir vorher eine Anzahl Mühlen passiert hatten, die im Strom nach Art von Schiffsbrücken verankert sind. Sie tragen alle schwarzen Anstrich und darauf in großer, weißer Schrift ihren Namen in Form eines Spruches, etwa: „Molino nominato paradiso, Dio ti saluti,“ was in deutschen Landen etwa so lauten würde: „Die Mühle, Paradies genannt, steht in Gottes starker Hand.“ – Bei der Einfahrt in Ferrara kamen wir an dem gewaltigen Castell der Este vorüber, einem kolossalen Bauwerk von zwingburgartigem Charakter. Jetzt war es umwimmelt von Radfahrern. Wir erfuhren, daß hier ein Fest des italienischen Touring Klubs abgehalten wurde, und hatten Abends Gelegenheit, einen Fackelzug zu Rade mit anzusehen. – Vorher hatten wir zwei Dichterwohnungen unseren Besuch gemacht – einer traurigen und einer heiteren. Die traurige, ein scheußliches Gewölbe im Hospitale der heiligen Anna, hat Torquato Tasso über sieben Jahre bis zu seinem Tode bewohnen müssen als Gefangener seines Herzogs, aus dessen Gnade er gefallen war. Wenn er vorher nicht schon irrsinnig war, so ist er es in diesem Loche sicher geworden. Lord Byron, der offenbar starke poetische

Stimulantien liebte, hat sich auch in dieses Kerkergewölbe, wie in Venedig in das Gefängnis des Marino Falieri, auf ein paar Tage einsperren lassen – eine etwas spleenige Art, sich Inspiration zu verschaffen – und ein Goethischer Torquato Tasso war nicht dir Frucht davon. – Angenehmere Empfindungen erweckte der Besuch im Hause des Ariost, an dessen Fassade der Dichter die einfachen und schönen Worte eingraben ließ:

Parva est apta mihi, sed nulli obnoxia, sed non
Sordida, parta meo sed tamen aere domus.

Im übrigen wird man nicht erwarten, im Hause des Ariost so viel von der Persönlichkeit des Dichters zu finden wie im Goethehause des Weimarischen Ferrara. Das Haus ist erst Jahrhunderte nach dem Tode des Dichters aufgekauft worden, und die Reliquien, die sich darin finden, haben dieselbe Zeit hindurch ihren Platz in fremdem Besitz gehabt. Aber es gibt doch einen ungefähren Begriff davon, welche Umgebung sich dieser außergewöhnliche Mann geschaffen hat, der wie Goethe nicht nur ein Künstler des Wortes, sondern auch des Lebens, des nach außen wirkenden sowohl, wie des nach innen aufnehmenden, gewesen ist. Auch sein Haus darf in den Verhältnissen und in der Anlage poetisch genannt werden. Klein, doch nicht eng, einfach gestaltet, aber in klaren Zügen ohne Winkelwerk, ganz und gar nicht ein Haus zum Repräsentieren, sondern zum beschaulichen Schaffen und behaglichen Leben. Die Schreibstube aufs Feld hinaus über Gärten weg; kein Haus sichtbar, außer einem schön aufragenden Glockenturm. – Der galante Custode überreichte meiner Frau einen Strauß Rosen „aus dem Garten des Ariost“ – und wenn der Rosenstock, von dem er sie gepflückt hatte, auch gewiß nicht unter Ariosts Augen gewachsen war, es war doch hübsch von dem Custoden und klingt reizend: „Ein Rosenstrauch aus dem Garten des Ariost.“

Rimini, den 20. Mai 1902, im Aquila d'oro.

Wir hätten in Ferrara gerne den Palazzo de' Diamanti besucht, um die Werke des Dosso Dossi zu sehen, aber die Sammlung wird Sonntags erst um 12 Uhr geöffnet, und so lange konnten wir nicht warten, weil wir in

Ravenna, von dem uns 73 Kilometer trennten, noch Zeit zur Betrachtung der Mosaiken und des Grabdenkmals des großen Theoderich haben wollten. Heute bedauern wir diese Eiligkeit, und ich denke an das Wort Bettinas von den stehengelassenen Erdbeeren. Diese Eiligkeit steckt uns noch von der Eisenbahn her im Blute, und wir müssen noch immer häufig genug unsre Nerven in die Zügel nehmen. – Die Fahrt von Ferrara nach Ravenna ließ es uns spüren, daß wir uns der Küste näherten; wir waren offenbar von einer ganzen Schar von Windsbräuten begleitet, und oft erhoben sich vor uns Staubwolken, die uns die freie Aussicht auf die Fahrbahn völlig verhüllten. Bei solchen Gelegenheiten bewähren sich die großen Schutzbrillen, die dem Laufwagenreisenden ein so groteskes Aussehen verleihen, vorzüglich. Wir brauchten trotz des Gegenwindes nur etwas über drei Stunden bis Ravenna, kamen aber, offenbar infolge des Sturmes, so ermüdet an, daß wir uns ein paar Stunden im Hotel ausruhen mußten. Dieses Hotel führte, wie alte Theaterstücke, mehrere Namen auf einmal: Albergo reale Europa, Spada d'oro, San Marco. Wir mußten später auch für drei Hotels zahlen. – Ravenna selbst macht einen trostlosen Eindruck. Ich hatte mir, unter der Suggestion des großen Namens Theoderich, etwas düster-prächtiges vorgestellt, eine Mischung aus Gotisch und Byzantinisch, und war nun arg enttäuscht, ein Konglomerat von kleinen, langweiligen Häuschen zu finden, die, wenn sie jemals in einem anständigen Stile erbaut worden sind, ihn bis auf den letzten Rest verloren haben. Direkt unwahrscheinlich wirkten große Plakate die eine Aufführung von Wagners Tristan und Isolde im Stadttheater verkündeten. Man sollte meinen, daß diese Musik diese wackelige Stadt zersprengen müßte, nichts übrig lassend als das, was von Ravennas gewaltiger Vergangenheit übrig geblieben ist. Es sind nur wenige Reste, diese aber von so herrlicher Art, daß man den kläglichen Krimskrams dessen, was heute Ravenna heißt, darüber völlig vergißt. Der Kontrast ist um so unheimlicher, weil die paar alten Sachen so unglaublich frisch und lebendig wirken, während das, was sich als gegenwärtiges Leben gibt, durchaus den Eindruck des Absterbens macht. Die unerhört schönen Mosaiken aus dem 5. und 6. Jahrhundert strahlen im jugendlichen Glanze, und man könnte glauben, sie seien gestern vollendet worden, wenn sie nicht von einer so märchenhaft unmodernen Schönheit wären. Wer einmal die beiden Heiligenzüge im Battisterio degli Ortodossi gesehen hat, diese Prozession weltentrückter Seliger im Juwelenschmucke heiliger Schönheit, der hat für alle seine Tage einen unverletzbaren Begriff vom Wesen der alten christlichen Kunst, die den großen monumentalen Zug der antiken mit einer mystischen Innerlichkeit verbindet. In den Mosaiken von San Vitale aber leuchtet der ganze kaiserlich-hieratische Pomp von Byzanz. Unter den von Gold und Edelstein starrenden Gewändern wird auch Geste und Bewegung der gekrönten Christen steif, sakramental. Daß einzelne Gestalten, wie die der Kaiserin Theodora, des Kaisers Justinian, des Erzbischofs Maximian, trotzdem etwas Persönliches haben und sofort als Porträts wirken, beweist eine enorme Höhe von Kunst. Alles dies ist Dekoration im allerhöchsten Sinne, und die Anstrengungen, mit Ölfarbenbildern, wie im Dogenpalaste, raumausfüllend dekorativ wirken zu wollen, erscheinen einem angesichts dieser Mosaiken geradezu absurd. Nicht einmal das Fresko ist nur entfernt solcher Wirkungen fähig. Das Mosaik, aus unzähligen Glanzflächen leuchtend, hat dennoch die einheitlichste Gesamtwirkung. Es ist der Pointillismus in der höchsten Vollendung, der Zusammenglanz unzähliger leuchtender Farbflecke, die zeichnerisch streng zusammengehalten werden durch eine Linie von vollendetstem Stilgefühl. Unsre modernen Schmuckkünstler können nichts besseres tun, als hier und in Tocello und an den alten Mosaiken von San Marco-Venedig Studien zu machen. Es gehört zu den größten Glücksfällen der Kunstgeschichte, daß diese unerhörten Kostbarkeiten erhalten geblieben sind. – Aus ganz anderem Wesen stammt die gewaltige Wirkung des Grabdenkmals, das Theoderich der Große für sich hat errichten lassen, offenbar im Hinblick auf antike Vorbilder. Hier spricht nur die eine Farbe des Steins und die Macht des Aufbaus. Alles gedrungen, Masse, Wucht; Quader an Quader, so breit sie nur zu finden, und darauf diese kolossale Kuppel aus einem einzigen Kalkstein, dessen Schwere auf etwa 8000 Zentner berechnet wird. Dies mitten in die üppige, aber ebene Landschaft gesetzt, – das Grab eines Gewaltigen unter den Menschen, den man sich, wüßte man sonst nichts von ihm, daraus wohl vorstellen könnte. – An der Treppe, die zum Umgang des Heldengrabes führt, steht ein mächtiger Teerosenbaum. Der blühte, als wir dort waren, in überschwänglicher Pracht, und alles rings war vom Dufte seiner Blüten erfüllt. – Rosen pflegen gerne zu poetischen Gemeinplätzen zu verlocken, und ich widerstand der Verlockung nicht:

Für seinen Leichnam schuf
Ein großer Deutscher hier
Siehe eine feste Burg
Mit einer Kronenzier

Aus nichts als einem Stein;
So wollt er sicher ruhn
In grüner Einsamkeit
Von ungeheurem Tun.

Kaum war er tot, so kam
Der Haß und gab dem Wind
Des Helden Asche; – ach,
Wie töricht Feinde sind:

Ein Stäubchen Asche sank
Ins Erdreich, und die Kraft
Des toten Helden gibt
Nun tausend Rosen Saft.

Die duften wunderstark,
Wie seine Seele war:
In Rosen steht sein Grab,
Ein trotziger Alter.

– Das Meer lockte uns nach Rimini, – der Luftschlauch unsres rechten Hinterrades verschaffte uns indessen die Bekanntschaft der adriatischen See schon bei Cervia. Eben, als wir durch diesen kleinen Ort fuhren, ertönte ein zaghafter Knall, und Meister Riegel, der für jede Regung an seinem Wagen ein untrügliches Gehör hat, erklärte: Jetzt ist ein Schlauch hin! Um die Arbeit des Schlauchwechselns ungestörter vornehmen zu können, bogen wir querfeldein und waren aufs Schönste überrascht, als wir plötzlich unvermutet die blaue Flut der See erblickten, angesichts deren die Reparatur schnell von statten ging. Wir suchten unterdes Muscheln, photographierten ein paar Krabbenfischer und dankten dem Pneumatik, daß es an so angenehmem Orte das Zeitliche gesegnet hatte. Kaum einen halben Kilometer weiter aber wiederholte sich was Vischer die Tücke des Objekts genannt hat, und wir sorgten für Abwechselung, indem wir den Schaden diesmal zwischen blühenden Lupinenfeldern und etwa fünfzig meist hübschen Bauernmädchen ausbesserten, die im Pfingststaate um uns herumstanden und allerliebst erstaunte Gesichter machten. Es war also auch hier keine große Fatalität weiter. Eine schlimmere hätte uns aber fast erreicht infolge eines Defektes an der Pumpe. Zum Glück stellte sich dieser gerade kurz vor Rimini heraus, sodaß wir noch eben ins Hotel gelangen konnten, wo unser unermüdlicher Führer sofort daran ging, den Schaden zu beseitigen, während wir dem Seebade einen Besuch machten. Über dem leuchtenden Blaugrün des Wassers lag schwarzblau ein schweres Wetter, und die Brandung war viel stärker, als wir es vom adriatischen Meere erwartet hatten. Leider kam das Wetter von der See ans Land, und wir mußten uns ins Hotel flüchten. – Hinter Ravenna sind wir am ersten Pinienwalde vorbeigekommen; es ist derselbe, den schon Dante und dann Byron gepriesen hat. Er mag aber wohl noch zu Byrons Zeiten mächtiger gewesen sein, als er es heute ist. Nach deutschen Begriffen würde man es noch keinen Wald nennen. Für uns ist der Wald ein ganzes Volk von Bäumen; dies hier ist höchstens eine Generalversammlung. Freilich von erlauchten Vertretern der Gattung, und man muß gestehen, daß eine Silhouette von grün-schwarzen Pinienhäuptern gegen den blauen Himmel gesehen etwas großartiges, eine ruhige Vornehmheit hat, die feierlich stimmt. Unsere spitze Fichte würde in diese runde Landschaft durchaus nicht passen; hier ist es ästhetische Notwendigkeit, daß sich alles wellig ausbreitet oder wölbt. Aus diesem Grunde ist es wohl auch zu erklären, daß der italienische Kirchturm im allgemeinen nicht spitz, sondern abgeplattet ist, und daß die Gotik sich in Italien dauernd nicht behaupten konnte.

Wie liebenswürdig naiv das italienische Landvolk ist, haben wir immer wieder Gelegenheit zu beobachten. Niemals, wenn wir genötigt sind, auf freier Straße zu Reparaturen Halt zu machen, wird auch nur eine Bewegung der Schadenfreude bemerkbar, geschweige denn, daß ein höhnisches Wort laut würde. Diese guten Leute haben nur den einen Wunsch: daß man ihnen imponiere. Deshalb sind wir hier in Italien längst davon abgekommen, den wirklichen Preis unseres Adlerwagens zu nennen, wenn man uns darum frägt. „10 000 Lire? O? Nur 10 000 Lire? Hm, hm, hm." Das macht ihnen gar keinen Spaß. Man muß 30 000 sagen, dann sind sie zufrieden. – Bei Cervia wollten wir einem jungen Burschen, der beim „Abmanteln" geholfen hatte, Geld geben, er aber bat sich un sigaro tedesco aus, – nicht um ihn zu rauchen, sondern ihn aufzuheben als ein Ding, das so weit her gekommen sei. – Überhaupt ist das Landvolk hier durchaus nicht so auf Geld erpicht, wie es die Bevölkerung der großen italienischen Städte, zumal der viel von Fremden besuchten, bekanntlich in einem fatal hohen Grade ist. Für Muscheln, die sie uns, unaufgefordert, gesucht hatten, wollten die Leute durchaus nichts nehmen. „Nur als Andenken, Signori, damit Sie wissen, daß wir poveri hier doch auch was schönes haben!" Meine Frau ist über das alles sehr glücklich, und ich meine, sie hat ein Recht dazu. Die Italiener, unverdorben, sind ein prächtiges Volk, nicht bloß äußerlich. Sie haben Stolz und Bescheidenheit zugleich. Das nenn ich antiken Charakter. – Und die Décadence der romanischen Rasse? Zeitungsschreiberworte. Wo die Leute durch die Not degeneriert sind, in den großen Städten und in den verelendeten Landstrichen, sind sie natürlich ein Bild der Verkümmerung, aber nicht mehr, als die gleich Unglücklichen bei uns, – eher weniger, denn sie besitzen die glückliche Gabe, unter einem freigiebigen Himmel zu wohnen, weniger Bedürfnisse und eine Religion zu haben, die ihnen kein Kopfzerbrechens macht, sondern ihnen oft eine schöne Komödie, ebenso lustig für die Sinne, wie lieblich fürs Gemüt, bietet. Dazu weniger „Bildung", als bei uns, aber mehr leichter Sinn und eine angeborene Lebensweisheit: Unzufriedenheit ist Dummheit. „Laß dir die Sinne in den Mund scheinen, und du hast Gold im Munde." Die „Signori" sind ihnen im allgemeinen nicht Gegenstände des Neides, sondern eines gewissermaßen künstlerischen Interesses. Diese Leute denken gar nicht daran, wenn sie unsern roten Adlerwagen sehen, sich zu sagen: ach, wenn wir doch auch so dahinfahren könnten, sondern sie rufen laut und freudig aus: Wie schön ist das! Ah! Wie schön! Und die Signora! Seht nur den Hut und Schleier! Und da ist dann der Evviva! Evviva! kein Ende. Evviva la benzina (so nennen sie das Automobil)! Evviva gli signori! – Am meisten bewundern sie Riegel, unsern Führer. Ein Riese! Ein deutscher Riese! Und was er alles kann! Sehr, der verstehts, zu fahren! Er allein lenkt diesen Wagen und läßt ihn jetzt schnell, jetzt langsam fahren. Das will gelernt sein! Das ist mehr als Gras mähen! – Und wie wißbegierig sie sind. Regelmäßig, wenn wir abends wo eingestellt haben, versammelt sich der halbe Ort um Riegel und wünscht durchaus in den Mechanismus eingeweiht zu werden, wobei ein jeder ohne weiteres bereit ist, zu helfen, *ohne* dabei an ein Trinkgeld zu denken. – Auf dem Lande ist das bei uns in manchen Gegenden ja wohl auch so, aber es fehlt diese angenehm lebendige Art und Heiterkeit. – Riegel freilich hat wenig Geschmack daran. Für ihn sind die Italiener ein durchaus verdächtiges Volk, und er schwört darauf, daß sie allesamt nur auf Diebstahl und Heimtücke aus sind. „Ich sag Ihne, Herr Bierbaum, jeder von dene Halunken hat 's Messer im Sack. Da muß mer aufpasse!“ Vor allem aber findet er es tadelnswert an ihnen, daß sie nicht deutsch verstehen. Sonst ein sehr guter (und durchaus nicht dummer) Mensch überschüttet er die Unglückseligen, die ihm ihre Dienste wortreich, aber natürlich nicht auf Frankfortsch, anbieten, mit massiven Grobheiten, die sie ihrerseits für Belehrungen hinnehmen, sehr bedauernd, daß es ihnen nicht gegeben ist, sie zu verstehen. – Ich hoffe, daß der Gute nach und nach menschlicher von diesen braven Leuten denken lernen und mit der Erfahrung nach Hause zurückkehren wird, daß auch die Italiener zwar nicht mit einem echten Frankfurter zu vergleichen, aber immerhin Menschen sind.

VI.
Von Rimini nach San Marino und zurück

An Herrn Bruno Grafen Khuen in Sankt Michael bei Eppan

Rimini, den 22. April 1902.

MEIN LIEBER HERR GRAF KHUEN! Mit einem Automobil von Ihrem alten schönen Englar an Gandegg vorbei und dann die Mendelstraße hinaufzufahren, ist höchstens insofern ein Kunststück, als auch die Straßen um Englar herum den Namen Ihres Schlosses bewähren: „auf Geröll gebaut“, und als nirgends in der Welt die Kutscher sich böswilliger und törichter benehmen können, als zwischen Bozen und der Mendel, aber als eigentliche Fahrleistung kommt eine solche Partie nicht in Betracht. Da ist die Fahrt nach San Marino hinauf und wieder herab schon ein andres Stück Arbeit. Es sind von hier nur zweiundzwanzig Kilometer zum Monte Titano, aber der führt seinen Namen in der Tat und sieht so trutzig herunter auf das ebene Land mit seinen natürlichen Zacken und künstlich aufgesetzten Zinnen, daß einem das Herz wohl in den Motor fallen kann, wenn man sich ihm mit immer zaghafter werdendem Töfftöff naht. Diese einzig übrig gebliebene italienische Republik, die sich auf ihrem Felskegel mitten in der Unita Italia mit all ihren Gebräuchen und Einrichtungen als politische Kuriosität erhalten hat, weil sie gar so niedlich und darum politisch genommen quantité négligeable ist, tut ganz so, als wollte sie, die nie eroberte, sich selbst der Eroberung durch das Automobil widersetzen. Aber unser Adlerwagen ist aus Frankfurt, und die Frankfurter sind den Sachsenhäusern zu nahe benachbart, als daß sie sich durch irgend welche alte Ruhmestitel oder sonst welche Erhabenheiten imponieren ließen. Es ist erreicht! durfte unser Adlerwagen heute vor den Toren von San Marino gleich dem historischen Hoffriseur ausrufen, der den Deutschen ihre Barttracht und damit einen wahrhaft haarigen Ausdruck ihrer nationalen Sonderstellung gegeben hat. Den Ruhm, San Marino als *erstes* Automobil genommen zu haben, hat unser Adlerwagen freilich nicht. Vor ihm haben schon drei andere das gleiche Wagnis mit Erfolg unternommen. Der erste, der diese kurzkehrigen Serpentinen hinaufgefahren ist, war ein Wagen des Herzogs Strozzi aus der berühmten florentiner Familie. Für uns war die Sache deshalb besonders schwierig, weil unser Wagen ungewöhnlich lang ist, weshalb seine Lenkung um kurze Kehren die höchste Aufmerksamkeit und Geschicklichkeit des Fahrers erfordert. Trotzdem bin ich überzeugt, daß diese lange Form die bleibende für *Reise*laufwagen sein wird. Sie allein ermöglicht die Mitnahme von Reisegepäck für längere Zeit, und nur ein Wagen, der diese Möglichkeit gewährt, kann Reisezwecken wirklich dienen. – Der Ausflug nach San Marino war in unserm Reiseplan eigentlich nicht vorgesehen; er war eine Improvisation, aber eine sehr glückliche. Noch nie hat sich unsern Blicken eine so gewaltige und schöne Landschaft aufgetan. Der Appenin und das Meer gleichzeitig, – das ist viel Augenglück auf einmal. Das Wetter war freilich nicht klar, und unbescheidenere Reisende, als wir es sind, würden sagen, daß es schlecht war, und ich finde es blasphemisch, im Laufwagen von schlechtem Wetter zu reden. In der Stadt mag man so sprechen, denn Regen in der Stadt ist unangenehm, – fährt man aber in einem guten Reisewagen durch ein schönes Land, so darf man wohl von heiterem oder düsterem, klarem oder trübem, trockenem oder feuchtem Wetter reden, beileibe aber soll man sich nicht unterstehen, das Wort schlechtes Wetter zu brauchen. Schlechtes Wetter auf der Reise gibt es nicht, – das ist mein Axiom. Es ist wahr, wir sahen kein azurnes Meer, und die Berge lagen unter Wolkenschatten, – aber wir herrlich aufgetürmt über Meer und Gebirge waren diese Wolken, wie phantastisch war es anzusehen, wie die Wetter um die Gipfel zogen, wie köstlich waren die schnellen Sonnenblicke, die mitten im schwarzen Schatten plötzlich eine Bergflanke wie mit Gold übergossen. Dumm ist nur, daß der photographische Apparat im Futteral bleiben muß, und meine Frau, die der Amateurphotographie leidenschaftlich ergeben ist, verwünscht die Wolken, die ich so schön finde. Anfangs wollte sie auch dem Nebel Lichtbilder abtrotzen, – so kühn sind Dilettanten! Je mehr sie sich aber der *Kunst* des Photographierens näherte, desto mehr lernte sie, sich zu bescheiden. Das ist wie mit dem Dichten. Anfangs versucht man's auch invita Minerva, aber nach und nach wird man fromm und wartet auf die Göttin. – Das erste, was uns zeigte, daß wir den Boden der italienischen Monarchie verlassen hatten, war ein Schild mit der großen und demonstrativen Inschrift: Café repubblicano. Zollwächter gibt es zum Glück keine, denn San Marino ist mit Italien im Zollverein. Die Marinesen scheinen überhaupt, so eifersüchtig sie ihre politische Sonderstellung wahren, dem großen italienischen Vaterlande mit aller Liebe anzuhangen. Auch in San Marino wird mit Garibaldi derselbe Kultus getrieben, wie überall in Italien, und im großen Saale des Regierungsgebäudes prangt das Wappen Roms als der großen Mutter des Landes. An einen Besuch des ersten italienischen Königs erinnert dessen Büste; sonst ist aber recht häufig der republikanische Charakter des kleinen Staates betont. So finden sich mehrere Büsten von Präsidenten der französischen Republik, die der kleinen Kollegin allerhand Aufmerksamkeiten erwiesen hat. So schenkte sie ihr u. a. die Stühle für die sechzig Ratsherren, die die Regierung San Marinos bilden: zwanzig aus dem Adel, zwanzig „artisti", zwanzig Bauern. Diese sechzig wählen aus sich alle sechs Monate die jeweiligen beiden Konsuln, capitani regenti geheißen, die eine etwas mißlungene renaissancemäßige Amtstracht haben und auf eine so feierliche Weise in ihr Amt eingeführt werden, als handelte es sich um die Übernahme eines Imperiums. Das ist vielleicht ein bißchen komisch für unsern Geschmack, aber im Grunde haben die Bürger von San Marino nicht unrecht, wenn sie ihre Souverainetät etwas stark betonen. Sie haben es ein paar Mal bewiesen, daß sie der „Libertas", die in ihrem Wappen steht, würdig sind. Einmal geschah das, als sie der Verlockung des ersten Napoleon widerstanden, der ihr Gebiet vergrößern wollte. Hätten sie *damals* zugegriffen, es bestände heute ihre Libertas sicher nicht mehr. Das andre Mal geschah es, als sie es ablehnten, in ihrer Stadt eine Spielbank begründen zu lassen. Hätten sie es gestattet, so würde es das Ende des alten San Marino bedeutet haben. Das Felsennest würde eine große Hotellerie und die Bürgerschaft von San Marino eine Klientele fremder Bankiers geworden sein. – In einer Kirche wurde uns ein schönes Bild gezeigt, das man dem Giovanni Bellini zuschreibt und das, von wem es auch sein mag, wert ist, mit Andacht betrachtet zu werden. Es ist auf Holz gemalt und soll lange Zeit als Tischplatte in einem Käseladen gedient haben. – Bei dieser Gelegenheit fällt mir ein, daß der Schafkäse von San Marino auch eine Sache ist, die Erwähnung verdient, wie denn überhaupt der italienische Käse eine schöne Sache ist. Das Lob des Parmesaner Käses und des Stracchino braucht nicht noch gesungen zu werden, und auch der Gorgonzola ist eine anerkannte europäische Größe, aber auch die Lokalkäse könne sich kosten lassen. Sie unterscheiden sich von den spezifisch deutschen Käsen vornehmlich dadurch, daß sie, wie das Elixier in der Hexenküche im Faust, „auch nicht im Mindsten stinken". Wäre dies anders, so würde Italien allerdings mephitisch riechen, denn was man hier in den Städten an Käse aufgestapelt findet, ist enorm. – Vom Käse zur Küche ist nur ein Schritt, und ich tue ihn gern. In Deutschland herrscht vielfach eine Voreingenommenheit gegen die italienische Küche, und manchen unserer Landsleute bereitet schon der Gedanke, daß hier mit Öl statt mit Butter oder Schmalz gekocht wird, Übelkeit. Ich kann diese patriotisch kulinarische Antipathie nicht teilen, finde vielmehr, daß man in Italien, selbst in ganz kleinen Orten, ausgezeichnet ißt, und umsobesser, so weniger man sich darauf steift, nach heimatlicher Art beköstigt zu werden. Zumal alle Teiggerichte, alle, was mit Makkaroni verwandt ist, verdient das Bädekerkreuz, und Kotelettes und gedämpfte Braten, sowie alle Salate habe ich nirgends so gut gefunden wie hier. Nur zu dem grünen Spargel der Italiener vermag ich mich nicht zu bekennen, und die übermäßige Verwendung von Tomaten in den Saucen geht mir auch gegen den Geschmack. Übrigens ist die italienische Küche nach den Landschaften ebenso verschieden wie die deutsche. – Die Herabfahrt von San Marino kostete uns ein paar Bremsleder. Für diese steilen Berge dürften die Bremsvorrichtungen unseres Wagens noch stärker und dauerhafter sein, und vor allem wäre es nötig gewesen, uns reichlicher damit auszustatten. Das Bremsen ist im Leben überhaupt eine wichtige Funktion (wenn man seine Wichtigkeit auch meist erst Mitte der Dreißiger zu würdigen beginnt), – beim Laufwagenreisen in den Bergen gehört es zu den Hauptsachen, und es dürfte daher keine Reise unternommen werden ohne ein *paar* Reservegarnituren von Bremsledern. Noch besser freilich wäre es, ein Bremsmaterial zu finden, das widerstandsfähiger als Leder ist. Kupferne Bremsflächen sind wohl auch noch nicht das Ideal, aber dauerhafter als Leder müßten sie immerhin sein. – Meine Frau behauptet, daß wir infolge des verbrannten

Bremsleders in Lebensgefahr gewesen wären, und sie malte es mir gleich kurz nach dem Anrumpler, den wir uns an einem Steinhaufen leisteten, gräßlich genug aus, in welchem Zustande sich unsre werten Leichen jetzt befinden würden, wenn jener Steinhaufen *nicht* dagewesen wäre, als die Bremse versagte. Mich aber macht der Umstand daß der gepriesene Steinhaufen eben da *war*, nur noch übermütiger, – so übermütig, daß ich (erschrecken Sie nicht!) den nächsten Esel, der uns begegnete – italienisch angedichtet habe. Da ich wohl nie wieder italienisch „dichten" werde, sei das Elaborat des Übermutes Ihnen mitgeteilt, obgleich meine Frau erklärt, es sei durchaus nichtswürdig. Und also lautet mein Anruf an den Esel von San Marino:

O pellegrin' asinello!
Quanto tu sei bello!
Ma, ahime, stupidone,
Com' tuo padrone

Auf deutsch würde ich das so gesagt haben:

O Esel, grauer Pilgersmann,
Du siehst dich wirklich reizend an,
Doch kommst du mir,
Mein holdes Tier,
Dumm wie dein wackrer Führer für.

Es lebe die Dichtkunst lieber Graf! Evviva la poesia! Und alle Steinhaufen an der rechten Stelle! – Nun lassen Sie sich noch etwas von Rimini erzählen! Es liegt an keiner der Haupteisenbahnrouten Italiens und ist daher in dem Reisebuche, das ich mitgenommen habe (Italien in 60 Tagen von Gsell-Fels) sehr en passant behandelt. In Deutschland ist sein Name der höheren Töchterschaft bekannt von wegen der Stelle im Dante „An diesem Tage lasen sie nicht weiter", und man pflegt es deswegen eben nicht allein, sondern in Verbindung mit jener Francesca zu nennen, die eigentlich da Polenta hieß, auf deutsch also etwa ein Fräulein von Mehlbrei war. Die Geschichte dieser Franzesca ist ja sehr rührend, aber Rimini verdient nicht bloß ihretwegen besucht zu werden. Es besitzt zwei antike Bauwerke, einen Triumphbogen und eine Brücke, beide aus der Zeit des Augustus und die letztere ein kapitales Werk, aus dem man wieder einmal erkennen kann, daß Roms „Verfallzeit“ eine Décadence war, die, zum mindesten im Bauen, nicht an den Untergang, sondern an die Ewigkeit gedacht hat. Was diese Zeit an öffentlichen Bauten schuf, kam immer aus dem Geist der Monumentalität, war immer echt und groß, niemals Kulisse und Bloßsotun. Die Renaissance macht, an der Antike gemessen, vielmehr den Eindruck des Abgleitens. Sie erscheint in den Künsten als der letzte Versuch, werden heidnisch groß zu werden, – aber es fehlt die in einem Zuge strömende Kraft, es ist zu viel Sehnsucht in ihr und zwar Sehnsucht in die Vergangenheit, während in der Antike alles selbstbewußte Gegenwart, reine, nämlich selbstverständliche Modernität, naives Leben war, unangekränkelt durch irgendwelche historischen Neigungen. Die Renaissance ist uns heute ein rührendes Schauspiel, das wir, ach so sehr, verstehen, weil wir an derselben historischen Krankheit leiden. Aber das ist, mit Fontane zu reden, auch „ein weites Feld“, und empfindsame Reisende können sich kaum unterfangen, es nur übersehen zu wollen. Doch wird man hier, auf diesem wahrhaft klassischen Boden, immer wieder darauf hin geführt, und es fehlt nicht an Augenblicken, wo man sich erschüttert fragt, welchen Sinn es in der Ökonomie des Ganzen unserer europäischen Kultur gehabt haben mag, daß die Antike so zertrümmert werden mußte. Die großen Herren der Renaissance und ihre Künstler haben geglaubt, das Trümmerfeld im Sinne antiker Größe neu bebauen zu können, aber es war doch nur ein romantisches Spiel voll schöner Einzelheiten, und die Kirche, die kein Tempel werden *konnte*, ist Siegerin über die ästhetischen Heiden geblieben. Vielleicht wäre es ohne den Mönch von Wittenberg anders gekommen. Sein „Los von Rom“ hieß auch „Los von der Form“ und „Hin zum Wort“, – und Rom wurde selber auf diese Seite gedrängt, die im Grunde antiromanisch ist. – Aber da bin ich wieder auf dem „weiten Felde“ und habe gar das bei Ihnen in Österreich aktuelle Wort „Los von Rom“ ausgesprochen, über das auch wir beide, Sie und ich, oft genug geredet haben, oben in meinem alten Schreibzimmer von Englar, wo mich einmal ein Sankt Paulser Pfarrer zum Katholizismus hat bekehren wollen. Wie erstaunt war der Gute, als ich ihm sehr ernsthaft sagte: Hochwürden, der Protestant von uns beiden sind Sie. Die ganze heutige katholische Kirche ist protestantisch. Der Wittenberger Exmönch hat leider sehr gründliche Arbeit gemacht und alles Schöne aus dem Christentum hinausreformiert. Lassen Sie sich einen Backenbart stehen, nehmen Sie sich eine Frau und singen Sie im Chorus mit zwölf Kindern: Das Wort sie sollen lassen stân. Denn Sie sind vom „Worte" nicht weniger besessen, als Doktor Martinus der Gottesmann, der bei uns allenthalben in Bronze oder Stein herumsteht, die Faust auf der Bibel. Der alte Katholizismus, die wahre, allein *selig* machende Kirche aber war nicht dem *Worte*, sondern dem *Leben* ergeben, und am heißesten, schönsten zu der Zeit, als die Päpste im Vereine mit den Künstlern ihren Blick ins herrliche heidnische Altertum wandten, beseligt vom Anblick einer Zeit, die so stark und herrlich, so ganz und aufrecht war, daß wir es heute kaum zu ahnen vermögen. „Hin zu Rom und Hellas!" war ihr Ruf und ihre Sehnsucht. *Eure* Lehre aber heißt: „Los von Rom! Hin nach Golgatha!" Aber es wird euch nicht gelingen, die Erde zur Schädelstätte zu machen. Der große Pan lebt noch. Ich sah ihn kürzlich auf der schönen Buchwaldwiese von Matschatsch sich die Augen reiben.

Hochwürden schlug ein Kreuz und empfahl sich eilends.

Was würde er hier wohl zum „Tempel des Malatesta" sagen, wo der heidnische Olymp sich in den köstlichen Reliefs des Agostino di Duccio ein Stelldichein gegeben hat dicht neben der heiligen Jungfrau? Es geschieht zwar unter dem Deckmantel der Himmelskörper des Kalenders, aber das Mäntelchen ist dünn und lose, die himmlischen Körper dagegen fest und voll. Auch Frau Venus ist dabei, die in ihrer vollkommenen Nacktheit sehr holdselig anzusehen ist, wie sie, unter dem Voranfluge ihrer Tauben, über das Meer fährt, von Schwänen gezogen, wie der christliche Ritter Lohengrin. Schöner noch, aber durchaus nicht christlicher ist die Göttin Diana, und das schönste sind zwei antike Genien, die sich hier als Engel präsentieren, aber so gewiß aus dem antiken Olymp stammen, wie das spielende und musizierende Puttenvolk aus der Antike her ist, das sich hier an den Eingängen zu den Kapellen christlicher Heiligen sehr ungeniert und ausgelassen herumtreibt. Das Kreuz ist an der alten Architektur dieses „Tempels“ nun einmal diskret als Ornament angebracht. Deutsche Bilderstürmer hätten von diesem ganzen heidnischen Teufelswerk gewiß nicht einen Stein übrig gelassen. Freuen wir uns, daß sie nicht bis nach Italien gekommen sind, wo freilich Savonarola in ihrem Geiste allzulange wüten durfte. Dieser scheußliche Mönch war eine Luthernatur, nur ins Wälsche übersetzt. Wenn je ein Mensch mit Recht verbrannt worden ist, so er. Denn, wenn Luther wenigstens aus dem Geiste seines Volkes heraus handelte, das in der Tat antirömisch angelegt ist, d. h. wortversessen und ohne Instinkt für das Sinnenschöne, so hat Savonarola sich auch gegen die Instinkte seiner Rasse versündigt, deren auszeichnende Gabe Verständnis des Schönen und Begabung zum Leben ist.

VII.
Von San Marino bis Florenz

An Herrn Izsó Hajós in Nagy Banom

Florenz, den 25. Mai 1902 im Hotel Paoli.

LIEBER FREUND! Wenn irgend eine Landschaft Italiens eine, wenn auch nur entfernte, Ähnlichkeit mit eurem ungarischen Flachlande hat, so ist es das Stück Romagna, durch das uns der Weg von Rimini nach Faenza führte. Im ganzen ist sie großartig, an Reizen des Einzelnen arm. Sofort ersichtlich ist, daß der kleinbäuerliche Landwirtschaftsbetrieb gegenüber dem Großgrundbesitz zurücktritt. Die Dörfer sind größer, aber ärmlicher, Einzelgüter seltener; zuweilen erscheinen große, aber nüchterne Herrenhäuser mit weiten, doch reizlosen Gärten; die Felder sind ausgedehnter und weniger mit Bäumen und Reben durchsetzt; das Vieh ist auffallend schön und groß; die Bevölkerung macht einen ungemütlichen, ja bösartigen Eindruck, und ich bin geneigt, zu glauben, daß ihr nicht besonders angenehmer Ruf berechtigt ist. In den

Ortschaften findet man häufig in Schablonenschrift die Worte: evviva il sozialismo, während früher loyalere Aufschriften von der Unita Italia und dem Rè handelten. Die Straßen waren aber auch hier, wie bisher überall in Italien, brillant, wahre Laufwagenbahnen, breit, glatt, tadellos gehalten.

Wir machten schon in Faenza halt und hatten es nicht zu bereuen. Von dieser Stadt stammt bekanntlich der Ausdruck Fayence für künstlerisch geschmücktes Steingut, und altes Steingut von Faenza ist heute unter Sammlern eine große Kostbarkeit. In Faenza selbst ist davon nur noch wenig zu sehen, und wir mußten uns einen Begriff von dem Reizt dieser alten Gefäße aus einem schönen Werke des Professors Federigo Argnani zu verschaffen suchen, der persönlich die Liebenswürdigkeit hatte, uns in der Pinakothck und dem Museo civico, die beide seiner Leitung unterstehen, herum zu führen. Ein paar schöne Stücke sind wohl vorhanden, die schönsten aber sind ins Ausland gegangen, und Faenza muß sich damit begnügen, den besten Kenner dieses Zweiges der angewandten Kunst, eben den alten Cavaliere Argnani, zu besitzen, der das schönste, was davon übrig geblieben ist, mit äußerster Peinlichkeit und dem feinsten Sinne für alle Stilunterschiede persönlich abbildet und in seinen Sammelwerken vereinigt, die von der Blüte der Steingutkunst des alten Faenza einen großen Begriff geben. Auch heute bestehen noch Manufakturen in Faenza, und wir haben die größte besucht, aber die Kunst ist zur Industrie geworden. Doch ist es immerhin eine Industrie von künstlerischem Anstrich insoferne, als die Herstellung der Töpfereien in den alten schönen Formen und durch die Hand, nicht durch Maschinen, geschieht. Es werden in der Hautsache Wasser-, Öl-, Weingefäße in den verschiedensten Größen, auch Tassen, Schüsseln, Becken gefertigt, die, in der Form alle altertümlich, je nach dem Geschmack der Gegend, wohin sie ausgeführt werden, ihren besonderen, immer primitiven Schmuck erhalten. Die Formung geschieht mit der Hand auf der Drehscheibe, und man muß über die Sicherheit staunen, mit der die Arbeiter in unglaublicher Schnelligkeit die verschiedenen Formen entstehen lassen. Auch die Ornamente werden mit der Hand aufgetragen, und trotz dieser nach deutschen Begriffen teuren Herstellungsart sind die Preise der einzelnen Gefäße unglaublich billig. Große Vasen von schönster, direkt antik anmutender Form, grün oder blau glasiert und mit zwar primitiven, aber geschmackvollen Mustern geschmückt, sind für ein paar Lire käuflich. Sie wären in Deutschland nicht für das Fünffache des Preises herzustellen. Aber nur die „gemeine Ware“ ist gut, die keine künstlerischen Prätensionen macht. Was sich als Kunst gibt, ist schlechter „Jugendstil“ und ein schmerzlicher Anblick, um so schmerzlicher, wenn man vorher die Abbildungen alter Fayencen gesehen hat. Selbst die Ausschußscherben im Museo civico sind erfreulicher anzusehen. – Die Pinakothek von Faenza wird wohl nur selten besucht, und doch besitzt sie einige sehr interessante Stücke und eine große Kostbarkeit, um derentwillen allein es sich verlohnte, in die Stadt des alten Steingutes zu reisen. Man lernt hier mit vielem Vergnügen ein paar alte Faentiner Meister kennen, die der Kunstfreund, ist er ihnen einmal begegnet, sicher nicht mehr vergißt, wenn sie auch sonst nur den Kunstgelehrten bekannt sein mögen. Auf mich machten den stärksten Eindruck Leonardo Scaletti und Marco Melozzo, an die ich mich auch nach den Genüssen von Florenz dankbarst erinnere. Aber die schönste Erinnerung bleibt der junge Johannes Donatellos, ein unsagbar köstliches Meisterwerk, die schönste Knabenbüste aus der christlichen Zeit, die ich noch gesehen habe. Es ist schwer, sich von ihrem Anblick zu trennen, und es müßte eine besonders begnadete Stunde sein, in der man es vermöchte, mit Worten den Eindruck auch nur annähernd zu schildern, den sie in ihrer zauberhaften, innigen und frischen Holdseligkeit macht, – ein wahres Wunder des Meißels. Professor Argnani erzählte uns, daß Geheimrat Bode sie um 100 000 Franken für das alte Museum in Berlin erwerben wollte, und es ist gewiß, daß sie an keinen Ort besser hinpaßt, als an diese Stelle, die schon so viele Werke ersten Ranges beherbergt, aber keines, das imstande wäre, dieses unvergleichliche Stück in Schatten zu stellen. Auch der wundervolle junge Johannes Donatellos, den Berlin schon besitzt, steht nicht darüber, ja ich möchte glauben, daß, so herrlich er ist, er vor diesem Werke zurücktreten muß. Doch mag es sein, daß ich, unter dem frischeren Eindruck der Faentiner Büste stehend, nicht imstande bin, objektiv zu vergleichen. Auf alle Fälle ist es sehr zu bedauern, daß es Herrn Direktor Bode nicht gelungen ist, das entzückende Werk für Berlin zu erhalten. Zwar hält er es jetzt vielleicht nicht mehr für einen Donatello, wie das bei Kunstgelehrten so kommt, wenn die Trauben allzu hoch hängen, als daß man sie noch süß heißen könnte, denn des Menschen Herz ist trostbedürftig, aber trotzdem, lieber Izsó, wenn Du wieder einmal nach Florenz kommst, darfst Du es nicht verabsäumen, den Abstecher nach Faenza zum Knaben Johannes zu machen. – Als Stadt bietet der ehemals bedeutende Ort allerdings nicht eben viel. Dafür ist das Stück Apennin zwischen Florenz und Faenza umso interessanter, – zumal wenn man es nicht auf der Eisenbahn durchtunnelt, sondern im Automobil durchfährt. Der Motor bekommt dabei freilich rechtschaffen zu tun, aber der unsre machte, wie immer, seine Sache gut. Nicht so die Pneumatiks, die uns dreimal zwangen, mitten in der Fahrt zu pausieren. Es waren die Veranlassung dazu nicht Schäden von Außen, keine Nägel, Scherben oder Steine, sondern die Luftschläuche selber erwiesen sich als zu schwach, weil man uns leider nicht die stärksten mitgegeben hatte, als welche allein imstande gewesen wären, auf die Dauer auszuhalten. In diesen Dingen bei einer solchen Reise sparen zu wollen, ist verfehlt. Die Pausen selber sind nicht so unangenehm, wie das Gefühl der Unsicherheit, das sich einstellt, sobald man die Erfahrung macht, unzureichendes Material zu haben. – Die Entfernung von Faenza nach Florenz beträgt 96 Kilometer. Wir brauchten dazu infolge der unfreiwilligen Pausen und wegen der großen Schwierigkeiten, die das Gelände einem verhältnismäßig so schwachen Motor wie dem unseren bietet, fast zehn Stunden. Hätten wir die Gefälle schnell nehmen wollen, so würden wir wesentlich schneller zum Ziel gekommen sein, aber für das Reisen im Laufwagen gilt noch mehr als sonst das Wort: chi va piano, va sano, und die Abhänge des Apennin haben ein allzufatales Aussehen, als daß man sich an ihnen gerne der Gefahr eines Absturzes aussetzte. So opferten wir also lieber ein paar Bremsleder und nahmen die außerordentlich starken Gefälle langsam. Bei den Steigungen blieb uns von vornherein nichts andres übrig. Die Straße steigt von Faenza bis zum Colle di Casaglia fast unablässig; das ist eine Strecke von etwa 50 Kilometern, auf der man von 36 Metern Höhe auf

932 Meter Höhe gelangt. Nun fällt die Straße bis Borgo S. Lorenzo außerordentlich steil innerhalb einer Strecke von noch nicht 20 Kilometern bis auf 187 Meter, steigt dann wieder 13 Kilometer lang bis auf 520 Meter, um dann innerhalb 12 Kilometer bis auf 55 Meter zu fallen, bei einem ganz außerordentlich starken Anfangsgefälle, das sich innerhalb vier Kilometern von 520 auf 175 Meter senkt. Es liegt auf der Hand, daß man ein solche Gelände mit einem achtpferdigen Motor, der einen großen Wagen mit drei Insassen, einem großen und fünf kleinen Koffern fortzubewegen hat, nicht prestissimo durcheilen kann, daß man sich vielmehr zu einem ausgesprochenen adagio bequemen muß. Zum Glück haben wir längst keine Eisenbahnnerven mehr und sind zu solchen Freunden des Bummelfahrens geworden, daß uns auch dieses breite adagio ein sehr angenehmes Tempo war, das wir ausgiebig dazu benutzten, die sehr merkwürdige Landschaft aufmerksam zu betrachten. Diese Landschaft bekommt sehr bald hinter Faenza ein von der vorigen sehr verschiedenes Aussehen. Die Apenninschwelle zwischen der Emilia und Toskana ist ein Stück Gebirgsland von fast unheimlicher Öde. Nichts erinnert an Gebirge von gleicher Höhe in Deutschland. Man könnte glauben, daß man sich mindestens 600 Meter höher befindet, als es in Wirklichkeit der Fall ist, so leer und kahl ist es hier oben. Ganz wenige, höchst kümmerliche Ortschaften (bis auf Marradi, das sich stattlich macht und sehr malerische Blicke bietet), und nicht die Spur von Wald, – eine Gebirgswelle hinter der andern aus einem grauen schieferigen Geschiebe, das nur stellenweise einen dünnen grünen Überzug hat. Deutlich markiert sich überall das gewundene Band der schön gemauerten Straße, die oben hinüber führt, während sich die Eisenbahn unten irgendwo durch das Gebirge wühlt. Wir sind, außer bei den Ortschaften, keinem Menschen begegnet, – also auch keinem Banditen, deren es hier noch eine gute Anzahl gibt. Erst Tags vorher war, wie wir in Florenz erfuhren, einer von zwei verkleideten Karabinieris festgenommen worden, auf die er einen Anfall versucht hatte.

Auf der toskanischen Seite verändert sich das Bild bald. Maulbeerbaumanlagen und schöne Steineichen treten am meisten hervor, und der erste Blick nach Toskana ist wahrhaft überwältigend. Das ist die ideale Landschaft kurz und gut; die Landschaft, der schlechterdings nichts fehlt. Im ersten Augenblick ist man fast benommen von dieser Schönheit, und als ich nach Worten suchte, kamen mir als die einzigen die Goethes entgegen: Die Augen gingen ihm über. Es ist ein Rausch des Gesichts, Überschwang und Aufschwung; man möchte die Arme ausbreiten und vor dieser Fülle einer schön verschwendenden Natur niedersinken wie der junge Mann auf dem Klingerschen Blatte an die Schönheit. Hier geziemt sich Pathos, hier wird der Name Gottes nicht eitel genannt, hier heißt sehen beten. Noch niemals habe ich das Gefühl gehabt, das mich hier übermannte und das sich laut in den Worten aussprach: Wenn ich hier geboren wäre! Es ist wohl dasselbe Gefühl, das unsre Vorfahren so oft über die Alpen getrieben hat.

Und warst du lange, Herz,
In Grau und Gram verloren,
Hier gehst du selig auf
Vor Paradieses Toren.

Gottloses Herz sei froh,
Die Götter kehren ein,
Ein Tempel wirst du nun
Und lauter Freude sein.

Florenz, den 27. Mai 1902.

Zwei große Sträuße Rosen stehen vor mir, und darüber geht der Blick hinaus in einen schönwipfeligen Garten, hinter dem der graubraune Turm von Santa Croce aufragt. Auf dem Tische liegen Photographien nach Lorenzo Credi, Cosimo Roselli, Luca Signorelli, Sandro Botticelli, Bronzino, Michelangelo, Raphael, Mantegna, Donatello, Massaccio, Perugino, Andrea il Verrocchio, Filippino Lippi, Lionardo da Vinci, Ghirlandajo, Cimabue, Giorgione, und wenn ich die Augen schließe, sehe ich den Hof des Bargello vor mir und die Halle der Landsknechte, das Refektorium von San Marco und den Glockenturm des Giotto. Der David Donatellos im Schäferhute hat es mir angetan; ich bin in ihn verliebt; aber er darf nicht eifersüchtig sein, – ich habe noch eine ganze Reihe andrer Lieben. So ein paar primitive Madonnen und alle diese süßen Jungen Botticellis mit dem schmalrunden Kinn, so wie nicht minder der Page Tiepolos (den ich sonst nicht weiter mag) und der ruhende Hermaphrodit. Aber das sind längst nicht alle. *Muß* man sich nicht in die fornarina verlieben? *Kann* man etwas anderes als verliebt sein in den Engel der Verkündigung des frommen Bruder Angelico? Es ist ja lauter Liebe, was diese inbrünstigen Farben, diese edel holden Linien hier singen, und der Teufel des Hasses, der Schwere, des Zweifels wird hier mit der dreimal heiligen Kraft der Schönheit ausgetrieben. Anbetungswürdige Kunst von Florenz, ich habe dich nicht studiert und darf mich nicht erdreisten, zu sagen, daß ich in dich eingedrungen wäre, wie die weisen Männer, die ich hier mit Bleistift und Notizbuch brillenernst herumwandeln sehe, aber ein Hauch deines liebevollen, heiter bewegten Lebens ist in mich gedrungen, daß ich mich selber heiter bewegt und wie in einem Strome von gütigen Gewalten fühle.

Geh fröhlich in den Tag!
Laß deinen Gram beiseit!
Wie winzig ist dein Weh!
Die Welt, wie ist sie weit!

Das höchste Gefühl vermag nur zu stammeln, und wo such die Schönheit eines aus der begnadeten Liebe eines wahren Künstlers entstandenen Werkes mit der liebend hingegebenen Empfänglichkeit eines Betrachters paart, der mit der gleichen Liebe genießt, mit der jener schuf, da entsteht eine Wonne der Empfängnis, die nicht imstande ist, über sich selbst Rechenschaft zu geben. Kritische Gelehrsamkeit in allen Ehren! Sie möge ihre Genugtuung finden im Zensurenerteilen und Analysieren, – mich freut es, daß mir so selig unkritisch zumute ist, wie es nur einem Verliebten zumute sein kann, der nicht sagt: Dies und das und so und so, sondern der über das Ganze außer sich ist und auch kein Muttermälchen für alle Schätze Himmels und der Erde hergeben möchte.

Florenz, den 29. Mai 1902.

Wir haben einen Bruder meiner Frau besucht, der die bei Florenz gelegenen Güter des Barons Francchetti bewirtschaftet, und dabei einen Einblick in die hiesige Landwirtschaft gewonnen. Die Ergiebigkeit des Bodens ist erstaunlich. Neben den eigentlichen Ackerfrüchten und Futtergewächsen, bringt er Wein, Öl, Obst hervor. Alles gedeiht zusammen. Die Öl- und Obstbäume durchziehen in engen Reihen die Saatfelder und Wiesen, und an den Bäumen hinan rankt sich die Rebe. Hier wächst der berühmte Chiantiwein, der ein leises Irisparfüm hat und in den schönen Korbflaschen auf allen Wirtshaustischen steht. Selbst die Mauern ergeben Ernten: aus allen Ritzen grünt der Kapernstrauch. Die Ölbäume blühen eben, aber die Blüte ist so klein und unscheinbar, daß man sie kaum bemerkt. Groß und von schönen Formen ist das Rindvieh, meist weiß und mit auffällig starken Hörnern. Es wird mehr als Zugtier, denn zu Milchgewinnung gezogen. Der Bedarf an Butter ist gering, weil ihre Stelle das Öl vertritt. Man bewahrt es in riesigen Terrakottavasen von schöner antiker Form auf. Nach den Weinkellern und den Ölhallen bemißt sich der Reichtum des Landwirtes. Der Stolz unsrer Bauern, das große, starke Pferd, fehlt gänzlich. Dafür sieht man viele Esel und Maultiere, die aber selten gut gehalten sind. Das alte Thema der Tierschinderei drängt sich hier jedem Deutschen auf, und auch die gebildeten Italiener fangen an, ein Auge dafür zu bekommen, daß die schlechte Behandlung des Viehes eine Schande für ihr Land ist. – Auf der Rückfahrt von der Fattoria meines Schwagers genossen wir einen wunderbaren Sonnenuntergang. Es waren wirklich die violetten „Tinten“, die uns auf den Bildern der düsseldorfer Italiener so fatal sind, aber sie nahmen sich in natura sehr anders aus, als in Öl; ein Goldton kam hinzu, den die braven Meister von der Düssel offenbar nicht „gekonnt“ hatten. Auch haben sie wohl nicht die rechte Kurage gehabt, die dazu gehört, einen solchen Sonnenuntergang zu malen. Bei ihnen sieht pomadig aus, was in Wahrheit Glut und höchster Überschwang der Farbe ist. Der Ort, von dem aus wir das himmlische Schauspiel genossen, heißt fonte del podicchio, was gewiß deutschen Ohren sehr fürnehm klingt, auf gut deutsch aber doch nur Lausebronn heißt.

Wir blieben gern länger in Florenz, denn längst noch haben wir nicht alles gesehen, aber die beginnende Hitze treibt uns fort. In unserm Laufwagen werden wir sie weniger spüren, als in dieser Stadt, die zwar zauberhaft schön, aber tief in einem Kessel liegt, von dem ich fürchte, daß er bald zu brodeln beginnen wird. – Einiges, das ich noch zu verzeichnen habe, wie unsern Besuch in der pia casa di lavoro spare ich mir für später auf. Ein paar Bilder aus diesem Wohltätigkeitsinstitute, das eine genaue Schilderung verdient, sind uns glücklich gelungen und haben den Abkonterfeiten das größte Vergnügen gemacht. Die Anstalt ist zugleich Waisenhaus, Kinderbewahranstalt, Arbeitshaus (ohne Strafcharakter) und Altersheim, die größte Italiens und durchaus verschieden von Instituten mit ähnlichen Zielen in Deutschland. Mitteilungen ihres verdienstvollen Direktors, des Cavaliere Ceroni, setzen mich in den Stand, darüber genaueres zusammenzustellen, doch muß ich mir dies für später aufsparen. Auch über die merkwürdigen Spiele aus der Renaissancezeit, die wir hier mit angesehen haben, wäre genaueres zu berichten, als im Rahmen eines Reisetagebuchs – und bei dieser Hitze möglich ist. Sie fanden auf dem schönen Platze vor er Kirche Santa Maria Novella statt und erfreuten sich des lebhaftesten Zulaufs aus allen Bevölkerungsschichten. Das eine ist ein Fußballspiel, das manches mit dem in England und jetzt auch bei uns üblichen gemeinsam hat. Es wurde von Studenten in Renaissancetracht gespielt. Die vielen Farben in der Kleidung nahmen sich recht lustig aus in der Bewegung dieses sehr stürmischen Spieles, doch muß gesagt werden, daß die moderne englische Sporttracht dafür zweckentsprechender und daher auch schöner wirkt, vor allem auch deshalb, weil sie den Körper des Spielenden besser zur Geltung und nicht das Gefühl des Bedauerns darüber aufkommen läßt, wie heiß ein solches Ballvergnügen sein mag. – Nur in der alten Tracht dagegen zu denken ist das Ritterspiel, das sich La giuostra del Saracino e dell' Ariete, zu deutsch etwa „Sarrazen und Widderkopf“, nennt. Abgesehen von allerhand schönem Zeremoniell und prachtvollen Aufzügen mit Pauken und Trompeten besteht es darin, daß jeder der Ritter im Vorbeigalopp mit seiner Lanze einmal den Brustschild eines Sarrazenen und dann den an einem wagerechten Drehbaum befindlichen holzgeschnitzten Kopf eines Widders treffen muß, und zwar nicht bloß treffen schlechthin, sondern an einer bestimmten Stelle. Gelingt ihm dies nicht, trifft er den Schild falsch, so versetzt ihm der Sarrazen, der beweglich ist, einen Schlag auf den Rücken, und der Widderkopf bringt ihn in Gefahr, die Lanze zu verlieren. Dieses Spiel verlangt brillante Reiter und Meister in der Handhabung der Lanze. Die Offiziere, die es aufführten, machten ihre Sache ausnahmslos vorzüglich, und des Beifalls nahm kein Ende. Zum Schlusse umritten sie die Arena und warfen den Damen aus großen Körben Blumen zu, – was sich denn besonders hübsch ausnahm und ein echt florentinischer Spielschluß war. – Wir werden nun Florenz verlassen, meine Frau besonders ungern, weil es ihre Vaterstadt ist, und ich mit dem Bedauern, daß uns die Hitze den Genuß der Schönheiten, die die wunderbare Stadt beherbergt, allzusehr beeinträchtigt hat. Mich hat außerdem noch etwas gestört: Die abscheuliche Art, mit der hier Werke der Kunst durch Erzeugnisse der Klempnerei verunstaltet werden, sobald sie nackte männliche Figuren darstellen. Man sagt, daß dieser Feigenblätterunfug auf die Verschämlichkeit der Engländerinnen zurückgehe, die erklärt hätten, keinen Fuß in eine Stadt zu setzen, auf deren öffentlichen Plätzen unbekleidete männliche Statuen zu sehen seinen. Ich für meinen Teil finde es bedauerlich, daß man diese Gelegenheit, jene Engländerinnen auf gute Weise los zu werden, nicht benutzt hat, denn ihre Anwesenheit steigert durchaus nicht den Genuß der Kunstwerke, über die sie in unerträglich lauter Manier ihre oder Herrn Bädekers Meinungen zu äußern pflegen, wobei die Gurgellaute des Englischen das Ganze noch besonders verscheußlichen.

Florenz den 30. Mai 1902.

Das Wetter ist drückend heiß geworden; die großen schönen Steinquadern, mit denen die Stadt asphalteben gepflastert ist, lassen durch die Stiefelsohlen hindurch die Hitze fühlen, die sie ausströmen: selbst die Engländerinnen, die leider standhaftesten unter den hiesigen Fremden, entfernen sich. Wenn es wirklich wahr ist, daß die abscheulichen Feigenblätter, mit denen die herrlichen Statuen hier verschimpfiert werden, auf Eingaben prüder Misses hin angebracht worden sind, die auf so unanständige Weise schamhaft sind, so ist zu hoffen, daß die Meisterwerke der Skulptur jetzt von diesen gemeinen Anhängseln befreit werden. Es ist eine wahre Schande für die Stadt Michel Angelos und Donatellos, daß man Kunstwerke reinster und höchster Art, Darstellungen der menschlichen Schönheit, wie sie edler nicht zu denken sind, um der krankhaften Instinktverirrung bedauernswerter Wesen willen mit Miniaturschürzen aus Blech behängt, die durch den grotesken Kontrast, mit dem sie zu dem edlen Material der Bildwerke stehen, den Blick eben auf den Körperteil lenken, den sie „verhüllen" wollen. Es ist in der Tat ein nicht bloß künstlerisch unanständiger Anblick, und das Schamgefühl der Personen, die diesen Unfug veranlaßt haben, muß dem gesunden Sinne geradezu pervers erscheinen. Daß der Magistrat einer der ersten Kunststädte der Welt auf derartige Verirrungen Rücksicht nimmt, ist eine Unbegreiflichkeit, es sei denn, er gehörte in dasselbe Krankenhaus. Savonarolas Leib ist verbrannt worden, sein Geist lebt aber wohl noch in vielen, und nicht bloß in Kuttenträgern. Aber auch der Geist Lorenzos ist nicht tot. Warum ermannt er sich nicht und macht dieser Bemakelung reiner Kunst ein Ende? Ist es wirklich die Furcht, daß ein paar prüde Engländerinnen der Medizeerstadt fern bleiben könnten? Dann wäre jedes dieser Blechblätter ein Schandmal für Florenz.

Spätere Nachschrift (Mai 1903).

Indem ich meinen Florenzer Zornerguß gegen die in usum der Aoh-yes-Weiblichkeit hergerichteten, durch Blech neutralisierten Marmorstandbilder der Arnostadt überlese, fällt mir eine lustige Geschichte ein, die mir kürzlich aus Rom berichtet worden ist, und die sich wie ein allerliebster Hohn des Zufalls auf diesen Unfug ausnimmt. Unter den zu Ehren des deutschen Kaisers veranstalteten Festen war eines, das in einem mit vielen antiken Statuen geschmückten Prunksaale abgehalten wurde. Irgend ein schlecht beratener Funktionär glaubte ein gutes Werk zu tun, indem er, nach dem Muster von Florenz, die sonst unverhüllten Mittelstücke der antiken Marmorschönheiten verfeigenblätterte, aber, da nun die Finanzen Italiens nicht eben in üppiger Blüte stehen, meinte er: für das eine Mal ist echtes Blech wohl nicht von nöten, und ließ *papierenen* Feigenblättern nur einen Blech *anstrich* geben. Diese Sparsamkeit rächte sich grausam lustig, denn, da in diesem Raume getanzt wurde, ließ die tanzbewegte Luft die Pseudobleche mittanzen, und es war zur allgemeinen Heiterkeit ein fortwährendes Blätterrauschen um die antiken Lendengegenden, die bald à l'anglaise verhüllt, bald à la romaine so erschienen, wie es die verruchte Natur nun einmal beliebt hat. Seine Majestät soll sich nicht am wenigsten darüber amüsiert haben. – Übrigens fällt mir nun auch noch ein, daß in Florenz just die ausgesprochensten Männlichkeiten, nämlich alle die, die zur Familie des großen Pan gehören, von jener Verschimpfierung ihres Zentrums ausgenommen sind. Geschieht dies aus Respekt vor ihrer halben Göttlichkeit oder von wegen ihrer halben Zugehörigkeit zur Gattung der Böcke? Die Psychologie der Verschämlichkeit hat einige dunkle Stellen, wie es scheint.

VIII.
Von Florenz bis Siena

An Herrn Professor Peter Behrens in Darmstadt

Cortona, den 4. Juni 1902 im Albergo nationale.

LIEBER PETER! Ich erinnere mich, wie Du mir vor Jahren von Siena geschwärmt hast, und so soll dieser Teil der Reise Dir gewidmet sein, den ich jetzt besonders gerne an meiner Seite sähe.

Wir fuhren vergangenen Sonnabend, den 31. Mai in Begleitung eines Bruders meiner Frau früh ½9 Uhr von Florenz weg und nahmen unseren Weg über San Miniato, als letztes Wahrzeichen der schönen Stadt die Bronzenachbildung von Michel Angelos David grüßend, die von der Höhe des nach dem gewaltigen Meister benannten Platzes auf dieses Bild einer in lauter Schönheit gebetteten Stadt niederblickt.

So herrlich die Kunst ist, die in dieser Stadt entstanden ist oder ihre zweite Heimat in ihr gefunden hat, – wir verließen sie doch gerne, denn wir sehnten uns wieder in die freie Landschaft.

Es gibt Menschen der Stadt und Menschen des Landes. Ich gehören zu denen, die sich auf die Dauer nur auf dem Lande wohl fühlen und in den Städten am liebsten nur als Gäste weilen. Vermutlich ist das eine Neigung, die mit dem lyrischen Metier zusammenhängt. Im Horaz findet sich manches schöne Wort darüber, und auch sonst haben die antiken Lyriker (so die in der Anthologie vereinigten) gezeigt, daß sie den Reizen idyllischen Lebens empfänglich waren. Auch was in China und Japan in lyrischen Zungen gedichtet hat, war der grünen Einsamkeit hold (der alte Li-tai-po voran), und unsre lieben deutschen Minnesänger haben desgleichen ihre innigsten und lautersten Töne draußen gefunden, – unter einer Linden in einem Tal. Kein Wunder, denn es läßt sich nirgends so lieben wie auf dem Lande, wo ja auch die Frauen erst ganz köstlich werden und ihr heimlichstes naturnahes Wesen am unmittelbarsten offenbaren. Die Stadt produziert Surrogate, auf dem Lande wird hervorgebracht, was direkt von Gottes Gnaden ist. Ein Weizenfeld ist schöner, als die „bedeutendste" Fabrik, und wenn gar zwischen dem Weizen Öl und Wein, Feigen und Zitronen gedeihen, dann ist der Herrlichkeit gar kein Ende, und den Dichtern fallen die rundesten Reime so voll ins Herz, wie die reifen Früchten den Ernterinnen in die Schürzen fallen. Die einzige passende Nebenbeschäftigung für einen, der in der Hauptsache dazu geschaffen ist, Verse aufzufangen, scheint mir die Landwirtschaft zu sein, soweit sie keine industrielle Nüance angenommen hat. Schnaps und Ziegel brennen, das ginge zu weit für den lyrischen Landwirt, aber ein bißchen Getreide, Wein, Öl, Obst bauen und ernten und dazwischen Rosen ziehen, – per Diana, ich wollte dafür getrost alle Premièren Berlins hingeben und alle Klugredereien über Literatur und Kunst und alles was „Ruhm" heißt „unter dem Strich". Auch würde mich auf meinem Acker, zwischen meinen Bäumen noch viel weniger als jetzt schon kümmern, was unter dem Vorwande kritischer Belehrung an Gift und Galle hervorgebracht wird, und die Krämpfe des literarischen Neides, die man, ob man will oder nicht, in der Stadt mit ansehen muß, würde ich, hörte ich unter meinen Rosen davon, ins Reich der Sage verweisen und ganz einfach nicht glauben. –Schade, daß ich fürs Erste nur Gast sein darf, wo Milch und Honig fließt, der Weinstock sich um die Ulme windet, das Silbergrau des Ölbaumes über dem Grün der Saaten leuchtet. Indessen ziemt sich mir dieses Bedauern jetzt nicht, wo ich vor allem Dank dafür schulde, daß ich eben doch zu Gaste bei Bacchus und Ceres sein durfte, jetzt, da wir in *Bagnano* waren, wo eine Tante meiner Frau ein Landgut hat, dem kein Reiz der echten Idylle fehlt. Wir sind durch das Tal der Elsa über Tavernelle, den Geburtsort meiner Frau, dahingefahren inmitten des gesegneten Hügellandes von Toskana, für dessen Landschaft es mir an Worten gebricht. So weit der Blick reicht, eine unabsehbare Folge sanfter Hügel im zartesten Grün, unterbrochen von ebenso zartem Grau und Rosa. Dieses Rosa kommt von den Feldern her, auf denen der hohe toskanische Klee mit den wunderschönen zartrosafarbenen Blüten steht. Das Grau ist die Farbe des Olivenlaubes und der Gebäude. Was sind das für entzückende Villen, für prächtige Schlösser! Alles hat den vornehmen Reiz des Alters, nirgends drängt sich protziges Moderntun hervor, – es ist eine unbeschreibliche Harmonie von Natur und Kultur. In anderen Gegenden Italiens zeigt sich das Alte oft von seiner fataleren Seite: als Verfall. Davon läßt sich hier wenig bemerken. Die Landhäuser der Herrschaften haben im allgemeinen zwar ein bescheidenes Ansehen und zeigen nicht den Luxus überströmenden Reichtums, aber sie sind anständig erhalten, und auch die Bauerhäuser präsentieren sich nicht als malerische Ruinen, sondern als ordentliche, meist groß angelegte Gebäude. – Bei dieser Gelegenheit ist eine Bemerkung über die Art am Platze, wie hier das Verhältnis zwischen Herren und Bauern geregelt ist. Ein eigentlicher bäuerlicher Besitzstand existiert nicht. Alles ist in Herrschaftshänden. Aber der Bauer ist auch nicht direkt Lohnarbeiter oder Pächter. Es ist so: die Herrschaft übergibt einem Bauern einen Teil ihres Besitztums zur Bewirtschaftung gegen die Hälfte des Ertrags. Alle Anschaffungen und Extrakosten trägt die Signoria, und der Bauer hat die Wohnung sowohl wie alles Geräte umsonst. Ist er tüchtig, so entwickelt sich ein durchaus gegenseitig gutes und dauerndes Verhältnis, das unter

Umständen über viele Generationen hindauert. So ist z. B. das Landgut der Verwandten meiner Frau schon über 300 Jahre in den Händen der Familie und ebenso lange ist eine bäuerliche Familie im Anteil daran. Das sind sehr unmodern patriarchalische Zustände, aber sie haben sicherlich vieles für sich, so lange nur die Herrschaft sowohl wie der Bauer gerechten und redlichen Sinnes sind. –Ich hatte noch ein gut Teil der Mattigkeit in mit, die ich der Kessellage von Florenz verdanke, in der sich Korpulenzen wie die meine auf die Dauer kaum wohlfühlen können, trotz aller primitiven Madonnen, und so fehlte es mir etwas an der Frische, ohne die es eine volle Empfänglichkeit nicht gibt, aber ich habe doch einen starken Begriff von den Reizen erhalten, die das italienische Landleben bietet. Dieses Leben hat durchaus keinen großen Stil, aber es gibt alles her, was der Freund der Natur und Einfachheit zu seinem Behagen sich nur wünschen kann. Man hat ein hübsches altes Haus mit kühlen wohnlichen Räumen, eine kleine Bibliothek, schönen alten Hausrat, freundliche Dienerschaft, die zur Familie zählt, und rings umher breitet sich die Wirtschaft aus, die nach unsern deutschen Begriffen ein großer Garten ist. Die Küche wird bis auf das Fleisch von dem bestritten, was das eigne Land bringt. Im Keller liegt der rote Chianti und der gelbe Vino santo, und nebenan stehen die großen Tonkübel voll Öl. Auch das Brot wird selber gebacken. Es schmeckt, besonders geröstet, ausgezeichnet. Enrico, der Vetter meiner Frau, spricht auch von der Jagd, doch ist mir das ein zweifelhafter Punkt, da ich außer einem bißchen Unterholz von Eichen nichts wahrgenommen habe, was man mit einigem Fuge einen Wald nennen könnte. Ich hege den Verdacht, daß man Vogeljagd betreibt, und das wäre dann das einzige mir Unsympathische an der Idylle von Bagnano. –Mit der Kirche lebt man natürlich in Frieden. Man hat seine eigene Kapelle, in der man sich auch einmal begraben lassen kann, und wenn es, wie letzten Sonntag, eine Prozession gibt, so macht man auf dem kleinen Vorplatz dieser Kapelle ein kleines Kunstwerk aus Blättern und Blumen: erst einen Kreis aus roten Rosen, darum ein Band aus gelben Ginster, dann eines aus hellgrünen Akazienblättern, und, damit man merke, daß dies eine Sonne sein soll, läßt man rings herum aus andern Blumen kleine Strahlen hervorgehen. Über das Ganze schreiten dann mit großen Kerzen in den Händen kleine weißgekleidete Mädchen im Kommunikantenschleier, alte Bauern in weißen Kitteln, und, unter dem gelben Baldachin, Mönche und Priester mit dem Sanktissimum. Es versteht sich, daß man davor niederkniet, selbst wenn man, wie wir, gleichzeitig ein paar Momentaufnahmen macht. Ich denke, sie müssen gelungen sein, denn der Priester, weit entfernt, unsere Verbindung von Devotion und Amateurphotographie zu mißbilligen, wandte uns segnend das Sanctissimum zu. – Ich kann nicht sagen, daß ich in Italien an Christentum zunehme, aber ich verstehe den Katholizismus immer besser. Diese Religion ist hier durchaus national und entspricht den Bedürfnissen des Volkes an praktischer Metaphsysik vollkommen. Denken erfordert sie gar nicht; das ist (ohne Ironie gesprochen) ihr Hauptvorzug. Dafür liefert sie alles Notwendige an fertigen Formeln und versäumt keine Gelegenheit, ein Schauspiel zu geben, das, so sehr es auch immer sich an die Sinne wenden mag, doch stets seine deutliche Beziehung zum Übersinnlichen hat. Diese Religion unterbricht die Werktagsreihe nicht bloß einmal in der Woche, sondern umrankt mit ihren Blüten, seien es Rosen oder Passionsblumen, das ganze graue Gerüst der dreihundertfünfundsechzig Tage des Jahres. Was wir als Neues erstreben und wozu wir kaum Ansätze fertig gebracht haben, hat diese Religion, die das alte Heidentum beerbte, indem sie es ablöste, längst erreicht: sie hat dem Alltage Kunst gegeben. Es muß freilich gleich hinzugefügt werden, daß sie sich darin ausgegeben hat. Eine lebendige katholische Kunst gibt es seit langem nicht mehr, und es kann einem heute in Italien begegnen, daß man, wie wir heute in der Kirche des heiligen Domenicus zu Cortona, ein unsäglich schönes altes Meisterwerk ohne Rahmen an die Wand gelehnt findet, während auf den Altären scheußliche Öldrucke aufgestellt sind, das Stück zu 15–20 Franken. Wie man es wenden möge: ob man sage, daß die Kunst sich von der Religion abgewendet oder daß die Religion nicht mehr die Kraft hat, die Kunst zu befruchten, – eins ist sicher, die beiden gehen nicht mehr zusammen. Kein „Verein für christliche Kunst“ wird daran Wesentliches ändern, denn die Religion durchdringt nicht mehr alles Schichten des Volkes, ist nicht mehr das Herz des ganzen Lebens. Daß sie in den unteren Schichten und in einzelnen Herzen noch überaus mächtig ist, ändert daran nichts. – Ich komme nicht von ungefähr auf dieses Thema (das sich übrigens hier in Italien jedem aufdrängt, der nachdenklichen Gemütes ist), sondern es ist eine Begegnung der letzten Tage, die mir die Frage der Religion näher gebracht hat. Ich habe vergangenen Sonntag zum ersten Male Gelegenheit gehabt, eine Nonne kennen zu lernen, die von ganzer Seele und aus innerster Bestimmung Nonne ist und so vollkommen den Eindruck beglückten Friedens, reinster Seelenruhe macht, wie ich es noch nie an einem Menschen bemerkt habe. Es ist eine ältere Schwester meiner Frau, jetzt fünfunddreißig Jahre alt und seit mehr als zwanzig Jahren im Kloster, aber ich hatte die Empfindung, einem jungen Mädchen gegenüber zu stehen, das kaum die Zwanzig überschritten hat. Nur Menschen des innersten Glückes könne sich so jung erhalten. Es war für mich eine der größten Überraschungen, die ich je erlebt habe, denn ich hatte mir eine Verwelkte, Strenge, erwartet, und was ich sah, war der Inbegriff stillen Blühens, seligen Daseins. Eine unbeschreibliche Güte in jedem Blick, jedem Wort, die lieblichste Grazie in jeder Bewegung, nichts, durchaus nichts, was verriet, daß dieses Wesen auch nur das geringste an innerem Lebenswerte verloren hätte durch die Aufgabe der Welt. Suor Luigia, wie Antonietta im Kloster heißt, hat den Weg zum reinsten Glück gefunden, indem sie, ein halbes Kind noch, das es von früh auf dahin verlangte, ins Kloster ging, und ich sage mir: eine Institution, die, wenn auch vielleicht nur in seltenen Fällen, dies vermag, beweist dadurch, daß sie nicht durchaus die Verirrung des menschlichen Geistes ist, als welche sie den meisten im Geiste Luthers, des ausgesprungenen Mönches, aufgewachsenen Deutschen und auch vielen Katholiken erscheint. Es ist vielmehr wohl so, daß der vollkommene und ganze Christ nur im Kloster gedeihen, nur im Kloster sein volles Glück erfahren kann. Woraus denn freilich hervorgeht, daß das reine und ganze Christentum eine Sache ist, die sich nur für wenige schickt. Wie könnte es auch anders sein bei einer so extravagant idealistischen Lehre, für die das Leben mit der Todsünde beginnt. Unsre protestantischen Pietisten sind schlechte Dilettanten dieses reinen Christentums, und es wäre unbegreiflich, daß ihnen ihr Stümpertum nicht zum Ekel wird, wüßte man nicht, daß alle Dilettanten ein so unbeirrbares Vergnügen an ihren Stümpereien haben. Ein Vergnügen in Gott, wie das selige Leben einer reichen Nonne, ist es nun aber doch nicht.

Foligno, den 6. Juni 1902, Albergo La Posta.

Ich sehe mit Schrecken, wie ich mich in Allgemeinheiten verloren habe, statt Dir von meiner Reise zu erzählen. Suor Luigia gehört freilich zu meinen Reiseerlebnissen, und zu den schönsten, – was aber gehen mich hier in Italien die deutschen Pietisten an? Ich muß mich beeilen, hinter mir herzukommen. Man sieht, daß ich im Automobil reise, – nicht einmal mit der Feder komme ich nach. – Das Kloster, in dem Antonietta Pruneti-Lotti als Suor Luigia lebt, steht in Certaldo allo neben dem alten Schlosse, das, als es monumento nazionale wurde, der Familie Pruneti-Lotti gehört hat. Schade, daß dem nicht mehr so ist. Ich würde gewiß jedes Jahr auf ein paar Wochen in ihm zu Gaste sein, und das wäre herrlich. Es ist ein schöner, ernster Herrenbau, aufs Reichste mit alten Fresken und Wappen geschmückt, darunter ein paar schöne della Robbias. Besonders der Hof ist schön in seiner scheinbar launenhaften Form mit Treppen und Säulen. Ich machte mir sogleich ein Bild, wie man den alten Freskenschmuck unmittelbar einer für uns heutige behaglichen Möbeleinrichtung am besten zur Geltung bringen könnte. Man müßte, so dachte ich mir, die Wände überall dort, wo die Bemalung verloren gegangen ist, mit schweren, auf den Ton der Freskenreste gestimmten Stoffen verkleiden und die kostbaren Überbleibsel der alten Malereien mit alten Goldborden einsäumen. Das sollte, meine ich, heimlich und prächtig zugleich lassen, doch wäre es freilich schwer, Stoffe zu finden, die würdig wären, diesen alten Herrlichkeiten benachbart zu werden. – Im Kloster der heiligen Dorothea verbrachte ich, während meine Frau mit Antonietta in deren Zelle war, eine halbe Stunde voll reinster Stimmung zwischen den Obstbäumen und Blumenbeeten des Nonnengartens, von dem aus man eine wundervolle Aussicht über dieses gesegnete Hügelland genießt. Es war um die Stunde des Ave-Läutens, und ich empfand einen innigen Frieden, ein Gefühl der vollkommensten Beruhigung und Klarheit. Ich mußte an Angelus Silesius denken, diesen Fra Angelico der Lyrik, der mir aber lieber ist als dieser, weil er tiefer und weil er so grunddeutsch ist. Es ist ein großes Verdienst Hartlebens, daß er auf diesen deutschen Dichter-Mönch wieder aufmerksam gemacht hat. – Montag, den 2. Juli haben wir von Bagnano Abschied genommen, wo wir so wohl aufgenommen waren und wo es auch unseren getreuen Führer und Helfer in allen Automobildingen, dem trefflichen *Riegel*, so gut gefallen hatte, daß er seinem neuesten italienischen Freunde, dem witzigen Geschichtenerzähler und brillanten Bocciaspieler Pietro, eine Adlernadel verehrte, will sagen eine Shlipsnadel mit dem Fabrikzeichen der Adlerfahrradwerke. Louis Riegel hat nur dieses Ordens- und Ehrenzeichen zu verleihen, und ich glaube, daß er sparsamer damit umgeht, als irgend ein Fürst mit seinem Hausorden. Verleiht er es also einmal, so zeigt dies an, daß er von den angenehmsten Gefühlen aufrichtiger Zuneigung erfüllt ist. Im allgemeinen gibt er sich solchen Zuneigungen Italienern gegenüber nicht schnell hin, schon deshalb nicht, weil er im Grunde einige Voreingenommenheit gegen alle Leute hegt, die kein deutsch verstehen. Er findet das ungebildet. Es ist merkwürdig, wie schnell er sich trotzdem überall verständlich macht. Selbst Reparaturdetails gibt er aufs genaueste an, und es ist noch nie passiert, daß er darin falsch verstanden worden wäre. Sein Hauptinteresse gilt den Dingen, die mit seinem ursprünglichen Handwerk, der Schlosserei, zusammenhängen. Begleitet er uns in alte Kirchen oder Schlösser, so bleibt er sofort in Betrachtung vor irgend welchem Eisenwerk versunken stehen und kargt nicht mit Ausdrücken der Anerkennung. Er hat sich auch schon manches abgezeichnet oder aufnotiert, und oft macht er mich auf interessante Dinge dieser Art aufmerksam, die mir sonst entgehen würden. So erregte in Bagnano sein Interesse das Handwerkzeug der Bauern, besonders ein Gerät, das gleichzeitig Rundmesser und Hacke ist, und eine Leiter, die aus einem gespaltenen Stamm besteht, in den die Sprossen eingefügt sind. In Venedig konnte er sich nicht satt sehen an dem schönen schmiedeeisernen Gitterwerk der Palastfenster. Es ist eine Freude, ihn zu beobachten, und auch das ist angenehm, zu sehen, wie alle Leute seines Standes, die hier mit ihm zu tun bekommen, sich ihm vertraulich anschließen. Sie verstehen einander mit Worten gar nicht, aber sie kommen vortrefflich miteinander aus, und wo Riegel ist, hat Lachen und fröhliches Gehabe kein Ende. Nur die Gassenjungen kann er nicht leiden, die sich immer, wo der Wagen Halt macht, um ihn versammeln, lärmend und gestikulierend und alles anfassend. Da wird er wild, weil er bei jedem die Absicht voraussetzt, die Laufmäntel zu zerschlitzen. Die Mädchen finden den stattlichen Deutschen offenbar überall sehr nett, er aber läßt sich durchaus nicht mit ihnen ein, denn er hat sein „Käthche" in Frankfurt und hält es mit dem Liede: „Nur in Deutschland, ja nur in Deutschland, da soll mein Schätzlein wohnen." (Worin er sich sehr wesentlich von mir unterscheidet.) Ein grundbraver, geschickter und tüchtiger Mensch, dessen Begleitung uns noch nie einen Augenblick lästig war, abgesehen davon, daß er sein Geschäft bis ins Letzte versteht. Er ist unsre Zuversicht für und für, und, was auch am Wagen passieren mag, er wird sicher immer Rat wissen. Ich wünsche jedem, der sich einen Laufwagen anschafft, einen Maschinisten wie unsern Riegel dazu, denn das beste Automobil ist ein unvollkommenes Ding, wenn ihm nicht ein Besorger und Lenker beigegeben ist, der es bis in die Einzelheiten kennt und Liebe zu ihm hat. Wir machten mit unserm verhältnismäßig leichten Adlerwagen, dessen einzylindriger Motor nur acht Pferdestärken besitzt, mehr, als manches Automobil mit zwei und mehr Zylindern von doppelter und dreifacher Kraft, und dies verdanken wir, neben der sehr zweckmäßigen Konstruktion unsres Wagens, doch in erster Linie der Tüchtigkeit unsres Führers. Es ist notwendig, darauf hinzuweisen, denn es scheint mir, daß diesem wesentlichen Punkte nicht überall die Wichtigkeit beigemessen wird, die er hat. Wer sich einen Laufwagen anschafft, um mit ihm längere Reisen zu unternehmen, der soll sich seinen Maschinisten in der Fabrik, der er sein Vehikel entnimmt, mindestens anderthalb Monate anlernen lassen, und dann möge er sich selber bei ihm in die Lehre begeben. – Wenn wir kein so festes Vertrauen auf unsern Wagen und seinen Führer hätten, würden wir es von Bagnano aus nicht unternommen haben, nach dem steil hoch gelegenen alten *San Gimignano* zu fahren, das, wie wir freilich erst später erfuhren, selbst dem Automobil des Herzogs von Aosta große Schwierigkeiten bereitet hat. es wurde uns erzählt, daß der Wagen des Herzogs nach rückwärts ins Rollen gekommen und ein Unglück nur dadurch verhütet worden sei, daß die ganze Volksmenge sich ihm entgegengestemmt habe. Derlei wird uns mit unserem Adlerwagen und Riegel gewiß nie passieren, doch sind auch wir nicht ohne Zwischenfall, dem ersten dieser Art, auf die Höhe von San Gimignano gelangt. Die Straße da hinauf, von Anfang an steil, nahm kurz vor der Stadt solche Steigungsprozente an, daß erst ich, dann meine Frau und schließlich auch Riegel absteigen mußte, nun neben seinem Wagen einherschreitend das Lenkrad in der Hand, wie jener schwäbische Ritter im gelobten Lande das Halfterband seines Schlachtrosses. Plötzlich aber, kaum zehn Meter von der Höhe, blieb der Wagen stehen, und Riegel erklärte sofort, daß jetzt kein Zureden mehr helfen werde. Die Grenze der Leistungsfähigkeit unserer acht Pferdekräfte war überschritten. Schon nahten Bauern, die Ochsen anboten, aber sie machten ihre Vorspannrechnung zu früh. Wir luden sie einfach ein, den großen Reisekoffer hinaufzutragen, und der Wagen bequemte sich sofort, seinen alten guten Viertakt wieder anzunehmen, als er sich dieser Last entledigt fühlte. Auf der Höhe schnallten wir ihm den Koffer wieder auf, nahmen alle drei unsre Sitze ein und fuhren, als wäre uns nicht das Geringste passiert gleichmütig und gelassen in das alte Turmnest ein.

Torni, den 7. Juni, Albergo Europa.

Ich setze meine gestern unterbrochenen Aufzeichnungen hier fort, wo wir Station gemacht haben, um morgen die berühmten Wasserfälle zu besuchen. Leider geht unser Zimmer direkt auf die Piazza hinaus, und so bin ich gezwungen, inmitten eines Lärmes zu schreiben, der zweifellos bis um Mitternacht anhalten wird und meinen Ohren keineswegs angenehm ist. Ich glaubt nicht, daß ich mich jemals an den abendlichen Spektakel auf den Hauptplätzen der kleinen italienischen Städte gewöhnen werde. Das Stimmengesumme der Promenierenden möchte noch hingehen, obwohl die guten Leute lauter reden, als es einem Deutschen anständig zu sein scheint, aber die Zeitungsausrufer und Leierklaviere sind schlechthin unerträglich. Ich möchte wohl wissen, ob die alten Römer auch schon so gebrüllt haben. Jedenfalls hatten die Vornehmen ihre Wohnungen fern dem Lärm der Straße und waren dem plebejischen

Geschrei und Getrubel entrückt. Ich, der ich der Stille bedarf wie der reinen Luft, bin hier übel daran und muß meine ganze Philosophie aufbieten, dabei gelassen zu bleiben. Ich habe mir einen Spruch im Tonfalle des Angelus Silesius gemacht, den ich mir sofort zitiere, wenn mir ärgerliche Gefühle bei dem Getobe kommen. Er hat mir bisher immer geholfen und heißt so:

Sei Du nur still in Dir
Und laß den Pöbel schrein,
Dann wirst Du allem Lärm
Taub und enthoben sein.

Im Garten Gottes wird
Der Lärm der Welt Gesang,
Und Gottes Garten wird
Ein Herz, das sich bezwang.

So will ich also fortfahren und jetzt von San Gimignano erzählen. Es ist die Stadt, die früher die schöntürmige hieß und, so klein sie war, gegen siebzig Türme gehabt haben soll. Man ersieht aus alten Städtebildern (z. B. in Siena), daß die italienischen Städte des Mittelalters überhaupt voller Türme gewesen sind. Das kam von den vielen Zwistigkeiten der edlen Geschlechter untereinander, deren Paläste zugleich Burgen sein mußten. Auch in einzelnen Städten Deutschlands, so in Regensburg, finden sich noch Wahrzeichen dieser streitbaren Privatarchitektur. San Gimignano scheint aber in Türmen alle übrigen Städte des Landes übertroffen zu haben. Auf alten Bildern sieht es aus, wie ein großer Igel mit gesträubten Stacheln. Selbst jetzt zählt es noch dreizehn Türme, und da es hoch auf einem Berge gelegen ist, macht es schon von weit her einen recht grimmigen Eindruck. Durchwandert man seine Straßen, so bedarf man nicht vieler Phantasie, sich in die Zeit zurückzuversetzen, als Dante hier als Gesandter von Florenz gewirkt hat. Die Straßen eng, die Häuser hoch und düster, – aber in den Kirchen leuchten die brünstigen Farben einer starken Frömmigkeit. So wirkt das Innere des Domes, wie wenn es mit köstlichen Gobelins behängt wäre, und wir erhielten hier zum ersten

Male einen Eindruck davon, welcher Wirkung die Innendekoration al fresco fähig gewesen ist. Gegen das Mosaik der frühesten christlichen Kunst gehalten, ist auch diese Wirkung matt, aber es bleibt doch ein köstlicher Schmuck, und an den Einzelheiten kann man sich kaum satt sehen. Domenico Ghirlandajo hat in zwei Fresken die heilige Fina verherrlicht, die eine Gimignanerin gewesen ist; es sind Malereien von einer ergreifenden Schönheit, und so innig empfunden, wie alles, was wir sonst von diesem Meister bisher gesehen haben. Benozzo Gozzoli, der in der Kirche San Agostino das Leben des heiligen Augustin al fresco erzählt, zeigt sich als anmutiger Novellist und ich delikater Zeichner gleichzeitig. Uns gefiel besonders das Bild, auf dem dargestellt wird, wie der kleine Augustin von seinen Eltern dem Grammatikprofessor in Tagaste überantwortet wird. Man sieht schon hier dem artigen Bengel an, daß er einmal ein großer Heiliger werden will, aber das übrige kleine Volk ist nicht minder hübsch anzusehen. – Von San Gimignano sind wir bei ziemlicher Hitze nach Siena gefahren, an vielen alten mauerumgürteten Ortschaften und den echten sieneser Strohhüten vorbei, die sich auf hübschen Bauernmädchenköpfen allerliebst ausnehmen, aber durch einen modischen Aufputz aus falschen Blumen und Federn nicht gerade gewinnen. Diese Hüte sind von der einfachsten alten Form: ein sehr niederer platter Kopf mit enormer biegsamer Krempe. Legt man um den Kopf einen schlichten Kranz von Rosen oder Mohnblumen, so ist es der ideale Strohhut für junge Mädchen und Frauen. Aber was sage ich das Dir, dessen Frau einen solchen Hut trägt? Auf Siena war ich etwas vorbereitet durch das, was Du mir darüber früher erzählt hast, und so machte ich mich nicht ohne große Erwartungen ans Schauen. Das hat zuweilen böse Folgen, denn die Wirklichkeit bleibt oft hinter schrankenlosen Einbildungen zurück, und niemand ist ärgerlicher als einer, der mit aller Kraft der Phantasie sich ein Bild von einer Sache gemacht hat und dann findet, daß die Sacht nicht hält, was die Phantasie versprach. So ist es mir als jungem Studenten mit den Bergen der Schweiz ergangen. Ich hatte mir so unsinnig hohe und dermaßen „pittoreske" Felsen gedacht, daß mir das Berner Oberland wie eine Reihe von Hügeln vorkam, für die ich ein mitleidiges Lächeln hatte. Mittlerweile habe ich mich dieses knabenhaften Überschwangs der Phantasie glücklich entwöhnt und lasse mir von der Realität gern imponieren. So auch hier. Und nun verzeihe, wenn ich Dir von Dingen berichte, die Du mit Deinen Maleraugen noch besser gesehen haben wirst, als ich. Nimm es als einen Versuch, Dich an Schönheiten zu erinnern, von denen ich zuerst durch Dich erfahren habe, und wenn Du sie deutlicher in der Erinnerung hast, als meine Worte sie Dir machen können, so denke daran, daß Worte das schlechteste Mittel sind, Schönheiten, die das Auge genossen hat, leibhaft wieder erstehen zu lassen. Man kann um die Dinge immer nur herumreden. Der Palazzo Publico ist ein prächtiges Stück alter Trutzarchitektur, und sein Inneres reich an eindrucksvollem Schmuck. Ambrosio Lorenzetti hat den Machthabern seiner Stadt in großen Fresken vorgehalten, was eine gute und was eine schlechte Regierung ist. Allzuviel ist davon nicht zu sehen, und gute und schlechte Regierung sind nur noch ein schön zusammengewachsenes Stück reicher Farbe, aber einiges hebt sich noch heraus und macht viel Vergnügen, so die angenehme Fülle des Mädchens, das den Frieden vorstellt. Doch ist dies wenig gegen zwei Fresken von Taddeo di Bartolo, die den Leichenzug und die Himmelfahrt Mariä vorstellen. Es ist nicht zu sagen, mit welchem Geschmack auf diesen Bildern das aufgelegte Gold verwendet ist. So wie die Stadt auf dem Hintergrunde der Himmelfahrt mag San Gimignano früher ausgesehen haben. Der Hintergrund des andren Bildes zeigt, wie sich der Maler das alte Jerusalem vorgestellt hat. Er wäre gewiß enttäuscht gewesen, wenn er in das wirkliche gekommen wäre. Vom holdesten Liebreiz ist eine Freske von Matteo di Giovanni da Siena. Aber solcher Madonnen und Engel gibt es hier gar viele. Schildern läßt sich ihre Lieblichkeit nicht; man muß sie sehen (meist in der Academia), und ich habe mir zur Erinnerung einige in Photographien mitgenommen. Wenn man sich die Farben dazu vorstellen will, so darf man ja nicht mit zartestem Rosa, Blaßgrün, Blaßblau und hingehauchtem Golde sparen. Doch fehlte es auch nicht an solchen mit tiefen, satten Farben. Diese muß man sich z. B. bei der Madonna und dem Erzengel von Neroccio Landi und bei der Madonna des Sano del Pietro denken. Den holdesten Ausdruck von allen hat wohl die Maria des Neroccio, die in halber Figur dargestellt ist. Soll man darüber noch Worte machen? Es ist besser, dieses Antlitz recht lange zu betrachten und von Herzen froh des Anblickes zu sein. Der Maler muß, während ihm dies gelang, ein vollkommenes Glück empfunden haben, – das spürt man heute noch. – Der Dom von Siena hat eine kostbare Fassade aus rotem, weißem und schwarzem Marmor; steht das im hellen Sonnenlichte da, in allen Einzelheiten der reichen Meißelarbeit scharf beleuchtet, so wirkt es wie ein riesiges Schnitzwerk aus einem Stücke, und man mag gar nicht auf Einzelheiten achten. Es ist herrlich. Tritt man dann ins Innere, jenen Glanz noch in den Augen, so hat man die Empfindung, als seien diese Mauern durchscheinend und es ruhe hier dasselbe Licht, doch gedämpft. Ein stilles Leuchten erfüllt den wundervollen Raum. So schön er aber als Ganzes ist, man wendet sich sofort an Einzelnes, sobald man den Fußboden betrachtet hat. Dieser ist etwas höchst merkwürdiges und einzig in seiner Art. Er ist mit Platten bedeckt, die wie riesige Holzschnitte wirken: mit schwarzem Stuck ausgegossene Umrisse in weißem Marmor. Ich kann nur von denen reden, die den Boden der Seitenschiffe bedecken und antike Sibyllen darstellen, denn die Platten des Mittelschiffes waren verdeckt, aber was ich sehen durfte, ist ganz herrlich. Die eine Photographie, die ich davon beilege, ist nach einer Kopie gemacht, die nicht entfernt den Reiz der strengen und doch höchst eleganten Linie wiedergibt. Die Darstellungen im Mittelschiff müssen, nach Photographien zu urteilen, sehr interessant sein, doch kann ich mir nicht denken, daß sie stärkere Wirkung zu machen vermögen als diese köstlichen Sibyllen. – Die Bibliothek ist prachtvoll durch Fresken Pinturicchios und enthält als Kleinod die antike Gruppe der drei Grazien, der Canova die seine nachempfunden hat. – Zum Schluß haben wir der heiligen Katharina einen Besuch gemacht, der wundertätigen Färberstochter von Siena. Ich bin doch zu sehr Protestant, um von wundertätigen Jungfrauen besondere Eindrücke zu empfangen, es sei denn, sie treten mir in schönen Malereien gegenüber, wie Sankta Fina von Ghirlandajos Gnaden. Aber das Gebet Katharinens hat eine schöne Inbrunst. Deutsch möchte es so lauten: „O heiliger Geist, o ewige Gottheit, Liebe, Christus, kehr ein in mein Herz; zieh es zu Dir, o mein Gott, durch deine Macht und erfüll es mit Güte voller Bangen. Behüte mich, ewige Liebe, vor jedem bösen Gedanken, laß mich warm werden und erglühen in Deiner süßen Liebe, auf daß mir alles Schwere leicht werde. O mein heiliger Vater und süßer Herr, hilf meinem Dienste. Christus, Liebe, Christus, Liebe, – Amen!" – Das ist nicht bloß das Gebet Katharinens, das ist auch das Gebet all dieser holden Madonnen von Siena. – Lebe wohl!

IX.
Von Siena bis Perugia

An Herrn Professor Hans Thoma in Karlsruhe

Rom, den 12. Juni 1902, im Albergo Italia.

Ich hatte mir, lieber Herr Thoma, als ich den Plan zu dieser Reise machte, alles hübsch eingeteilt, kilometerweise und nach Hauptrastorten, und hatte mir gleichzeitig, als besonderes Reisevergnügen, vorgenommen: diesen Teil schilderst du dem, jenen Teil jenem Freude, und ich dachte es mir so hübsch, so von Ort zu Ort aus der frischen Stimmung des Tages meine Sendeblätter freundschaftlichen Gedenkens dorthin fliegen zu lassen, woher ich gekommen: nach Deutschland. Aber der Menschen Pläne werden bekanntlich vom Leben korrigiert, und besonders auf der Reise, auch wenn man sie im Automobil tut, waltet der Rotstift des Lebens grimmiger als der eines Regisseurs. Ich bin in den letzten Reisewochen nur eben zu kurzen Notizen gekommen und war vor lauter Schauen und Genießen nicht imstande, auch nur halbwegs ordentliche Briefe zu schreiben. Je weiter man in dieses herrliche Land hineinkommt, umsomehr gewinnt es Gewalt über einen und zwar so, daß man es gar nicht wagt, sich sofort nach deutscher Weise darüber „Rechenschaft zu geben". Ihr Maler habt es da viel besser. Ihr denkt gar nicht daran, euch Gedanken über das Schöne zu machen, weil ihr Besseres könnt: Ihr setzt euch, wenn ihr ganz überwältigt seid, hin und versucht in Gottes Namen wenigstens ein Stücklein davon abzumalen. So haben Sie viele Ihrer schönsten italienischen Stunden sich und uns im Bilde festgehalten und aufbewahrt. Der Engel der Schönheit erschien, Sie faßten ihn heiteren Mutes an, den schönen Bibelspruch im Herzen: Ich lasse dich nicht, du segnetest mich denn, – und so hat er Sie gesegnet, denn das ist sein Amt, wenn er es mit guten Kämpfern zu tun hat. Wir aber können im besten Falle bloß stammeln oder – notieren. Meine Stammelverse will ich Ihnen aber doch nicht zumuten. Sie mögen erst zu vollen Rhythmen reifen, – vielleicht sehr spät erst, wenn meine Seele so ruhig und klar ist, wie es diese erhabenen Gegenstände erfordern. Einstweilen bitte ich Sie, meine Notizen entgegenzunehmen, die ich nur schlecht und recht ein bißchen in Form zu bringen mich bemühen will, freilich von vornherein überzeugt, daß die Form noch allzulocker bleiben wird, denn hier in Rom ist es eine heillose Aufgabe, über etwas andres zu schreiben, als über Rom, und am liebsten würde man gar nicht schreiben. Am liebsten würde ich hier, wenn ich nicht umhergehe und staune, lateinisch lernen, ordentlich, nicht bloß so, wie es mich meine Präzeptoren auf den verschiedenen deutschen Gymnasien gelehrt haben, in denen mir die schönsten Jahre meiner Jugend zerschunden worden sind. Aber das geht nun freilich nicht mehr. Hin ist hin, verloren ist verloren.

So nehmen Sie denn das Vielzuwenige, das ich Ihnen an Notizen zu bieten habe, nachsichtig an.

Dienstag, den 3. Juni sind wir von Siena weitergefahren. Bald hinter der Stadt gab uns die Landschaft ein Rätsel auf, das zu lösen ich leider in der Geologie zu schlecht beschlagen bin. Rings um uns herum nahm die Gegend das Ansehen an, als sei das Erdreich völlig verschwunden und an seine Stelle eine unabsehbare Reihe von Sandhaufen getreten. Alles grau und trist, nur ein leiser Anflug von grün oder gelb darauf. Strichweise eine vollkommene Öde, das Bild der Unfruchtbarkeit. Ich stieg ab, um mir den seltsamen Boden näher anzusehen, und fand, daß er sich genau wie trockener Bildhauerton ansah und anfühlte. Der Umstand, daß er mit allerhand Muscheln übersät war, bringt mich auf die Vermutung, daß dieses Land alter Seeboden ist. Stellenweise ist es bebaut, und es nimmt sich wunderlich genug aus, wie dieser harte, rissige Boden, der von weitem wie Stein aussieht, mit dem Pflug bearbeitet ist, und wie in den tiefen Furchen, die dieser gerissen hat, und auf den aufgeworfenen Furchenwällen spärlich dünn die Saat aufstrebt. Das heiß ich wirklich, der Erde Frucht abtrotzen: es ist ein heroischer Ackerbau, und unsre Bauern würden weidlich dabei fluchen.

Auch die dortigen Bauern haben das Fluchen gelernt. Zum ersten Male auf unserer Reise begegnete uns auf dieser Strecke, daß wir, ohne daß wir eine Veranlassung dazu geboten hätten, verwünscht wurden, und zwar in ausgiebig kollektivischer Form, bei der auch August Scherl G. m. b. H. und die Adlerfahrradwerke ihr Teil mit abbekamen. Die Verwünschung, ausgestoßen von einem alten Bauernweib, lautete in getreuer Übersetzung wie folgt: „Verdammt sollt ihr sein und euer Wagen und wer das gemacht und euch gegeben hat!" Für diesen bösen Gruß wurden wir kurz darauf entschädigt durch den Anblick eines aus dem Straßengraben auftauchenden wunderschönen Mädchenkopfes, der den Ausdruck maßlosesten Erstaunens in einer Weise zeigte, wie wir ihn noch nie gesehen hatten. So muß Lots Weib ausgesehen haben, ehe es zur Salzsäule wurde. – Es schien übrigens bald darauf, als sollte sich der Fluch der alten Tonbäuerin an uns erfüllen: ein mächtiges Gewitter brach über uns herein. Wir mußten zum ersten Male das Leder mit den zwei Guckfenstern anbringen, das sich auch recht gut bewährte, indem es uns vor dem Schicksale unsers beklagenswerten Führers Riegel schützte, der auf dieser Fahrt ein vollkommenes Sitzbad genoß, was den wackeren Pionier der Reserve aber nicht weiter genierte. Blitz, Donner und Dunkelheit, – so fuhren wir dahin und kamen ziemlich spät abends in Arezzo an.

Daß diese Stadt einmal eine gefährlich Gegnerin Roms gewesen ist, sieht man ihr nicht mehr an, aber ein malerisches Nest ist sie, und wir denken gerne an den Spaziergang zurück, den wir durch ihre hügeligen Gassen gemacht haben. Ihre älteste Kirche, Santa Maria della Pieve, ist ein Ding zum Fürchten, so schwarz und grimmig sieht sie aus. Der Dom aber liegt auf heiterer Höhe und enthält innen einen wahrhaft lachenden Schmuck von bunten Terrakotten des Andrea della Robbia. Unweit von ihm steht das Geburtshaus Petrarkas mit einer endlosen Ruhmestafel. Mein Gott, was alles so ein Dichter heißt, wenn er tot ist. Im Museum grüßten uns wiederum ein paar liebe alte Madonnen von der sieneser Art. – Am 4. Juni hätten wir nach Perugia fahren sollen; wir machten aber, getreu unserm Programm, möglichst an keiner Schönheit vorbeizufahren, schon im alten Cortona Station, das, wie alle diese alten Etruskerstädte, hoch auf einem Berge liegt. –Hinter Arezzo begegneten wir zum ersten Male auf unsrer Reise einem Automobil. Da es mitten auf der Landstraße hielt, war es wohl eben mit einer „Panne" beschäftigt. Es war ein gewaltiges Ding, gewiß auf 24 Pferdestärken zu schätzen, und unser Adlerwagen nahm sich etwas kleinbürgerlich daneben aus. Aber, item, David lief und Goliath lag, – evviva David! Es kommt auch bei Laufwagen nicht *bloß* auf die Kraft an. Man kann mit einem leichten Wagen wie dem unseren selbst auf einer großen Reise unter Umständen mehr leisten, als es den Besitzern schwerer Kolosse vergönnt ist, die eigentlich nur das eine voraus haben, daß sie unsinnig rennen können. Woran uns gar nichts liegt. – Wer weiß, was passiert wäre, wenn an unsrer Stelle der Goliath, kurz nach unsrer Begegnung mit ihm, die Begegnung mit dem Wagen der Miserikordia-Brüderschaft gehabt hätte. Sie wäre dann wohl sehr übel abgelaufen. Ich will Ihnen die Sache doch erzählen, weil sie beweist, wie nötig es ist, daß auch Automobilisten Rücksicht beweisen. Wir fuhren in gelassenem Tempo dahin, als uns ein großer schwarzer Wagen entgegenkam, dessen Pferde, kaum, daß sie unser ansichtig wurden, in nervöse Bewegung gerieten. Unser Führer hielt sofort an, etwa 20 Meter von dem Wagen entfernt, dessen Kutscher herabsprang, aber kaum imstande war, die Pferde zu bändigen, die offenbar durch das bloße Geräusch des Motors wild wurden und durchaus in den Straßengraben wollten. Ich ließ sogleich den Motor abstellen, und die Gäule beruhigten sich. Als der schwarze Wagen nun langsam an uns vorüberfuhr, berichtete uns der Kutscher, daß drei schwerkranke Leute in ihm lagen...

Cortona ist es wert, besucht zu werden. Schon die Lage ist herrlich, und der ganze alte Habitus des Städtchens mit seinen riesigen etruskischen Mauern hat etwas sehr Eindrucksvolles. Auch besitzt es, in einer verfallenden Kirche, eine schöne Himmelfahrt Mariä von Bart. della Gatta (die wohl bald in ein Museum überführt werden wird, da hier kein Raum mehr für sie ist), – aber das beste, was es aufzuweisen hat, sind zwei kostbare antike Stücke: eine enkaustische Malerei auf Schiefer wohl eine Muse vorstellend, und ein etruskischer Kronleuchter. Die alte Malerei ist sehr schön, und da es die erste antike war, die ich sehen durfte, habe ich sie mir sehr genau und andächtig angesehen. Ja, da ich hier andre, zweifellos antike, Malereien gesehen habe, getraue ich mich des Urteils, auch sie für antik zu halten. Es ist ein edles und ehrwürdiges Stück Kunst von gänzlich andrer Art als meine geliebten alten Madonnen: ganz Hoheit, Symbol, durchaus nicht lyrisch; spricht lediglich die Augen an, nicht die Seele. Der Kronleuchter ist pompös. Von Ferne gesehen, wie eine riesige Sonnenblume, aber die Blätter sind Satyrn von einer Form, für die in Florenz die Klempner Feigenblätter zu fabrizieren haben. Unter ihnen Delphine und Sirenen, in der Mitte ein Gorgonenkopf, – das ganze mit fabelhaftem Geschmack in eins komponiert, ein Ding von unschätzbarem Werke, das auch hier in Rom die Blicke auf sich lenken würde. – Den nächsten Tag fuhren wir nach Perugia. Herrlich ging es im schönsten Motorviertakt den schönen Weg von Cortona hinunter in dieses unglaublich schöne Flächenland mit dem trasumenischen See. Auch wenn man nicht allzusehr an der historischen Krankheit leidet (ganz frei davon ist wohl kein Deutscher), wird man hier doch nachdenklich, indem nicht man sich jenes mörderischen Zusammenstoßes zwischen Afrika und Rom erinnert, der die ganze damalige europäische Kultur in Frage gestellt hat. Auch an Frau Bertha von Suttner denkt man hier und ihre Träume vom ewigen Frieden, und das je öfter, je näher man Rom kommt, der Stadt, die alles mit dem Schwert erreicht hat. Im Grand Hotel von Perugia diskutierten die vielen Engländer, die dort wohnten, gerade den Frieden zwischen ihrem Lande und den Buren. Es war uns, die wir nun eine schöne Reihe von Wochen keine Zeitung mehr gelesen haben, angenehm zu hören, daß dieser ungleiche Kampf zwischen dem Elefanten und dem Schäferhund nun endlich bald vorbei sein sollte. Daß der Elefant einst Sieg trompeten würde, war vorauszusehen, – hoffentlich macht ers kurz und erspart denen, die ihn noch nicht für ein lächerlich verkommenes

Monstrum, sondern für eine sehr respektable Bestie halten, das Schauspiel eines unanständig langen und lauten Siegeslärmes. – Ehe wir nach Perugia kamen, versuchte ein findiger Straßenkehrer, eine kleine Steuer von uns zu erheben. Er gab uns mit gebieterischer Handbewegung ein Zeichen, zu halten, und ich ließ nach seinem Willen geschehen, weil ich glaubte, er hätte uns eine Mitteilung über eine Brückenreparatur oder dergleichen zu machen. Der naive Bursche verlangte aber den Vorweis einer Fahrerlaubnis, weil, wie er mit Amtsmiene erklärte, ein Zirkular von der Regierung erschienen sei, demzufolge nur Fahrer mit Autorisation diese Straße nehmen dürften. Meine Frau erklärte ihm, sie würde sich darüber lieber direkt bei der Regierung in Rom in formieren, als bei einem Funktionär seiner Beamtenrangklasse, und der Biedermann sah ein, daß er sich verrechnet hatte. Er war gewiß zu höherem geboren als zum Kehrbesen. – Auch Perugia liegt, wie alle diese etruskischen Städte Umbriens hoch auf einem Berge, wahrhaft königlich und gebietend. Wäre es unsre Absicht gewesen, die umbrische Malerschule zu studieren, so hätten wir uns sehr viel länger in seinen Mauern aufhalten müssen, als wir getan haben. Es lag uns aber nicht gar viel an Meister Perugino und seinen Schülern, für die ich, um ganz offen zu sein, wenig Neigung empfinde. Auch hier gefallen mir vielmehr die früheren, wie der sanfte Benedetto *Bonsigli*, der die süßesten Engel gemalt hat, die jemals, Rosenkränze im Haar, dazu dienten, eine Madonna und einen kleinen Christus einzurahmen. Auch Bernardino Mariotto, der etwas strenger ist, sagt mir sehr zu. Sonst sind vornehmlich noch drei Dinge in meiner Erinnerung geblieben: der fonte maggiore, ein Brunnen von den schönsten Verhältnissen, durchaus edel und zurückhaltend; der Augustus-Bogen, wie alles Antike ein Inbegriff von Solidität und Sicherheit; und die uralte Kirche S. Angelo mit antiken Säulen, die aus den Resten eines „heidnischen" Tempels entstanden sein soll. (Mir kommt es wunderlich vor, Antikes „heidnisch" zu nennen, da ich bei Heiden an Neger und dergleichen zu denken gewöhnt bin.) – Die umbrische Landschaft hat in diesen ersten Tagen, da wir sie durchfuhren, wie auch später, einen gewaltigen Eindruck auf mich gemacht. Es ist eine heroische Landschaft im eigentlichsten Sinne des Wortes und war in der Tat der geeignetste Exerzierplatz für ein Volk wie die Römer, das hier seine ersten großen Übungen im Erobern gemacht hat. Bei uns in Deutschland gibt es wohl Strecken, wie am Rhein und noch mehr an der Etsch, wo jeder Berg von einer Burg bekrönt ist; hier aber liegen die Städte selber alle auf Bergesrücken, ein Riesenburgkomplex neben dem andern. Die Etrusker sind ein Berg-Festungsvolk gewesen; die Identität von Bürger- und Mauerkrone stammt wohl von ihnen. Was eine Stadtmauer ist, habe ich erst in Cortona wirklich kennen gelernt. Man sollte meinen, daß selbst moderne Belagerungsgeschütze nicht imstande wären, dieses Quaderwerk zu zerstören. Heute aber nistet ein bewegliches Kleinbürgervölkchen dazwischen, dessen Aussehen und Gebahren in einem wunderlichen Gegensatz zu diesen cyklopischen Ummauerungen steht. Diese Leute gehören eigentlich in die Ebene. Sie sitzen nur hier oben, weil eben die alten Häuser oben stehen, hohe, düstere Gebäude, die zum großen Teile leer sind. Die Gassen aber eng, gewunden, winklig. Mancher palazzo dazwischen mit großen Wappen und Balkonen, aber die alten Geschlechter sind wohl ausgestorben oder leben in den modernen Großstädten.

Bei der Höhenlage dieser Städte hat eine jede weiten Rundblick. Zumal die Blicke von Cortona werden uns unvergeßlich bleiben. Trotzdem muß es auf die Dauer kein angenehmes Wohnen dort sein, weil alles schrecklich zusammengedrängt ist. Immer bloß die *Blicke* wandern lassen, genügt uns Leuten aus der Ebene nicht. Die Etrusker wanderten wohl nur, wenn sie im Heerbann gingen, immer eine Stadt gegen die andere, bis Rom die Bergstädte zwang, sich gegen die Siebenhügelstadt zu vereinigen, die schließlich doch alle verschlungen hat als der große Völkermagen.

Rom! Rom! Je näher man an das Ungetüm kommt, umsomehr wird alles, was vor ihm liegt, nur Einleitung, Vorbereitung, und auch wir dürfen es nicht leugnen, daß unsre Reiseruhe dadurch etwas beeinträchtigt worden ist.

X.
Von Perugia bis Terni

An Frau Malgonia Stern in Berlin

Rom, den 14. Juni 1902.

GNAEDIGE FRAU! Sie sitzen jetzt wohl längst im grünen Potsdam und genießen die Kühle Ihres Tuskulums auf dem Kapellenberge. Also haben Sie etwas vor uns voraus: daß Sie nicht vor Hitze schier verschmachten müssen. Denn wir hier werden gebraten oder gedämpft, je nachdem. Daß es trotzdem „schön“ in Rom ist, brauche ich Ihnen nicht zu beteuern; es ist sogar schön in einem Sinne, den ich bisher überhaupt nicht gekannt habe.

Aber von Rom darf ich Ihnen leider nicht erzählen. „So weit sind wir noch nicht in der Geschichte“, wie ich als Junge zu sagen pflegte, wenn mich ein indiskreter Onkel über etwas historisches ausforschen wollte, wovon es mir an Sachkenntnis gebrach. Ihnen, gnädige Frau, ist, in der Trambahnsprache zu reden, die „Teilstrecke“ Perugia-Terni bestimmt, deren Schilderung ich leider erst heute, so gut es eben gehen mag, niederschreiben kann. Dann, sehen Sie, wenn man so den ganzen Tag im Automobil gefahren ist, von einer Schönheit der anderen in die Arme geworfen (wobei ich das Wort Schönheit in keinem verfänglichen Sinne zu nehmen bitte), da ist man abends so müde, daß die freundschaftlichsten Gefühle es nicht vermögen, einem zum Schreibzeug zu bringen. Auch pflegt dann in diesem schönen, aber lauten Lande die abendliche Plauderparade zu beginnen, und zwar doch unter dem Fenster des müden Reisenden, sodaß die Gedanken, statt sich zu einem hübschen Briefreigen zu schließen, auseinander gehen, wie die Gänse, wenns donnert. Ich mußte es also bis Rom verschieben, und hier soll mich nun auch die verwegenste Hitze nicht abhalten, Ihnen Ihre Teilstrecke zu schildern.

In unserem Adlerwagen, der durchaus hält, was wir uns von ihm versprochen haben und von dem das schnöde Wort eines Freundes nicht gilt: „Motorwagen haben mehr Launen, als eine schöne Frau“ (derselbe

Freund behauptet auch, sie seien nicht weniger kostspielig zu erhalten, als diese, – was übrigens auch nicht stimmt, denn schöne Frauen sind teurer, da man einen Motorwagen ja nicht immer wieder neu anziehen muß; – doch ich fang an, mich zu verheddern und werde mich sicher nie mehr aus diesem Parenthesendickicht herausfinden, weshalb ich denn kurz entschlossen auf den Anfang der Periode zurückgreife mit einem parlamentarischen: Ich sage): In unserm Adlerwagen haben wir die Schönheit einer sommerlichen Reise durch Italien genossen, ohne die Hitze eines italienischen Sommers zu spüren. Das ist unter den vielen Vorteilen des Laufwagenreisens nicht die letzte. Das Land liegt in unbeschreiblicher Schöne im Sommersegen unter einem wolkenlosen Himmel; die Cicaden rühren die Flügelgeigen zum Lobe des großen Pan; man sieht und hört: Sommer, Sommer, Sommer, – Aber die Kräfte des Motors tragen einen so geschwind dahin, daß man unausgesetzt von frischem Wind befächelt wird. Freilich muß man auch, wie wir, Hüte von der Größe eines Sonnenschirmes aufhaben, damit die allzuliebe Sonne uns ihre brünstigen Küsse nicht direkt auf die Haut geben kann. Wir haben uns in Siena damit versehen, wo die Strohhüte bekanntlich die größte Ausdehnung in Europa erreichen.

An welchem Tage wir von Perusia aufgebrochen sind, weiß ich nicht mehr; ich weiß nur, wie alle anderen Tage war auch er wunderschön, wolkenlos und klar. Wir machten bis Foligno zweimal halt. Einmal beim Grabe des Volumnier und dann beim heiligen Franz von Assisi. – Die Alten haben es verstanden, besser als wir, ihr Leben mit Schönheit zu umgeben, und sie haben es auch besser als wir verstanden, auch dem Tode Schönheit zu verleihen. (Daß sie, lange vor Ibsen, auch die allerhöchste Kunst: in Schönheit zu sterben, recht oft bewährt haben, sei nebenbei bemerkt.)

Die Herren und Damen aus der Familie der Volumnier haben sich, d. h. ihre Asche, so begraben lassen: Sie ließen einen Tuffsteinhügel zu Kammern aushöhlen, die um eine Art Vorhalle herumliegen. In dieser Vorhalle grüßt das Bild des Sonnengottes, eingerahmt von Delphinen, die Majestät des Todes, der als schöner Genius mit umgekehrter Fackel (übrigens en miniature, von der Decke herabhängend) dargestellt ist. Im Hauptraum, der am Ende der Halle liegt, ruht umgeben von den Seinen, der Vater der Familie. Es sind sehr einfache, kastenartige Sarkophage; auf dem Deckel ist der, dessen Asche darunter liegt, dargestellt, wie beim Mahle liegend, in der Toga, eine Kette um den Hals, eine Schale in der Hand, – aber keine Speiseschale; es ist der Teller mit dem Obolus. Nur eine weibliche Gestalt hat nichts im Teller; aber dieses Nichts ist eine Auszeichnung: die Dargestellte ist eine Priesterin, die, wie der witzige Custode bemerkte, gratis über den Hades gefahren wurde. Im übrigen: Charon mit der Trinkgeldhand, – auch ein Symbol. Indessen war mir sonst nicht blaßphemisch zumute. Der Ort hat Weihe. – In Deutschland kenne ich nur einen Ort, wo die Toten so schön zum Leben reden: im Schloßpark zu Tegel, dem Begräbnisorte der Humboldts, wo auf einer schönen Säule die liebliche Hoffnung Canovas steht, das Gewand mit der einen Hand zum Tanze geschürzt, während die andre eine Blume hält. Die Humboldts waren, obgleich der eine Staatsminister war, recht mäßige Christen. Ich fürchte, sie würden, lebten sie heute, bei Hofe nicht so wohl gelitten sein, wir zu ihrer Zeit, die wir die der Biedermeier nennen, – spotten unsrer selbst, und wissen nicht wie.

Von den Volumniern zum heiligen Franz von Assisi, – die Welt ist ein Kaleidoskop, oder, mit Frank Wedekind zu reden, „das Leben ist eine Rutschbahn", – auch das Leben der Völker. Goethe, der in der Sicherheit seines genialen Instinktes nur auf die Antike in Italien ausging, und dessen ganz unmoderne Größe immer darin beruhte, daß er sich in dem, was seine Seele gerade verlangte, nicht beirren ließ, hat in Assisi nichts sehen wollen und nichts gesehen, als die schöne Front des Tempels der Minerva. „Die ungeheuern Substruktionen der babylonisch übereinandergetürmten Kirchen, wo der heilige Franziskus ruht, ließ ich links, mit Abneigung ...." Quod licet Iovi, non licet bovi. Ein arm unsicherer Pilgerer in der Welt der Fragen, wie ich, mußte auch an den Pforten des heiligen Franz anklopfen, bedürftig der Wegweisung und hoffend, sie möchte ihm hier werden, so oder so. Daß ich es ohne Umschweife rund heraussage: Franziskus hat mich im Stiche gelassen, und ich konnte mich auch hier nur an ein paar schönen Eindrücken alter Freskenfarbenklänge erbauen, ohne jede tiefere Rührung und durchaus unempfänglich für das „Wunderbare“ dieser mönchischen Art. Ja, ich mußte über manche dieser Wunder lächeln, die in der oberen Kirche wie in einem riesigen Bilderbuche abgebildet sind (wie man glaubt von Giotto). Und ist es nicht wirklich eine Spur komisch, daß man es unter die Wunder dieses Mönches rechnet, weil er einmal im Traume den Thron gesehen hat, der ihm im Himmel aufbewahrt werde? Wir würden heute wohl nur sagen, daß er schwülstig und etwas unbescheiden geträumt habe, wenn er im Schlafe Gott-Vater und Gott-Sohn auf Sesseln sitzen sah und daneben ein leeres Fauteuil, auf das der liebe Gott mit der Geste hin weist: Bitte, Platz zu nehmen.

Franziskus ist überhaupt ein wunderlicher Heiliger gewesen. Meine Frau hat sich ein kleines anonymes Buch gekauft, das sich „I fioretti di San Francesco“ nennt und, nach dem alten Italienisch zu schließen, in dem es geschrieben ist, bald nach den Lebzeiten des Heiligen verfaßt worden sein mag. Darin finden sich Geschichten, über die sich ein Ketzer einigermaßen wundern muß, weil sie ihm nicht eigentlich heilig vorkommen. Auf alle Fälle hat Francesco auch in seiner heiligen Zeit, als der Sturm seiner wollüstigen Jugend längst hinter ihm lag, recht viel Menschliches – Allzumenschliches an sich gehabt, vornehmlich ein ungeberdiges Herz, und wunderbar ist nur, daß Gott selber auch Kleinlichkeiten des Heiligen für wichtig genug fand, sich persönlich darüber zu äußern. So hatte sich Franziskus einmal darüber geärgert, daß Frater Bernardo, der in der Einsamkeit des Waldes selig verzückt vor Gott im Gebete lag, ihm nicht antworten wollte. Er rief ihn, in steigendem Ärger, ein-, zwei-, dreimal an, und als Bernhard immer nur weiter betete und durchaus nicht reagierte, freute er sich nicht etwa des frommen Sinnes seines Genossen, sondern wandte sich direkt an Gott mit der, wie mir scheint, höchst unpassenden Frage, *warum* denn dieser Bernhard nicht antworten wollte. Es ist ein vollkommener Beweis für die Langmütigkeit Gottes, daß er auf diese Frage wirklich und persönlich antwortete und bis auf die verweisende Anrede „o povero amicciulo“ nicht einmal scharf. Er sagte ihm nur, daß es für einen frommen Mann wichtiger ist, mit Gott, als mit einem Kollegen zu reden. Jetzt freilich geriet Franz außer sich vor Scham und Reue, – aber ist das ein Wunder? Allerdings nahm seine Reue eine ungewöhnliche Form an. Er ging zu Bernhard, der mittlerweile mit Beten fertig geworden war, zurück und sprach zu ihm: „Ich befehle Dir“ (der Ketzer wundert sich hier schon wieder über das Befehlen) „beim heiligen Gehorsam“ (was ist das für eine verruchte Logik? fragt sich der Ketzer), „daß du, meinen Trotz zu strafen und ihn wegzutreiben aus meinem Herzen, mir, der ich mich jetzt rücklings auf den Boden werfen werde, mit dem einen Fuß auf die Gurgel und mit dem andern auf den Mund tretest und, dreimal hin und wider tretend, zu meiner Schande und Schmach sagest wie folgt: Da liege, du Bauer, Sohn des Pietro Bernardoni; woher in aller Welt nimmst du deinen Dünkel, der du doch eine so niederträchtige Kreatur bist?!“ Bernhard hat, um des heiligen Gehorsams willen, also getan (indem er sich bemühte, möglichst gelinde und, so hoffen wir, nach Ablegung der hölzernen Sandalen zu treten), und Franz mag nach dieser Massage etwas wie Genugtuung verspürt haben, aber der Ketzer kam nicht umhin, zu finden, daß das Ganze doch eigentlich eine skurrile Anekdote ist, die für den Heiligen von Assisi nicht besonders einnimmt. Er hat auch, nach dem Bilde des Cimabue, nicht sehr einnehmend ausgesehen und ist auf den landläufigen Bildern, die ihn darstellen, wie er die Wundmale empfing, arg versüßlicht. In Wahrheit muß er ein Mensch mit sehr wildem Gemüte gewesen sein, der sich gewaltsam bändigte und durch eine immense Inbrunst des Willens Kräfte aus sich erweckte, die wir heute als Beweis mediumistischer Veranlagung betrachten, während sie seiner Zeit als Wunderkräfte erschienen sind. Ein Gewaltiger ist er auf alle Fälle gewesen, und er hat in der Tat den Lateran gestützt (in welcher Pose er dem Papst im Traume erschien) durch die Gründung seines Ordens, der sich wie ein Heer über die Christenheit verbreitete. – Doch ich muß Ihnen noch eine Geschichte aus den Blumen des heiligen Franz erzählen, eine schönere. – In der Nähe von Assisi war auch das Kloster der heiligen Clara, die gleich dem heiligen Franz einer vornehmen Familie von Assisi entstammte und sehr gegen den Willen der Ihren den Schleier genommen hatte, erfaßt von der Inbrunst, es Franzesco nachzutun. Er war ihr leuchtendes Vorbild, ihm galt die Glut ihrer Seelenliebe. Und so ließ sie ihn denn immer und immer wieder bitten, er möge ihr doch einmal das Glück einer Unterhaltung über göttliche Dinge gewähren. Er aber, unwirsch und längst kein Freund der Frauen mehr, die, wie er nun meinte, seine Jugend vergiftet hatten, wollte sich nicht dazu herbeilassen, bis ihm wiederum der himmlische Vater selber klar machte, daß es nicht nur unhöflich, sondern auch unheilig sei, so frommen Wünschen taub zu sein. Er nahm also die heiligsten seiner Genossen mit sich und ging zur heiligen Clara. Und sie ließen sich, Mönche und Nonnen, an einem Tische nieder, der im Walte stand, mit einander zu speisen. Aber weder Franz noch Clara rührten die Speisen an, denn sie erkannten ihre Seelen, sahen sich in die Augen und sprachen von Gott und allen Dingen der göttlichen Tiefe und Klarheit. Da ward es im Walde stille, und eine Röte baute sich über dem Walde auf gleich sanften Flammen, –es war der Wald umzirkt von Glut. „Seht doch“, riefen die Bauern im Felde, „der Wald er heiligen Clara brennt; laßt uns löschen!“ Und sie liefen von Pflug und Egge und kamen herbei. Aber es war kein Brand, der Bäume versehrt; das merkten sie wohl; und merkten auch, daß nur die Heiligkeit des Bodens sichtbarlich glühend den Wald umzirkte, daß sie alleine wären mit sich und ihrem Verstande Gottes.

So etwas ist sehr schön; nicht wahr, gnädige Frau? Es gibt auch sonst noch viel schönes und wunderbares in der cyklopischen Festung des Franziskanerklosters, und dennoch, hat man sie hinter sich mit ihren übereinandergetürmten Kirchen, wo über und unter der Erde in Form und Farbe immer wieder das *eine* Wort murmelt oder dröhnt: *Sünde*, so wirkt der Anblick des kleinen Minervatempels wie eine holde Beruhigung, wie der erste Blick in den mordendlichen Tag, wenn man nach fieberhaft verworrenen Träumen erwacht. Das strebt im schönsten Gleichmaß ruhig auf, – ein paar Säulen und ein schlichter Giebel, nichts weiter: gesundes, schönes Lebensgefühl, erhaben ins Erhabene gewandt. – Bei einem Kupferschmied, der das Stück von einem Bauern an Zahlungsstatt erhalten haben wollte, kauften wir eine kleine Tonplatte von anscheinend sehr alter Flach-Reliefarbeit, die den heiligen Franziskus darstellt, wie er Fischen und Vögeln predigt. Ich habe meine Freude an dem sehr gut komponierten Dinge und hoffe, daß ich es gut nach Hause bringen und meinen Freunden zeigen kann. Es soll mich außerdem immer daran gemahnen, daß es gut ist, seinem ungeberdigen Herzen Mäßigung aufzuerlegen, damit man nicht einmal in die Lage komme, einem Freunde zu sagen: Bitte, tritt mir auf Gurgel und Mund! – Von Foltigno weiß ich nichts weiter zu erzählen, als daß wir hier zum ersten Male genauer beobachtet haben, in welchen Grade die italienische Straßenjugend verwildert ist. Es ist unmöglich, aufzuschreiben, was selbst ganz kleine Jungen hinter meiner Frau herbrüllten. – Am nächsten Tage über Spoleto nach Terni. Die Gegend ist äußerst üppig, und das Rindvieh erwies sich noch heute des hohen Lobes wert, das ihm Virgil gespendet hat. Herrlich liegt Trevi da: wie auf umgekehrter Schale den Göttern entgegengehalten, ein wahrhaft majestätischer Anblick. Was man den Tempel des Clitumnus genannt hat, ist eine christliche Kapelle in antikisierender Form und aus antiken Resten zusammengestoppelt. Man hat aber von dort aus einen schönen Blick über das hier beginnende Tal des Clitumnus, der ein Stück weiter oben entspringt. – Spoleto liegt, wie Trevi und die übrigen umbrischen Städte, hoch und frei und schön. Wir haben einen kleinen Gang durch die Stadt gemacht, einmal, um den Dom mit den Fresken Fra Filippo Lippis, vor allem aber, um die Turmbrücke zu sehen. Von den Fresken haben wir nicht viel zu sehen bekommen, weil sie sehr beschädigt sind und es zudem in der Kirche sehr dunkel war (*lichte* christliche Kirchen gibt es wenige); die alte Brücke und Wasserleitung aber breitete sich in ganzer Schöne vor uns aus und riß uns zu heller Bewunderung hin. Sie spannt sich wirklich über Türme, so hoch ragen die Pfeiler empor, und wenn es seine Richtigkeit hat, daß sie, auf antiker Grundlage, von Theodolapius, dem dritten Herzog von Spoleto, erbaut worden ist, so darf man sagen, daß sich dieser Longobarde ein Denkmal gesetzt hat, wie es nur wenige gibt. Hätten unsre gewalttätigen Vorfahren immer auf antiker Grundlage weiter gebaut, statt alles Alte blindwütig zu zerschmeißen, – wie herrlich stände es um dieses Land, wie herrlich stände es um uns! – Bei der Ausfahrt aus Spoleto besuchten wir noch die sehr alte Kirche San

Pietro, deren Fassade die Meinung erwecken könnte, daß sie keiner Kirche, sondern einer Menagerie angehört, denn sie ist in der Hauptsache mit Darstellungen aus der Tierwelt geschmückt. An den Toren wachen wunderliche Löwen, und oben treten gar zwei Ochsen in halber Figur aus der Mauer heraus. Dazu alles mögliche andre Getier: Wolf, Fuchs, Schlangen u. s. w., alles sehr amüsant und sehr naiv. – Nach Spoleto gibt es wieder ein Stück Gebirge zu überschreiten, wie immer waldlos und öde, aber ganz erfüllt von dem köstlichen Duft des südlichen Ginsters, der in hohen Büschen massenhaft seine leuchtenden gelben Blüten entfaltet. So hat jede Fahrt hier ihren Genuß, – wenn nicht fürs Auge, so für die Nase. Diese hat dafür leider in den *Städten* mancherlei Unliebliches mit in Kauf zu nehmen, sie und das Ohr, das in Italien wahrhaft maltraitiert wird.

Leben Sie wohl und genießen Sie die kühle Ruhe Ihres Kapellenberges!

XI.
Von Terni bis Frascati

An Herrn Professor Franz Stuck in München

Rom, den 10. Juni 1902.

LIEBER HERR STUCK! Ich wollte Ihnen schon gestern schreiben, aber, wie es mir bisher nun immer auf dieser schönen Reise ergangen ist, wenn wir in einer großen Stadt ankamen: mich überfiel eine Erschlaffung. Wir sind durch das tägliche frische Luftbad so verwöhnt, daß die eingesperrte Luft der Städte uns wie Backofentemperatur vorkommt, in der zu leben uns anfänglich unmöglich scheinen will. Ich weiß nicht, ob es wahr ist, daß Fliegen vor Hitze umfallen, wie man sagt, – sicher ist, daß ich hier tatsächlich umgefallen bin und nicht imstande war, die Feder zu rühren.

Das ist kein würdiger Beginn eines römischen Aufenthaltes, und ich schäme mich seiner rechtschaffen. Aber das kommt davon, wenn Hyperboräer wie ich zu einer Zeit nach Rom fahren, wo selbst die Römer die Stadt verlassen und die meisten Hotels geschlossen werden. Saison morte. Selbst die enge Stadt kennt diesen Begriff.

Nun haben wir heute eine Rundfahrt gemacht, und die hat mich elektrisiert. Hitze hin und Hitze her, – in Rom gibt es Dinge, die alles vergessen lassen, selbst 35 Grad Réaumur. Ob ich aber *Worte* für sie finden werde? Kann man mit wirbelndem Gehirne schreiben? Ich will es versuchen und mit leichten Dingen beginnen.

Die Aussicht von meinem Fenster: Sie wird links von einem Seitenflügel des schönen Palazzo Barberini begrenzt, dessen Garten gerade vor mir liegt. Ein Garten nach unseren Begriffen, mit vielen Bäumen und dichtem Buschwerk, ist das nicht. Der Bäume sind nur wenige, aber es sind seltene Prachtstücke südlicher Art, immergrüne, die auch im Winter nicht kahl werden. Hinter ihnen hohe Häuser mit glatten Dächern (auf dem einen sitzt, der Kleidung nach zu schließen, ein Kammermädchen, und ich bilde mir ein, daß es ein hübsches Kammermädchen ist, denn es wäre sehr ungeschickt, mir ein häßliches einzubilden; deren gibt es genug in den italienischen Hotels, in denen, so scheint es, grundsätzlich nur Matronen vorgerückten Alters angestellt werden), und rechts hinauf, gleichfalls mit platten Dächern, aber außerdem mit vielen luftigen Balkonen (doch ist es leider zu heiß, als daß sich auch nur der Ansatz zu einem Kranze holder Damen auf ihnen präsentierte) die via delle quattro fontane, auf der ein lebhaftes Hin und Her von Menschen zu Fuß und zu Wagen ist. Ich sehe und nenne: Mönche, Carabinieri, ein paar verspätete Engländer, Malermodelle aus den Abbruzzen (denn die „spanische Treppe" ist nicht weit), ein Trupp Bersaglieri (wie Max Schillings mit Recht sagt: die schönsten Soldaten der Welt), ein Zug von Leuten mit Dreimastern und merkwürdigen Uniformröcken, in der Hand Wachskerzen, also wohl eine Begräbnisbrüderschaft, und, siehe da: auch drei „Krebse". So nenne man nämlich, ihrer roten Soutanen wegen, die deutschen Seminaristen in Rom. An den Straßenecken sitzen junge Burschen, die Kirschen feilhalten, die sie in Form von Trauben zusammengebunden haben. Hinten, wo die via delle quattro fontane von einer andren Straße gekreuzt wird, sehe ich, einen Trupp Kürassiere voran, einen Trupp Kürassiere hinterher, im schnellsten Tempo eine Hofkalesche fahren. Vielleicht ist es der König oder die Königin. Die arme Ellena! Sie ist zwar die Königin, aber sie gilt nicht als solche. Noch immer denkt der Italiener an die blonde Margherita, wenn er la regina sagt. – Im ganzen genommen: das Straßenbild ist lebhaft, bunt, großstädtisch, aber seinethalben würde man kaum hier in der Hitze aushalten. Den Italienern, denen, je nach ihrer politischen Meinung, Rom heilig ist als Wahrzeichen der unita Italia oder des Papsttums, gilt in erster Linie das lebendige Rom, – uns verschwindet dieses vor den Resten des toten, dem wir doch allein die Ewigkeit zuerkennen.

Vor diesem tritt in mir jetzt alles andere zurück, aber ich bin froh, daß ich vorher noch von anderem zu handeln habe, denn ich würde (s. o.!) noch nicht imstande sein, Worte darüber zu finden. Ich frage mich wieder: werde ich es später? Das Ziemlichste wäre hier, zu schweigen oder Goethe zu zitieren.

Einstweilen zurück nach Terni! Eine merkwürdige Stadt, –: sie hat keine Sehenswürdigkeiten. Wenigstens nicht innerhalb ihres Burgfriedens. Doch ist sie trotzdem viel besucht als Ausgangsort für die berühmten Wasserfälle le marmore. Es versteht sich, daß wir unsern Adlerwagen zu ihnen lenkten, und wir haben sehr wohl daran getan, denn sie sind ein herrlicher Anblick. Man muß aber nicht an das denken, was in der Schweiz oder Tirol ein Wasserfall heißt. Es ist nicht der gewisse Gießbach, der senkrecht eine hohe Schlucht herabfällt, sondern es ist ein Terrassensturz. Erst, in drei Strängen, eine hohe Wand herab, in einen mittleren Kessel, von wo aus sich die Gewässer als flüchtiger Staub bis fast zur halben Höhe der Wand wieder erheben, dann in wilden Strudeln zu einer zerrissenen Felsenstufe, und nun im gewaltigsten Schwalle herunter zum eigentlichen Bette des Flusses, wo dann der übermütige Springer bald ruhiger wird. Das ganze hat Majestät und Würde und sieht sich fast wie Kunst an, – wobei man aber an das denken muß, was man sich unter *antiker* Kunst vorstellt. Es ist wie eine Bändigung des Elements: erst hierher, daß sich deine Kraft im wildesten bricht, nun hier, wo sie sich nochmals abmühen mag, den alten Trotz zu gewinnen, und jetzt, kräftig noch, aber machtvoll geregelt, hinab zu gelassener Ruhe. Man nimmt einen großen Eindruck für immer mit sich. – Von Terni an führt die Straße immer aufwärts, wieder über einen Ast des Apennin, und wieder fiel es uns auf, wie öde dieses Gebirge ist und wie groß der Unterschied zwischen den Landschaften, die es trennt. Der Übergang selber ist nicht entfernt so schwierig wie der zwischen Faenza und Florenz; auch ist er viel kürzer. Die Campagna, in die wir nun eintraten, enttäuschte mich, weil ich unwillkürlich gehofft hatte, einen so überwältigenden Eindruck zu erhalten, wie er mir damals beschert war, als sich zum ersten Male Toskana dem Blicke auftat. Im Vergleiche dazu wirkt die Campagna arm. Sie ist kein Garten, wie Toskana, sondern in der Hauptsache Wiesen- und Weideland, nur spärlich unterbrochen von einzelnen Eichen. Keine Villen, wenig Dörfer, nur ärmliche Farmen und Viehhürden. Wir sahen viele Schafherden und eine große Anzahl von ungebührlich belasteten Eseln. Fast daß die Tiere darunter verschwinden, sind sie mit Heu bepackt, und man sieht die braven kleinen Burschen häufig genug *zwei* Reiter tragen. Die Frauen sitzen auf ihnen nach Männerart, was sich recht wunderlich ausnimmt. An ihnen bemerkten wir zum ersten Male die Miedertracht (nicht Niedertracht zu lesen!), d. h. das Korsett als Kleidungsstück ohne nochmalige Verhüllung durch eine „Taille“. Also eine Schale weniger, was zu begrüßen wäre, wenn die Korsetts sauberer aussähen. – Noch Seume erzählt von der Unsicherheit dieser Gegend; jetzt gibt es hier wohl kaum Räuber. Sie hätten dreimal leichte Arbeit mit uns gehabt, denn 25 Meilen vor Rom begann dasselbe Geduldspiel mit den Pneumatiks, das bereits unserm ersten Apenninübergang beschieden gewesen war: wir mußten dreimal „abmanteln“. Gelassenen Sinnes, wie man wird, wenn man seit acht Wochen im Laufwagen reist, haben wir uns nicht viel daraus gemacht und uns während dessen genauer in die Campagna vertieft, wobei es uns denn aufging, daß diese Öde einen Zug von Größe hat, – zumal, wenn man im Hintergrunde die Peterskuppel gewahr wird. – Die Straße, die man befährt, ist die alte via flaminia; es tut mir leid, zu sagen, daß wir sie als die schlechteste erfanden, die uns bisher auf italienischem Boden beschieden war. Im Altertum ist sie gewiß so vortrefflich gewesen, wie alles, was der antike Staat für die Öffentlichkeit baute (z. B. die schöne Brücke über den Tiber, hinter Otricoli), und sie hat sich nur noch nicht von der Zeit des Kirchenstaates her erholt, denk ich mir, da ich der Partei der „Königlichen“ recht gebe, die auf Plakaten ihren Wahlspruch hier so formulieren: In Roma siamo e ci rimaniamo. (Meine Frau belehrt mich eben, daß das ein Ausspruch Viktor Emanuels II. ist). „Liebt der Signor den König oder den Papst?“ fragte uns ein Mann, der bei uns Halt machte, als wir unserm braven Führer beim Reparieren zusahen, und er war sehr unzufrieden, als wir ihm darauf keinen bestimmten Bescheid gaben. Für den heutigen Römer muß das wohl, wenn er nicht gerade Sozialdemokrat ist, politisch die Hauptfrage sein, und diese Frage drängt sich mit der ganzen Wucht der Peterskuppel auf. Auch dem Fremden wird erst hier die Wunderlichkeit des Zustandes recht auffällig, die darin liegt, daß der einstmalige Souverän des Landes depossediert in seiner ehemaligen Residenz sitzt. Man versteht, überlegt man sich dies, die Redensart von der Gefangenschaft des Papstes, – es ist der Aufenthalt im Vatikan für ihn in der Tat wenigstens eine Art relativer Gefangenschaft, und für ein Temperament wie das des Kardinals Rampolla muß dieser Zustand eine arge Pein sein. Der gegenwärtige Papst selber mag ihn persönlich eher erträglich finden, da er körperlich ohnehin kaum die Kraft hätte, die Grenzen des Vatikans zu überschreiten, und da er geistig seinen Trost im vornehmsten aller geistigen Sports findet: in der lateinischen Poesie. Das gläubige Volk ist hier übrigens überzeugt, daß er körperlich gar nicht mehr lebt, und daß es nur sein Geist ist, dem die Engel für die Augenblicke, wo er sich öffentlich zeigen muß, zur Materialisierung verhelfen. – Mich kümmert diese Frage wenig; mag der Papst leben oder tot, gefangen oder souverän sein: die Hauptsache ist für mich in Rom, daß ich mit Augen sehen kann, was von der Antike noch lebt.

Das Automobil auf der antiken Tiberbrücke hinter Otricoli

Frascati, den 13. Juni 1903.

Dies ist einer der Orte, wohin die Römer fliehen, wenn es ihnen in ihrer Capitale zu heiß wird; der König selber, so heißt es, lenkt täglich sein Automobil hierher. Uns trieb nicht nur die Hitze aus Rom, sondern auch ein Gefühl der Unruhe, wie es sich einstellt, wenn man seiner Empfindungen nicht Herr werden kann, und wenn man eine Aufgabe vor sich sieht, die zu bewältigen man nicht imstande ist. Rom in fünf Tagen, – das erzeugt einen Wirbel der Seele, und ich sage mir heute, es wäre doch besser gewesen, sofort nach der ersten Umfahrt weiter zu reisen. Und wenn wir statt fünf Tagen fünfzehn geblieben wären oder auch fünfzig, – es wäre nichts anderes herausgekommen. Ein Deutscher braucht für Rom mindestens ein halbes Jahr. – Es gilt ja hier nicht, eine fremde Stadt kennen zu lernen; hier handelt es sich um vielmehr: es stellen sich hier leibhaftig alle die Probleme vor der erschauernden Seele auf, die uns im

Eigensten angehen. Dieses Rom ist ja unsre Hauptstadt ebenso gut, wie die der Italiener. Von hierher stammt unsre Gesittung, unser Recht; hier wurde uns die Schönheit, die Religion gelehrt. Es ist die Hauptstadt der europäischen Kultur. Ob wir darüber froh sein sollen, oder ob wir Anlaß haben, darüber zu klagen, – gleichviel: es ist so. Unsre Vorfahren haben, und wir haben keine Ursache, darauf stolz zu sein, das antike Rom, diese ungeheure Herrlichkeit, in Trümmer geschlagen, aber der Geist war mächtiger als die mächtigen Steine, und er rächte sich an den Wilden, indem er ihnen alles nahm, was sie an eigenem Geiste besaßen. Ihre Götter, – was sind sie uns, die wir doch ihres Blutes sind, vielmehr als indianische Ungetüme? Im besten Falle Figuren der Phantasie Richard Wagners. Wir haben in ein paar Märchen Spuren davon gerettet, das ist alles. Die Antike setzte sich, ob sie auch niedergetrümmert war, ästhetisch im Christentume fort, und unser Schönheitskodex stammt nicht weniger aus Rom, als der Kodex unsres Rechtes. Und das Christentum selber ist uns auf römisch beigebracht worden. Hier läuft alles in einem Punkte zusammen, was Jahrhunderte lang fast ausschließlich auf uns gewirkt hat und noch heute fort wirkt, so oder so. Welcher Deutsche müßte hier nicht *nachdenklich* werden? – Zuerst ist es ein Gefühl ratlosen Staunens. Man sieht diese wunderbaren Reste der Antike, die alles übertrafen, was man sich davon vorgestellt hat, und man fühlt sich ganz Barbar. Das ist alles so unerhört gewaltig, Zeuge einer ästhetischen Kultur, neben der das, was wir selbst hervorgebracht haben, vollkommen verschwindet. Und dann fragt man sich: Wie konnte das geschehen? Wie war es möglich, daß dies unterging? Alles dies war im eigentlichsten Sinne auf die Ewigkeit berechnet, und nun stehen Ruinen. Man wird von Zorn ergriffen und ist töricht genug, mit dem Schicksal hadern zu wollen. Was die christliche Zeit an die Stelle des alten gesetzt hat, erscheint Einem kümmerlich, und nur der eine Michel Angelo findet Gnade vor den empörten Augen. Ja, was man Holdseliges und Erhabenes von christlicher Kunst früher mit Entzückung gesehen hat, droht zu verschwinden, will klein, belanglos erscheinen. Man fühlt sich wie entwurzelt. Etwas übermächtiges ist vor die Seele getreten, und diese Seele wird von einem Überschwange ergriffen, um nur dieses Eine ganz zu haben: die Antike. Indessen, es zeigt sich doch, daß diese Seele nicht mehr imstande ist, all das aufzugeben, wovon sie bisher erfüllt war, und daß sie nicht mehr imstande ist, jenen Riesengast aus gewaltigerer Zeit zu beherbergen, und so kommt die Umstimmung. Aus der Empörung wird Resignation und, dank der Kunst, die, wenn auch in anderem Geiste, immer weiter das Schöne als Trost in die Welt gesetzt hat, aus der Resignation ein Gefühl der Zuversicht, daß, wenn auch nichts, was Menschen schaffen, ewigen Bestand hat, doch unverwüstlich die Lust und die Kraft in den Menschen bleibt, Schönes zu gestalten. Wer von sich mit Fug sagen dürfte, daß er einer Kultur wie der antiken gewachsen wäre, der mag mit Nietzsche, der wohl aus sich ein Recht dazu hatte, eine Wiederkunft jenes römischen Geistes heraufbeschwören wollen, – uns anderen ziemt eine bescheidenere Pose, und wir wollen es nur ruhig gestehen, daß wir jene Gesundheit der alten Welt nicht ertragen könnten. Wir können nichts, als bewundern, aber wir sind differenziert genug geworden, daß wir auch für alles das, was hinterher gekommen ist, Organe besitzen, und wir tun gut daran, diese Organe zu nützen. Wir sind auf eine Bahn gekommen, die von der Antike wegführt, denn unsere Gesittung ist im Grunde sentimentaler Natur. Man denke an das, was Klinger mit seinem Christus im Olymp hat ausdrücken wollen: der Schatten des Kreuzes zwischen den genießenden Göttern und *Psyche*, die sich dem Heiland zu Füßen wirft. Aber dann sind die Naturwissenschaften auf den Plan getreten und die Erkenntnisse, deren großer Schlußfolgerer Nietzsche ist: damit tut sich eine Perspektive auf, die vielleicht doch wieder zur Bahn der Antike führt. In unsrer jüngsten Generation kann man Anzeichen dafür gewahren, doch ist einige Vorsicht wohl geboten, denn es ist nicht alles Nietzsche, was glänzt. – So führt Rom zu allen Wegen hin, wie alle Wege nach Rom führen. Eine Stadt, die dazu verlockt, leichte Sprünge zu machen, ist es durchaus nicht, und wer nur eine Spur Ernst in sich hat, der wird dessen hier gewahr. Oder ist es nur unser schweres deutsches Blut? Die Römer von heute glaub ich, nehmen die Sache leichter. Mit Recht, denn sie würden sonst von ihrer Stadt erdrückt werden. – Übrigens die Römer oder vielmehr die Römerinnen. Ich hatte mir in diesem Punkte allerhand Einbildungen gemacht, die sich, wie ich bekennen muß, wahrscheinlich auf Goethes römische Elegien zurückführen. Mag es daher gekommen sein, daß ich für nichts Augen hatte, als für die alten Steine, oder waren alle die schönen Damen und Nicht-Damen verreist, – kurz, ich habe meine Einbildungen nicht bestätigt gefunden. Außer ein paar hübschen Modellmädchen, denen man aber auch in München an der Akademietreppe begegnen kann, ist mir nichts aufgefallen, was einen besonderen Eindruck auf mich gemacht hätte. Doch muß man wohl auch hierfür länger als fünf Tage in Rom bleiben. Und dann, glaube ich, hat dies auch noch einen anderen Grund: die besondere Schönheit der italienischen Frau stimmt im allgemeinen nicht zu der modernen Mode; es gehört Kostüm dazu. Und die Kostüme sind in Italien bis auf wenige Gegenden fast völlig verschwunden. Für die Mode aber ist heute der Norden tonangebend, und der Süden, indem er sich darein schickt, verliert darunter. Südländer und zumal Südländerinnen, die sich nach den Gesetzen kleiden zu müssen glauben, die King Edward im nebligen London erfunden hat, wo alles auf Nebel und Ruß berechnet werden muß, während hier die Sonne Farbe, Farbe, Farbe heischt, treiben eigentlich eine Maskerade, und eine recht unvernünftige, nämlich unlustige, dazu.

Und nun liegt Rom denn hinter uns, oder nein: es liegt vor mir, da unten, in der nächtigen Campagna, von der nichts sichtbar ist, und von Rom selber leuchten nur die vielen Lichter des Bahnhofs bis hier herauf. Hier aber in Frascati, ist es wunderschön, weil es sehr schön frisch ist. Ich begreife den Ré vollkommen, daß er täglich sein Automobil hierher lenkt, wo es zudem nicht so viele Klerikale gibt, wie in der ewigen Stadt, die doch noch vielen Römern mehr die Residenz des Papstes, als des Königs gilt. Diese Konkurrenz von zwei Souveränen an einem Ort ist die größte moderne Kuriosität Roms. Nach der Meinung der liberalen Italiener ist für den Papst-König nicht das Mindeste mehr zu hoffen, aber die Klerikalen sind natürlich anderer Meinung. Sicher ist, daß Rom in dieser Hinsicht aus zwei feindlichen Lagern besteht und daß man den Vatikan eine Insel nennen kann, der es an Brandung nicht fehlt. Die braven Schweizer in ihren etwas an Maskenvergnügungen erinnernden Wämsern sehen übrigens, wenn sie auch sehr friedlich ihre schweizer Zeitungen lesen, während sie auf der Bank des Haupteinganges zum Vatikan sitzen, ganz wie Leute aus, die sich, wenn es notwendig sein sollte, für ihren Soldgeber totschlagen lassen. Es sind fast ausnahmslos gewaltige Gesellen, denen nur etwas mehr Bewegung not täte. Es scheint nicht, daß sie viel langsamen Schritt üben, denn der Fettansatz ist bei den meisten beträchtlich. – Es war uns angenehm, daß unsere Ausfahrt aus Rom uns noch einmal direkt an der Peterskirche vorbeiführte. Dieser Bau repräsentiert die ecclesia triumphans wirklich imposant, doch wird man die gewaltigen Raumverhältnisse ganz nur im Innern gewahr. Da aber ist der Eindruck überwältigend, und nicht etwa bloß wegen der ungeheuren Maße, sondern vornehmlich infolge der wunderbaren Maßabwägung. Alles drückt aufs Vollkommenste Erhabenheit aus, alles geht aufs Ganze. Es mag wunderbare Einzelheiten darin geben, aber ich wüßte nicht, wer Neigung dafür empfinden sollte, sich hier mit ihnen zu beschäftigen; man steht nur und empfindet ein intensives Raumwohlgefühl. – Wir mußten an Sankt Peter vorüber, weil wir noch den Katakomben des heiligen Calixtus einen Besuch abstatten wollten, und wir wollten diese gesehen haben, weil uns dies der passendste Abschluß unsres kurzen römischen Aufenthaltes zu sein schien: ein Blick in die versteckten Grabkammern des frühen Christentums, das bald aus der Erde emporschreiten und in die Erde niedertreten sollte, was vordem auf ihm gelastet hatte. Die Katakomben, die wir sahen, stehen unter der Obhut von Trappistenmönchen, zu deren Ordensgelübden bekanntlich das der Schweigsamkeit gehört. Demnach war der Frate, der uns herumführte, kein Trappist, denn der sprach sehr viel und geläufig, und man hatte die Wahl, ihn italienisch, französisch oder deutsch sprechen zu hören. Wir entschieden uns natürlich für Deutsch und waren erstaunt, unsre Sprache mit deutlichem niederdeutschem Klange zu vernehmen, als ob es ein als Mönch verkleideter Matrose von unserer Wasserkante wäre, der hier sprach. Es war aber der Mönch ein Holländer, und mir scheint, das ist nun Kuriosität genug: ein katholischer Holländer, der als Mönch die Fremden in den römischen Katakomben herumführt. Er tat dies ohne jede Feierlichkeit, vielmehr mit einem Anfluge von niederdeutschem Humor. Sein Hauptbestreben war, meine Frau gruseln zu machen, und er schien es für sehr wichtig zu halten, ihr vor Augen zu führen, daß auch von uns einmal nichts weiter übrig sein werde, als ein bißchen Asche. „Hier liegen vornehme Leute begraben, – auch bloß Asche; – wollen Sie vielleicht mit in den Gang hier kommen? Kommen Sie nur! So werden Sie auch einmal aussehen. Asche! Asche! Weiter bleibt nichts übrig!" Und dazu lachte er sehr vergnüglich. „Es riecht ein bißchen schlecht hier unten; aber es sind ja die Katakomben und kein Parfümerieladen. Dort hinten riecht es noch schlechter. Wollen Sie mit dort hinter kommen? Kommen Sie nur! Dies steht uns allen bevor." Eigentlich paßt diese Art von Kommentar ganz gut in diese Maulwurfsgänge des Todes, in diese unterirdische Stadt der Verwesung, wo die Straßen nicht bloß neben-, sondern auch übereinander hinlaufen, und wo rechts und links nichts zu sehen ist, als Grabkammer an Grabkammer. Das etruskische Familiengrab hinter Perugia war weihevoller, muß ich sagen, und auch vornehmer, und der antike Genius des Todes mit der umgekehrten Fackel ist ein schöneres Symbol für das Ende alles Lebendigen, als die Symbole, die man hier zu sehen bekommt, obgleich sie alle die Unsterblichkeit der Seele betonen. In diesem Sonne wird die Geschichte des Jonas symbolisch aufgefaßt und dargestellt, der ins Meer geworfen, von einem Fisch verschluckt und wieder ausgespieen wurde. Die Art der Darstellung ist ganz antik, aber unbeholfen. Diesen Künstlern, wenn man sie so nennen darf, kam es offenbar mehr auf den Glauben, als auf die Schönheit an. Christus, als guter Hirte dargestellt, erscheint ohne Bart, wie immer in den frühesten Zeiten (z. B. auf den ältesten Mosaiken). – Im ganzen ist so ein Besuch bei den Toten nicht gerade eine lustige Sache, wenn man auch, wie wir, einen schnurrigen Mönch zum Führer und ein Gemüt hat, das sich nicht leicht bange machen läßt. Man begrüßt das Licht des Tages, die reine Luft der Oberwelt doch mit Vergnügen und freut sich, daß man von dem großen Fische noch nicht verschlungen, und daß selbst nicht der Leichenwagen mit dem Zeichen des Kreuzes ist, der auf einen wartet, sondern der Laufwagen mit dem Fabrikzeichen des Adlers. Ehe wir ihn bestiegen, ließen wir uns von den Mönchen noch ein Paket selbstfabrizierter Schokolade verkaufen, und wir haben im Laufe des Tages gefunden, daß diese römische Trappistenschokolade zu den besten gehört, die man essen kann. Wie denn überhaupt alles vorzüglich ist, was die Mönche am Eß- und Trinkbarem hervorbringen, – man denke an die berühmten Karthäuserschnäpse! (Wie tut es mir leid, fällt mir eben ein, daß ich mir in der Certosa bei Florenz keine Schildkrötensuppe habe servieren lassen können, weil just an dem Tage unsres Besuches die Pforte geschlossen war. Eine real turtle soup, die nichts kostet, als ein Vergelts Gott, – das ist doch wohl ein vornehmes Almosen und ein gutes Argument für den Ultramontanismus!) – Wir fuhren nun eine Weile immer dicht an der römischen Stadtmauer entlang, links die zerbröckelnde, aber aus allen Ritzen Pflanzenwuchs treibende Mauer, rechts einen Wassergraben mit geradezu ungeheuer hohem Schilf. Dann einer ganz herrlichen Lorbeerallee vorüber. Der Lorbeerbaum ist der wundervollste Schattenspender von der Welt; auch nicht ein Kringelchen Sonne kommt durch dieses dichte, dunkle, glänzende Blattwerk, das aber doch genug Luft durchläßt. Nun durch die Campagna, deren grandiose Öde gleich hinter der Stadt beginnt. Ein paar Reste der schönen alten Aquädukte ragen auf; da und dort lädt eine Osteria zum Verweilen ein (doch möchte ich persönlich solcher Einladung nicht gerade gerne folgen); manchmal ein schöner großer Baum, Eiche oder Pinie, – sonst Alles weite Leere mit Viehherden und den unglaublich primitiven Hütten aus schwarz verwittertem Schilf. Aber vor uns zeigt sich die schöne Linie des Gebirgs von Frascati mit vielen Ortschaften und Lustsitzen, – fast zu nahe für uns, die wir lieber noch ein paar Stunden länger den Genuß der Laufwagenfahrt im frischen Windzuge hätten nach diesen Tagen der brütenden Schwüle in Rom. Indessen, schon sind wir da. Es ist gerade Feierabend, und die Leute ziehen von der Arbeit in der heißen Niederung hinauf in die kühle Stadt. Die Straße ist herrlich: von schönen großen Akazien eingefaßt und zwischen Gärten. Ein unbeschreiblicher Abendfrieden, und die ganze Campagna wie in einem Meer von Gold. Ob wir nicht Rom in der Abendsonne liegen sehen können, vielleicht die steinerne Papstkrone der Peterskuppel allein herausleuchtend als letzten Gruß? Nein, von dem Geflimmer des Abendgoldes ist alles überwogt und verwischt: Michel Angelos erhabene Kuppel sowohl wie die dürftigen Schilfhütten der Campagnahirten.

So habe ich Ihnen von Rom also wirklich nichts gegeben, als das Bekenntnis, von ihm bis zur Wortlosigkeit ergriffen zu sein. Ein Schelm, der mehr sagt, als er selber klar empfindet. Ich würde mir erbärmlich, ein kleiner, dreister Lügner vorkommen, wollte ich große Worte einer Bewunderung übereinander türmen, die viel größer ist, als daß ich unter ihrem fast drückendem Banne Worte dafür fände. Ich weiß nur eines: Ich werde wieder einmal nach Rom fahren, und dann auf ein Jahr. Dann werde ich aber klüglich mit der christlichen Kunst anfangen und über Michel Angelo hinweg mich erst spät an die Antike wagen.

XII.
Von Frascati bis Neapel

An Detlev Freiherrn von Liliencron in Alt-Rahlstädt bei Hamburg

Terracina, den 14. Juni 1902.

MEIN LIEBER DETLEV! Wenn ich es unternehme, Dir in raschen, prima vista niedergelegten Zeilen einen Teil dieser von Tag zu Tag herrlicher werdenden Reise zu erzählen, so weiß ich wohl, daß ich Dir nichts von dieser Schönheit in die Seele geben kann, das nicht viel mächtiger schon in ihr lebte von Gnaden Deiner Phantasie, die sich schon einmal „vom Triberg nach Palermo" geschwungen hat. (Verzeih mir die „Gnaden der Phantasie" und das „geschwungen". Ich weiß, Du liebst solche Worte nicht, aber in diesen Gegenden, wo alles großartig ist, kommen sie einem von selber. Das geht so weit, daß man hier am liebsten lateinisch schriebe, oder wenigstens italienisch, – wenn man's nur könnte! Oder in Versen. Aber ach! Ich bin zu klein, als daß ich mich an diese Schönheiten schnellversfüßig heranzudichten getrauen dürfte. Mehr als „Notizen" darfst Du Dir nicht erwarten.)

Der heutige Tag bescherte uns vieles und höchst verschiedenartiges: das albaner Gebirge, die pontinischen Sümpfe und das tyrrhenische Meer. Der erste Teil des Weges führte uns über Marino, Castel Gandolfo, Albano,

Genzano, Cività Lavinia nach Velletri, – ein ganz herrlicher Weg mit allen Schönheiten südlich üppigen Mittelgebirges. Einem Baumwuchs wie dem dieser Landschaft sind wir noch nicht begegnet. Hier gedeiht eine Ölbaumart zu der Höhe und Stärke von Eichen, und die Eichen selbst sind, Goethisch zu reden, aufgetürmte Riesen. Aber so schön dieser Weg ist, so unsicher scheint er zu sein. Nirgendwo haben wir bisher eine solche Menge von Gensdarmen beobachtet. Nicht allein, daß wir sie auf der Straße patrouillieren sahen, sie tauchten auch bei unserem Herannahen zuweilen plötzlich aus dem Gebüsch auf, und hier wird uns erzählt, daß uns außer denen, die wir an der Uniform erkennen konnten, mindestens ebensoviele in Zivil begegnet sein mögen. Der Grund dafür mag einmal darin liegen, daß diese Straße von Alters her von Briganten bevorzugt worden ist (wie denn auch der Anfall auf den Herzog von Meinigen vor einigen Jahren sich hier abgespielt hat), dann aber mag sich die Fülle von Sicherheitsorganen auch daraus erklären, daß der König seine Automobilfahrten gern auch bis auf diese Gegend ausdehnt. Es kann auch kaum eine geben, die mehr zu Automobilfahrten verlockt. Zwar führen die Straßen immer auf und ab, aber nie in Steigungen, die zu einem langsamen Tempo zwingen, und dabei sind sie vorzüglich gehalten und sehr breit. Unser Adlerwagen, der schon schlimmeres hinter sich hat, rollte im schönsten Rhythmus glatt dahin, daß das Fahren allein schon eine Lust war. – Wie die Landschaft von außerordentlicher Schönheit ist, so sind die Ortschaften überaus interessant durch ihre Lage und Bauart, und unter den Einwohnern sieht man noch viele in alter Tracht, freilich auch eine auffällig große Anzahl von Bettlern aller Art, alte und junge, verkrüppelte und gerade gewachsene, blinde, taube lahme, – man möchte meinen, daß hier die Bettler-Republik liegt. Malerisch genommen beeinträchtigen diese Leute die Landschaft durchaus nicht, denn ihre Zerlumptheit hat Tradition und Stil, und sie wissen sich mit einem gewissen feierlichen Anstand zu bewegen. Diese Bewegungen und jede ihrer Gesten sind in ihrer Art schön, weil sie sehr ausdrucksvoll sind, und dem ästhetischen Genuß daran darf man sich ohne viel sentimentale Gewissensbisse hingeben, weil das Ganze in der Tat eine Art Schauspiel ist, und man wirklich bejammernswertes Elend, dessen Anblick wehtut, kaum darunter gewahrt. – Das Betteln ist hier ein bürgerlicher Beruf und wird als Kunst betrieben. „Gelt, das ist ein ausgezeichneter Bettler?!“ sagte uns ein Mann, der beobachtet hatte, wie wir vor einem malerisch Zerlumpten gehalten hatten, um ihm ein paar Soldi zu geben. „Dieser Alte wird von allen Fremden bewundert. Und mit Recht. Keiner hat so gute Gesten wie er beim Betteln. Wir selber sehen es gern.“ Das ist also eine Art Theater, und man sieht wieder einmal, wie weit uns die Südländer in der Kunst des Lebens überlegen sind. Selbst das Elend wissen sie zu stilisieren und zu einem Ornament des Lebens zu machen.

Der Albaner See, dessen man sich aus Plutarchs Lebensbeschreibung des Camillus erinnert, ist ein Gewässer von düsterer Schönheit; hoch über ihm thront Castel Gandolfo, eine päpstliche Sommerresidenz und uns Deutschen besonders bekannt, weil Goethe hier seine schöne Mailänderin kennen gelernt hat. In diesen Gegenden ist er viel mit Skizzenbuch und Zeichenstift herumgestrichen. Seine vornehme Lebenskunst geht freilich noch über die italienische, denn in ihr war noch die deutsche Zutat: der Erkenntnistrieb. Wo immer er war, genoß er nicht nur alles, was den Sinnen freundlich ist, sondern führte auch alles dem Sinne seines Lebens zu, immer bewußt an sich selber arbeitend als der gewaltige Selbstgestalter und Künstler mit *allen* Mitteln. Für uns Deutsche ist Italien auch deshalb das ergiebigste Reiseland, weil hier mehr als sonst unsre Gedanken immer wieder zu Goethe geführt werden. Und wohin ließen sich die Gedanken eines Deutschen lieber führen als zu Goethe? Wo fänden sie mehr, das ihnen dienlich ist?

Selbst, als wir in Velletri genötigt waren, Benzin zu kaufen, mußte ich an Goethe denken, nämlich an sein Distichon, das von der deutschen Redlichkeit handelt als von einer Eigenschaft, die man hier in allen Winkeln vergebens sucht. Der Herr Apotheker nahm uns mehr als das Doppelte dessen ab, was er füglich als Mann von Redlichkeit hätte verlangen dürfen. Hoffentlich wird der sehr rührige Touring-Club italiano bald überall seine Benzinniederlagen errichtet haben, die diese Essenz zu dem Einheitspreis von einer Lira für den Liter abgeben, – was immer noch mehr als das in Deutschland und der Schweiz geforderte ist.

In Verlegenheit um Benzin sind wir übrigens bisher nirgends gekommen; wir fanden überall, was wir jeweilig brauchten, zehn oder auch zwanzig Liter, und immer von der Beschaffenheit, wie sie der Motor verlangt; aber fast durchweg benutzten die Herrn Apotheker (denn man findet das Benzin hier nur in den Apotheken, die überhaupt alles mögliche feilhalten) die günstige Gelegenheit, uns zu schrauben. Ein Grund mehr dafür, daß man jedes Automobil mit einem wirklich genügend großen Benzinbehälter versehen sollte, damit man sich stets mit dem ganzen Tagesbedarf ausrüsten kann, auch wenn man sich mehr als hundert Kilometer zu durchfahren vornimmt. Denn, ist man während der Fahrt genötigt, Benzin zu kaufen, so ist man dem Verkäufer und seinen Forderungen auf Gnade und Ungnade überliefert, und diese Herrschaften haben genügend Schlauheit, dies zu merken, und ebensoviel Unverfrorenheit, es in zuweilen unverschämter Weise auszunutzen.

Von Velletri an beginnt die Ebene, und von Cisterna di Romana an rechnet man den Beginn des Gebietes der Malaria, während die pontinischen Sümpfe erst hinter Torre tre ponti beginnen. Die Malaria ist bekanntlich keine scherzhafte, sondern eine recht unangenehme Sache, und wir gedachten keineswegs, sie uns anzueignen. Meister Riegel, unser Führer, der offenbar der Miasmen-Theorie huldigt, d. h. glaubt, daß man den Keim der Krankheit einatmen könne, hat standhaft die fünfzig Kilometer hindurch sich Nase und Mund zugehalten, sodaß ich annehmen muß, er habe durch die Ohren geatmet; wir dagegen, darüber belehrt, daß nach dem heutigen Stande der medizinischen Wissenschaft die Übertragung der Krankheit nur durch den Stich einer Mücke (Zanzara) geschieht, die erst nach Sonnenuntergang ihr fatales Geschäft beginnt, haben nur darnach getrachtet, daß wir vor Sonnenuntergang aus den Sümpfen herauskommen möchten, und haben uns im übrigen nichts anfechten lassen.

Die Pontinischen Sümpfe haben uns sogar sehr gut gefallen. Erstlich aus dem Grunde, der sie jedem Laufwagenreisenden sympathisch erscheinen lassen muß: weil sie in ihrer ganzen Länge von einer schnurgeraden, ausgezeichnet glatten und fast völlig verkehrslosen Straße durchzogen sind. Hier sollte man die Automobilwettfahrten veranstalten! Die Gefahr, Menschen zu beschädigen, ist sehr gering, denn das ganze große Gebiet wird von kaum hundert Menschen bewohnt, und die Büffel, die in den Sumpfwiesen weiden, sind durch die breiten Kanäle vorm Überfahrenwerden geschützt. Aber außer dieser Eigenschaft, die sie dem Automobilfahrer besonders schätzenswert macht, besitzen die pontinischen Sümpfe noch andere Reize. Schön wie das Albanergebirge kann eine Landschaft freilich nicht sein, die eben ist, wie die Fläche eines Billards, aber häßlich ist sie darum noch nicht. Einmal hat man zu seiner Linken immer den schönen grün-grauen Gebirgszug mit den braungrauen Städten und Dörfern daran, und dann besitzt der außerordentlich üppige Pflanzenwuchs des Sumpflandes selber Farben, die das Auge immer aufs neue entzücken. Auch ragen, aus festerem Boden, hier und da wundervoll große Bäume auf, und ziemlich weite Strecken in der Nähe der Straße sind bereits bebaut. Das Land vor dem eigentlichen Sumpfgebiete scheint sogar ausnehmend fruchtbar zu sein und wird eifrig bearbeitet. Wir hatten Gelegenheit, die Arbeit des Mähens zu beobachten, die von einem Trupp halbwüchsiger Jungen und Mädchen, etwa zwölf, geschah, zu deren Beaufsichtigung drei Erwachsene zur Stelle waren, eine Frau, die Besitzerin, und zwei Männer. Diese Männer waren mit Stöcken und einer Flinte ausgerüstet. Wir erkundigten uns, ob sie vielleicht gleichzeitig Jäger seien. „O nein," war die Antwort, „mit unsern Flinten halten wir da die Arbeiter in Respekt, für den Fall, daß die Stöcke nicht genügen sollten; wir schießen zwar nicht, aber es ist immerhin gut, daß die Leute glaube, wir *könnten* schießen." Woraus zu sehen, daß, wenn auch die Sklaverei längst aufgehoben ist, es hier doch an äußeren Überbleibseln von ihr nicht fehlt. – Am Gebirge bemerkt man neu aufgeforstete Strecken, ein Zeichen für die wachsende Einsicht, wie nötig es ist, der weiteren Versumpfung Einhalt zu tun. An eine Entwässerung der Sümpfe denken die Italiener freilich nicht. Das überlassen sie den – Deutschen. Ein freundlicher Zufall schickte es, daß wir hier die Bekanntschaft des Mannes machten, der es sich zur Aufgabe gesetzt hat, die Austrocknung der pontinischen Sümpfe herbeizuführen. Es ist (nicht bloß das Monokle zeigt es an, sondern die ganze Haltung) ein ehemaliger preußischer Offizier, der Major a. D. Fedor Maria von Donat. Sein Projekt ist nicht etwa der Plan eines Träumers, sondern eine auf Grund eingehendsten Studiums und Nachdenkens gründlich besorgte Arbeit, die nicht bloß die Wahrscheinlichkeit, sondern die Gewähr dafür bietet, daß, wird nach ihr tatkräftig und tüchtig verfahren, auf diese Weise das große Werk der Trockenlegung der pontinischen Sümpfe ausgeführt werden kann. Auf Grund dieses Planes, dessen Hauptgesichtspunkte schon auf den ersten Blick einleuchten, hat sich eine deutsche Gesellschaft gegründet, die bereit ist, ihn auszuführen, sobald die Besitzer der versumpften Strecken auf die sehr günstigen Bedingungen eingegangen sein werden, die sie ihnen angeboten hat. Dieser Gesellschaft gehören u. a. der Graf Hutten-Szapsky, der Graf Douglas, die Allgemeine Elektrizitäts-Gesellschaft an. Man hat die Absicht, die toskanische Wirtschaftsweise der Halb-Bauern einzuführen, die ich bei Gelegenheit der Schilderung unsres Besuches in Bagnano in den wesentlichsten Punkten beschrieben habe. Nachdem sich die hauptsächlich in Betracht kommenden Besitzer lange Zeit ablehnend verhalten hatten, hat es jetzt den Anschein, als sei in ihrer Sinnesart ein Umschwung eingetreten, und Herr von Donat, der durchaus kein Mann von Illusionen ist, glaubt, hoffen zu dürfen, daß sein Plan bald der Verwirklichung entgegengeführt werden wird. Einstweilen hat er selbst eine größere Fläche versumpften Landes an sich gebracht, die er nach seinem Plane bearbeiten läßt. – Man wird dieses Streben nur mit größter Anerkennung verfolgen können, und wir Deutschen haben alle Ursache dazu, darauf stolz zu sein, daß es Männer unsrer Nation sind, die einen solchen Plan gefaßt haben und seine Förderung zu ihrer Aufgabe gemacht haben. – Zugleich mit Herrn von Donat lernten wir hier einen jungen italienischen Arzt kennen, der von der Regierung zur Bekämpfung der Malaria hierher geschickt worden ist. Außer großen Mengen von Chinin als Hauptmittel gegen das Sumpffieber hat dieser Herr die göttliche Komödie Dantes und die Verse Carduccis bei sich, aus dessen Barbaren-Oden er wundervoll vorzulesen weiß. Es ist dies so, wie wenn ein deutscher Arzt etwa den Goethischen Faust und Dehmels Gedichte mit sich führte, und es sollte mich freuen, wenn ich auch einmal einem solchen begegnete. Dr. Pittaluga weiß übrigens auch in der deutschen Literatur Bescheid und kennt das Werk Friedrich Nietzsches sehr wohl. So rückten wir uns, trotz meines mangelhaften Italienisch, bald nahe und fühlten, daß das Wort von den „guten Europäern“ kein leerer Schall ist. Leider konnten wir den großen Jupitertempel, der sich oberhalb Terracinas erhebt, nicht gemeinsam besuchen, da es zu spät war. Wir gingen statt dessen ans Meer hinunter, Muscheln suchen, wobei wir das Glück hatten, ein Haifischei zu finden, das etwa die Form einer Weberspule hat und im übrigen aussieht, als wäre es aus Zelluloïd (deutsch: Zellhorn) gemacht. – Die Lage Terracinas, die schon Horaz gepriesen hat, ist von der Art, daß man, sie würdig darzustellen, in gesteigerter Sprache reden müßte. Wir fühlen: hier beginnt erst recht der Süden; wir sind am Tore, und morgen wollen wir eintreten.

Neapel, den 15. Juni 1902, in Bertolinis Palace-Hotel.

(Terracina – Fondi – Itri – Formia – Cascano – Capua – Aversa – Neapel.)

Ein etwas anstrengender Tag, zumal in seinem letzten Teile, aber sehr schön. Man fährt anfangs eine ziemliche Strecke immer ganz nahe am Meere hin, auf einer schönen noch aus römischer Zeit stammenden Straße, links und rechts von großen Kaktusbüschen, gewaltigen Agaven, Orangen-, Zitronen-, Granatbäumen begleitet. Herz, was begehrst du mehr? Da Rot der Granatblüte ist das stärkste an Rot, das mir bekannt ist. Unsre Mohnblume kann sich gewiß schon sehen lassen, aber die Nachbarschaft einer Granatblüte hält sie nicht aus. Diese leuchtende Tiefe ist wohl nicht mehr zu überbieten, aber das stärkste an Farbe überhaupt bleibt doch wohl die Orange, der goldene Apfel. – Auch an den Menschen merkt man es, daß man in den Süden eingetreten ist. Die Frauen schreiten, im übrigen nicht eben schön, mit edler Gelassenheit einher und tragen die Tonkrüge ohne Hilfe der Hände auf dem Kopfe, als könnte es gar nicht anders sein; von den Männern machen den fremdartigsten und einen sehr malerischen Eindruck die berittenen Hirten mit ihren langen lanzenartigen Stäben, die ihnen etwa kriegerisches geben. An den nackten Füßen haben sie lederne Sandalen, die mit Wadenriemen an den Beinen befestigt sind. Ich mußte an Szenen in Don Quixote denken. – Bis Fondi und noch eine halbe Stunde weiter geht es eben hin, dann durch Gebirgsschluchten hinauf nach Itri, einem ordentlichen alten Räuberneste, dem Geburtsorte Fra Diavolos, des „Mannes von edler Bildung“, wie er uns in der Auberschen Oper vorgestellt wird. Das war damals, als man die Herren Räuber noch für würdige Gegenstände der romantischen Poesie hielt. Johann Gottfried Seume, der in diesen Gegenden von Räubern angefallen wurde, dachte nüchterner darüber, und ich für mein Teil würde die Banditen auch nicht gerade „besingen“. Es müßte immerhin unangenehm sein, hier in dieser Wildnis angefallen zu werden, doch ist man, glaube ich, im Automobil ziemlich sicher, weil ganz gewiß auch die Räuber davor Respekt haben. Je weiter wir nach dem Süden kommen, mit desto größerer Lebhaftigkeit werden wir begrüßt. Leute, die sich unter dem Schabmesser des Barbiers befinden, enteilen ihm, die Serviette unterm Kinn, die eine Seite noch eingeseift, die andere halb rasiert, und der Barbier fuchtelt hinter ihnen her ekstatisch mit dem Messer in der Luft herum, uns auf diese Weise temperamentvoll begrüßend; ein Junge von dreizehn Jahren etwa, eben im Begriffe sich die Hosen anzuziehen, hört uns vorbeifahren und läßt die Hosen liegen, lieber nacktbeinig, als gar nicht hinter uns her zu laufen; ein andermal hat einer zwar eine Hose, aber sonst nichts an; die urältesten alten Weiber humpeln vorbei, und die Säuglinge werden aus dem Stechkissen genommen und hochgehoben, damit sie die „Benzina“ (wie der Benzinwagen kurz genannt wird) besser sehen können; – kurz wir werden als ein Schauspiel betrachtet, das zu versäumen niemand gewillt ist. Am merkwürdigsten benehmen sich die halbwüchsigen Jungen, und ich bin noch nicht dahinter gekommen, was wohl der Zweck ihrer Übung ist. Nämlich, kaum sehen sie uns herannahen, so stellen sie sich rechts und links des Weges auf, schreien beträchtlich, kauern sich dann nieder und werfen ihre Hüte auf die Fahrbahn, wobei sie sich bestreben, es so zu treffen, daß unsere Räder über die alten Filze wegfahren müssen. Ich weiß nicht: wollen sie bloß Meister Riegels Geschicklichkeit auf die Probe stellen, indem sie als selbstverständlich annehmen, daß es sein Bestreben sein müsse, die Hüte zu überfahren, oder betrachten sie es als eine Art Weihe, wenn ihre Kopfbedeckung mit den Rädern eines noch so seltenen und erstaunlichen Wesens in Berührung kommt, – kurz, seit Rom geschieht es allgemein, wie infolge einer stillschweigenden Abmachung. Der, dessen Hut, o Glück, überfahren wurde, schwingt ihn stolz, schreit noch einmal so laut als vorher, und setzt ihn triumphierend auf, während die anderen den ihren mit Zeichen aufrichtigster Betrübtheit und Resignation verdrossen aufstülpen. Ihnen gab das Schicksal kein Zeichen der Huld, – diesen Eindruck macht das wunderliche Gebahren, und man könnte denken, daß es, den Jungen unbewußt, ein Rest aus der alten Zeit ist, wo wohl die begeisterten antiken Gassenjungen dem im Triumph heimkehrenden Imperator ihre Mäntel unter den Triumphwagen geworfen haben mögen, damit wenigstens etwas von ihnen mit dem Manne des Ruhmes in Berührung gekommen sei. Nun sind wir freilich keine Triumphatoren, aber diese Bengel sind auch keine *antiken* Gassenjungen, und *ihnen* erscheint ein Automobil sicherlich wie ein Triumphwagen aus märchenhafter Fremde. – Übrigens diese italienischen Gassenjungen, –es ist erstaunlich, in welchem Grade sie das ihrer Rasse angeborene Gefühl für schöne Haltung und Bewegung bewähren. Wie so ein Bengel dazustehen weiß, wenn er ausdrücken will, daß er uns sympathisch begrüßt, – es ist entzückend: das eine Bein etwas gebeugt nach vorn, das andere voll ausgestreckt nach hinten, der Oberkörper vorgebeugt und die Arme in der schönsten Rundung winkend ausgestreckt. Niemals würde es einem deutschen Jungen, und hätte er die beste Tanzstunde besucht, beikommen, eine solche vollendet schöne Stellung einzunehmen. Wir sind allzumal Plumpsäcke neben dieser graziös-agilen Nation. Vieles wirkt auf uns wie posiert, ist es aber ganz gewiß nicht. Ein Kerl, der sich zum Schlafen auf eine Mauer legt, denkt gewiß nicht daran, eine schöne Pose zu machen, aber, wie er da liegt, wie er die Arme unter den Kopf verschränkt, ein Bein unter das andere zieht, – alles ist schön und ausdrucksvoll, eine angenehme Linie. Man bedauert hier nur, daß man nicht mehr Nacktheit zu sehen bekommt, denn die Lumpen, mit denen die Leute bedeckt sind, (wenn man das ein Bedecktsein nennen darf), können nicht gerade schön genannt werden, wenn sie auch in einem gewissen Sinne malerisch sein mögen, während sie dem Auge entschieden viel Schönheit entziehen. Denn die jungen

Leute haben hier fast ausnahmslos einen tadellosen Akt, schon deshalb, weil ihnen jeder Fettansatz fehlt. Man kann dies doch noch zuweilen beobachten, denn der nackte Körper wird hier immerhin weniger dem Auge entzogen, als in unserm Norden, wenigstens bei Knaben. Frauen und Mädchen sind trotz der großen Hitze luftdicht verpackt, sehr im Gegensatz zu früheren Zeiten, woraus zu schließen ist, entweder, daß die „Unschuld des Südens" vorüber, oder der Beginn der äußersten Moralität da ist . . . eine Antithese mit Widerhaken. Die alte Festtracht der Frauen und Mädchen, die wir heute zu sehen das Glück hatten, ist übrigens bereits von der Art, daß ihretwegen keine Engländerin dem Süden Italiens fern zu bleiben braucht. Natürlich: denn sie ist darauf berechnet, möglichst viel Staat zu zeigen, also muß sie aus möglichst viel Stoff bestehen. Sie ist aber doch sehr schön. Sie zu schildern bin ich außer stande; es ist mir kein einzelner Teil in Erinnerung geblieben, und ich wüßte nicht zu sagen, von welchem Schnitt die Tracht der Schönen von Formia ist; ich weiß nur das eine, daß es ein Überschwang von allen Farben war und eine Menge Gold dabei von Schmuck um Hals und Brust. Es muß ein besonderes Fest der Frauen heute dort gefeiert werden, vielleicht das einer Ortsheiligen, denn wir sahen auf den Wagen (wohl zwanzig an der Zahl) mit Ausnahme der Kutscher nur „Weiberleut'„, tirolisch zu reden, davon aber jeder Art: alte und junge, reiche und arme, schöne und – andere, denn etwas direkt häßliches habe ich nicht bemerkt. Dazu war alles zu sehr „Festesglanz". Man konnte benommen werden von diesem Farbentrubel im grellen Licht. Eine staubweiße Straße, rechts und links mit weit über mannshohen Agaven bewachsen, deren Blätter wie riesige graugrüne Degen sind, ziemlich gerade in einer weiten Ebene laufend, aus der ein paar Ruinen eines alten Aquäduktes braungrau hervorragen. Und diese ganze Straße entlang, wie eine aufgelöste Prozession, teils zu Fuß, teils auf grellbunt bemalten und überdies mit Blumengewinden behangenen Leiterwagen fahrend nichts als Frauen und Mädchen mit roten, grünen, blauen, gelben Röcken, roten, grünen, blauen, gelben Miedern, roten, grünen, blauen, gelben Schürzen, roten, grünen, blauen, gelben Strümpfen, jede möglichst alle Farben an sich tragend, aber alle mit schneeweißem, oben etwas ausgeschnittenem

Hemd und dem merkwürdigen viereckigen Kopftuch, wie man es von neapolitanischen Bildern her kennt, und jede entweder ein Kreuz oder eine Fahne, oder einen großen Busch Blumen in der Hand. Über dem Mieder, vom Hals herabhängend, sah man bei vielen große Heiligenbilder, auf Stoff gedruckt und mit Goldborten eingefaßt. Auffällig war mir die etwas wild aussehende Frisur: die Haare strähnig über die Ohren hängend, darunter viel rote, aber ganz direkt *rote* Haare. In den Ohren die ungeheuersten Ohrringe, die ich je gesehen habe: wahre Räder. Nun denke Dir das unter einem vollkommen wolkenlosen intensiv blauen Himmel auf einer durchaus schattenlosen Straße, die sofort in eine dichte Staubwolke gehüllt wurde, wo unser Laufwagen sie gerade befuhr, – es war ein unglaubliches Bild. Natürlich fuhren wir möglichst langsam, um möglichst viel zu sehen, und dennoch wehte das Ganze wie ein Traum vorüber. Nachträglich kommt mir die Empfindung, daß eigentlich eine Musik aus schrillen Flöten und Tschinellen dazu gehört hätte. Es war eine Janitscharenmusik in Farben, für meine Empfindung schon nicht mehr bloß der Süden, sondern bereits Afrika. Dies auch wegen der teilweise ganz uneuropäisch braunen Gesichtsfarbe der Mädchen. – Wir sind heute nochmals Frauen in Landestracht begegnet; es war in Cascano, einem hochgelegenen Orte unweit Capua. Diese Tracht war von völlig verschiedener Art: dunkel und streng. Die Frauen trugen das Haar dort schlicht gescheitelt, und auf dem Scheitel lag ein sehr feines Stück Spitze.

Durch Capua fuhren wir, um nicht zu spät in Neapel einzutreffen, schnell hindurch, und dann begann eine außerordentlich breite aber sehr verwahrloste Straße, auf der wir eine solche Menge Staub aufwirbelten, daß ich überzeugt bin, eine Karawane in der Wüste Sahara kann darin unsern Adlerwagen nicht übertreffen. Ein wahres Glück, daß nicht *wir* es waren, die diesen Staub schlucken mußten. Was man in den staubigsten Gegenden Deutschlands um die trockenste Zeit ähnliches erleben kann, ist nichts dagegen, und man lernt hier überhaupt erste kennen, welcher Extravaganz der Begriff Staub fähig ist. „Polverosissima" nennt man eine solche Straße auf italienisch, und man muß dieses Wort gebrauchen, denn „allerhöchst staubig" ist viel zu wenig gesagt. – Als diese unsäglichen

Staubmassen hinter uns aufwirbelten wie dickster Dampf aus breitestem Schlote, mußte ich die Bemerkung machen, welcher Grausamkeit mein Wesen fähig ist, denn ich ertappte mich auf dem Wunsche, eine Person, die mir letzthin schweren Ärger bereitet hatte, möchte „nur ein Viertelstündchen“ hinten an unsern Koffer angeschnallt sein und in dieser dicken Staubwolke hinter uns herlaufen müssen, während ich ihr freundlich zu Gemüte führte: Du sollst nicht lügen und nicht verleumden, sondern bei der Wahrheit bleiben und lieblich reden von Deinem Nächsten!

In Aversa, das man schon als eine Vorstadt von Neapel bezeichnen kann, war ein Madonnenfest und großes Volksgetümmel. Schnüre über die Straße gezogen und Lampions, Heiligenfahnen und Papierblumen daran. Überall Verkaufsstände, ohrenzerreißende Musik und Lärm jeder nur denkbaren Art. Dazu unsre eignen zwei Lärmtrompeten und ich mit der Reitpeitsche gegen ein Heer von Gassenjungen kämpfend, das zu Ehren der Madonna durchaus mit dem Automobil fahren wollte. Ich hätten den Bengeln das Vergnügen wohl gerne gegönnt, aber da mein Wunsch, unsere Koffer mit nach Neapel zu bringen, meine Menschenfreundlichkeit überwog, so mußte ich die Peitsche brauchen. Zwar raubte ich der jungen Generation von Aversa dadurch das Vergnügen einer Automobilfahrt, aber es hatte den Anschein, als sei es ihr schon ein Vergnügen, von einem fremden Herrn verprügelt zu werden, denn, je mehr ich zuhaute, umso lauter wieherte die Gesellschaft. Und so kamen denn beide Teile in äußerster Heiterkeit auf ihre Rechnung. – Das war der Beginn der Einfahrt in Neapel. Sobald wir in die eigentliche Stadt kamen, wurde es noch hübscher. Ein unglaubliches Gewimmel, und alles rennt, strampelt, schreit, gestikuliert. Nur um Gotteswillen hier keine Zündungsmucken! war mein Stoßgebet. Hier nicht weiter zu können, und wäre es nur auf fünf Minuten, – das müßte eine grausame Prüfung sein. Aber es ging alles glatt, nur daß wir uns ein bißchen verfuhren. Gegen sechs Uhr kamen wir glücklich in unserm Hotel an, das im höchsten Teile Neapels mitten im Parke Griffeo liegt, so hoch, daß wir anfangs glaubten, unser Wagen würde die Steigung nicht nehmen. Er und seine

Adlerherkunft seien gepriesen, daß er sie nahm. Denn, dem Himmel sei Dank, hier oben ist es *still.* Nur, wer eine halbe Stunde lang durch eine Vorstadt Neapels gefahren ist, weiß voll zu würdigen, welche Wollust in der Ruhe liegt.

Daß ich diese Ruhe sogleich benutzt habe, Dir zu schreiben, möge Dir zeigen, welcher Anstrengungen meine Freundschaft für Dich fähig ist.

Nun wirbelt mir aber der Kopf, und ich muß hinaus auf den Balkon treten, zu sehen, ob der Vesuv Flammen speit.

* * *

Er hat nicht die Güte. Aber da um seinen Gipfel herum ein Kranz von Wolken liegt, sieht der alte Herr aus, als hätte er eine Tonsur und sei „geistlich“.

Das Meer glitzert, blinkert, ja sprüht wie von Silber im Mondlicht. Eben kommt ein riesiges weißes Kriegsschiff von Capri her gezogen. Es tutet und tutet, tief, klagend, wie ein verwundetes Ungeheuer. Das aber kennst Du von Deiner Elbe her besser als ich, der ich Dir nun nur noch von Herzen eine gute Nacht, schöne Träume und ein Erwachen morgen früh zwischen einem Halmenmeer von Versen wünsche.

XIII.
Aus Neapel

An Frau Marie Immerwahr in Berlin

Neapel, den 18. Juni 1902.

GNAEDIGE FRAU! Einer Reisekünstlerin wie Ihnen einen Reisebrief zu schreiben, ist nicht leicht. Trotzdem darf ich den Versuch nicht unterlassen, schon von wegen unsrer gemeinsamen Reiseerinnerungen: Landegg-Finstermünz-Vulpera-Guarda – und was drauf folgte! Wenn wir uns damals nicht getroffen hätten, – würde ich dann jetzt mit Frau Gemma Bierbaum gebornen Pruneti-Lotti in Italien herumfahren? Gewiß nicht! Also: „in diesem Sinne!“

Augenblicklich haben wir Rasttage. Eine kleine Unpäßlichkeit hindert mich am Ausgehen, und so leben wir, seit wir in Neapel sind, ausschließlich hier im Hotel. Sie brauchen uns aber deswegen nicht zu bedauern, denn es ist ein Bertolinisches Hotel, in dem wir gefangen sind, und noch dazu das schönste, das dieser Familie gehört, die aus der Hotelführung eine Kunst gemacht und diese Kunst zu einer klassischen Höhe gebracht hat. Wer so viel reist, wie Sie, weiß, von welcher Bedeutung es für den mit Kulturbedürfnissen ausgestatteten Reisenden ist, ob er es mit dem Gasthofe gut oder ungut trifft. Wir haben in Italien die Erfahrung gemacht, daß man in der Regel in den Häusern am besten aufgehoben ist, die von Italienern (oder Schweizern) auf englische Manier gehalten werden. Die rein englischen Hotels sind uns Deutschen zu steif, die rein italienischen im besten Falle zu laut, die deutschen zu – gemütlich. Die Art Bertolini ist entschieden die angenehmste (auch Paoli in Florenz gehört in diese Kategorie); äußerste Reinlichkeit, ruhige, geschulte Bedienung, unaufdringlicher Komfort, exquisite Küche, das beste Durchschnittspublikum aller Nationen (also weder Protzen noch Rüpel), kein Embarras von überflüssigem Personal, – alles das vereinigt sich in diesen Häusern zu dem angenehmen Effekte eines wirklich behaglichen Aufenthaltes. Hier kommt noch eine schlechterdings ideale Lage hinzu. Dem Lärm und Getrubel Neapels ist es vollkommen entrückt, da es in einem abgeschlossenen, ehemals königlichen Parke und so hoch liegt, daß kein öffentliches Fuhrwerk da hinaufkommt. Die Gäste des Hauses werden mit einem eigens für das Hotel angelegten Fahrstuhle durch einen über hundert Meter hohen Schacht hinaufbefördert, und das Hotel selbst ist wieder fünf Stockwerke hoch, wobei der oberste Stock als der beste gilt, denn alles ist hier daraufhin angelegt: je höher, um so ruhiger, und je ruhiger, um so besser. So sitze ich denn hier hoch über Neapel, und mein Blick schweift über die ganze Stadt, den ganzen Golf, vom Vesuv bis zum Posilipp, und grade vor mir, weit im Meere, liegt

Capri. Die Höhenlage des Hauses spendet aber nicht allein Ruhe, sondern auch Frische, und so darf die Hotelleitung es wagen, das Haus auch im Sommer offen zu halten, während selbst in Rom und Florenz die meisten Hotels geschlossen sind. Es ist durchaus nicht heiß hier oben, und den südlichen Sommer *sieht* man nur, ohne ihn zu spüren. Mehr kann man schließlich von einem Hotel nicht verlangen. – Wir studieren also einstweilen Neapel aus der Vogelperspektive, verfolgen den vielreihigen Wagenkorso auf der via Caracciolo von oben, sehen die großen Schiffe im Porto Mercantile aus- und einfahren, die Segelboote auf den Wellen des Golfes tanzen, und, wenn es Abend wird, die Lichtketten in den Straßen und die einzelnen Lichter auf den Bergen sich entzünden, während die Musik von der Villa Nazionale bis zu uns herauftönt, wobei wir, wie überall in Italien, die Bemerkung machen, daß die Wagnersche Musik die am meisten gespielte ist. Zwar stammt sie nicht immer vom bayreuther Meister selbst, aber sie kommt doch meistens von ihm her, manchmal freilich auf Umwegen, bei denen sie einiges verloren hat. Ich für mein Teil kann allerdings nicht finden, daß die echte wagnerische Musik oder auch nur die wagnerisch tuende besonders gut hierher paßte. Wozu die Stöße des Nebelhorns, wenn rings nichts ist als eitel Sonnenschein? Freilich spielen sie Wagner auf italienisch und machen, ohne sich Sünden zu fürchten, aus dem Einzugsmarsch in die Wartburg einen Kehrausgalopp, aber dieses Mittel, die Musik aus dem thüringer Walde im Golf von Neapel zu akklimatisieren, tut der deutschen Musik Gewalt an, ohne seinen Zweck zu erreichen. Ich würde hier lieber eine Tarantella hören. – Vom Vesuv ist zu melden, daß er nicht im mindesten spuckt. Er raucht nicht einmal. Seitdem ich vernommen habe, daß Herr Thomas Cook alles Geschäftliche, was den Vesuv und seinen Besuch angeht, in Monopol genommen hat, bin ich geneigt, zu glauben, daß dieser smarte Herr ihn nur in der eigentlichen Saison funktionieren läßt. Das ist das Einzige, was mir hier abgeht. Ist man in Neapel, so will man den Vesuv rauchen sehn. Was nützt der Mantel, wenn er nicht gerollt ist?

Neapel, den 19. Juni.

Der Vesuv raucht noch immer nicht, und ich werde mich, sobald ich ausgehen kann, bei Herrn Cook beschweren. Ich verlange ja keinen direkten Ausbruch, aber bloß so dazustehen wie jeder andre Berg, ohne die geringste Rauchsäule, das ist für einen allgemein anerkannten und im Bädeker mit zwei Sternen versehenen Vulkan entschieden zu wenig. Gemma kommt allerdings aller zwei Stunden aufgeregt mit der Neuigkeit ins Zimmer, jetzt rauche er wirklich, und zwar „bedeutend", aber es sind immer bloß Wolken, und die kann man ebensogut über dem Kreuzberg sehn, der gar keinen Stern hat. Herr Bertolini, den ich interpelliert habe, erklärt, er rauche doch, aber „sehr dünn". Ein netter Rauch, den man nicht sieht! Auf den Renommierphotographien des Vesuvs sieht man bekanntlich immer sehr dicken Rauch, aber mir scheint, das ist ein Kunststück des Retoucheurs. Kurz, ich werde immer skeptischer. – Trotzdem wollen wir diesen zweifelhaften Vulkan besuchen und zwar unter Übergehung des Herrn Thomas Cook mit dem Automobil.

Neapel, den 26. Juni.

Da der Vesuv immer noch nicht raucht, haben wir fürs erste nur das Museum und das Aquarium besucht. Das sind wenigstens solide Institute, die halten, was sie versprechen. Oder nein: sie geben viel mehr, sie übertreffen jede Erwartung.

Im Neapler Museum werden immer in erster Linie die Malereien aus Pompeji interessieren, obgleich die hier aufgestellten antiken Skulpturen künstlerisch unvergleichlich wertvoller sind. Aber wen drängte es nicht, sich zuerst die Gelegenheit zunutze zu machen, die sich in diesem Umfange nur hier bietet: einen Begriff von der antiken *Malerei* zu gewinnen? Freilich muß man sich darüber klar sein, daß, was man hier zu sehen bekommt, ganz gewiß kein Bild der reinen malerischen Kunst der Antike ist, sondern daß wir auf Dekorationsmalereien handwerksmäßiger Art angewiesen sind, die man eigentlich richtig nur an Ort und Stelle beurteilen könnte. Das Richtige wäre, man hätte diese Sachen in Pompeji an den Wänden gelassen (wie es übrigens bei den neuen Ausgrabungen geschieht). Immerhin hat auch die Aufstellung im Museum ihre Vorzüge. Man hat vieles nahe beieinander, und man kann leichter erkennen, daß es sich hier nicht um rein künstlerische Leistungen, sondern um Arbeiten geschickter Zimmermaler handelt. Als solche genommen sind sie vorzüglich und stehen turmhoch über dem, was wir heute von solchen Arbeiten verlangen. Daß die Darstellungen von Szenen aus der Mythologie nicht selbständige Erfindungen jener Handwerksmeister sind, darf wohl ohne weiteres angenommen werden, und es hat die Mutmaßung viel für sich, es seien freie Wiederholungen von Tafelbildern angesehener Künstler. – Die rein dekorativen Sachen: Ornamente, Frucht- und Blumengewinde, Darstellungen von Tieren u. dgl. haben den Renaissancedekorateuren zum Vorbilde gedient und leben heute noch auf den Schablonen unsrer Anstreicher, – soweit man das ein Weiterleben nennen darf. Sie sind in dieser uns hier vors Auge tretenden frühesten Form sehr reizend, aber man sagt sich doch: nun endlich fort damit aus *unseren* Häusern! – Daß dagegen die antiken Skulpturen Vorbilder von dauernder Giltigkeit für uns bleiben werden, – wer möchte das anzuzweifeln wagen angesichts der marmorenen Herrlichkeiten, die man hier zu sehen so glücklich ist. Fast noch mehr haben mich die Bronzen entzückt. Dem, der sie kennt, braucht man nur die Namen zu nennen, und es wird vor ihm die Erinnerung hohen Augenglücks aufsteigen; dem, der sie nicht kennt, dient keine Schilderung. Und so nenne ich nur, was zu mir am stärksten sprach: die herkulanischen Tänzerinnen, der ruhende Merkur, der bärtige Dionys. – Wie bei allen großen Museen ist auch hier der Reichtum an aufgestapelten Kostbarkeiten dem Genusse hinderlich. Für den, der Studien machen will, sind diese Riesensammlungen sehr bequem; für den, der sich nur dem Genusse der Schönheit hingeben möchte, sind kleine Sammlungen sehr viel angenehmer. Denn es ist leider so: man möchte möglichst alles gesehen haben, und es lockt so vieles, daß man der ruhigen Sammlung vor dem einzelnen verlustig geht. Unsere Museen sind vornehmlich Konservatorien; sie entziehen die Kunstwerke dem gegenwärtigen Leben, um sie der Zukunft aufzubewahren. Allen Respekt davor! Aber manchmal möchte man wünschen, daß mehr für uns, als für unsere Kinder und Kindeskinder gesorgt werde. Wie ganz anders würden diese Statuen in offenen Säulenhallen wirken, oder in den Wandelgängen der Theater. Für solche Orte waren sie gedacht, und nun stehen sie numeriert in – Bildungsanstalten. Aber das führt auf das weite Feld der ästhetischen Kultur, die wir nicht haben. Dafür sind wir Alle mehr oder weniger kunstgelehrt, und die kleinsten Backfische sind imstande, zu sagen: „Mama, findest Du nicht auch, daß der Kopf des Antinous zu weiblich ist?“ „Ja, mein Kind,“ antwortet die Mama, „aber immerhin ist er sehr edel.“ Derlei kann man in allen Museen hören, und es ist ein Beweis dafür, wie fest wir in unsere Haut gewachsen sind, daß dabei noch keiner aus ihre herausgefahren ist. – Es wäre im Sinne der Erziehung zur Schönheit kein Fehler, wenn in allen großen Museen nur ein einziger Saal dem allgemeinen Besuche geöffnet, dieser aber nur mit dem Erlesensten ausgestattet und *nicht* als ein Museumssaal, sondern als ein Festsaal gedacht wäre. Aber, ach, auch dort würde die kleine Marie und Jung-Adolar mit dem Klemmer auf der Nase nichts weiter zu tun wissen, als Vergleichen zwischen den „Schulen“ aufzustellen, denn es wird uns von früh auf kein andrer Begriff von der Kunst beigebracht, als der des Kunstgelehrten. Aber wir gehen einer besseren Zeit entgegen, und es gibt sogar schon Museen, in denen man vergessen kann, daß man in einem Museum ist. Sie in Berlin sind so glücklich, ein solches in dem zu haben, das Herr Geheimrat Bode leitet, dessen Leistungen als sammelnder, sichtender, arrangierender Direktor sogar seinen greulichen Stil als Schriftsteller vergessen lassen.

Die Berliner haben auch ein sehr gutes Aquarium, aber das in Neapel, obwohl es nur Seetiere und Seepflanzen aus dem Golf von Neapel unterhält, ist doch noch interessanter, denn es ist nicht so sehr bloß auf die widerstandsfähigeren Salzwasserlebewesen angewiesen, die einen weiten Transport vertragen.

Da sind vor allem die Polypen merkwürdig, weil sie so überaus scheußlich sind. Als Rumpf hat der „Pulp“ oder die Tintenschnecken einen Eingeweidesack, und im übrigen besteht er aus einem dicken Kopf mit Glotzaugen und einem harten Freßwerkzeug, das von acht unsäglich scheußlichen Fangarmen überdeckt ist. Diese Arme sind mit Saugnäpfen besetzt, vermöge deren der Pulp kriechen und klettern kann, und mit denen er seine Opfer ergreift, um sie schleunigst an das hartkieferige Maul zu führen, wo sie mit einem starken Gifte aus den Speicheldrüsen getötet, von den Kiefern aufgeknackt und ausgesaugt werden. Dieses Schauspiel ist sehr gräßlich, aber es genügt auch schon, dieses Quallenungetüm, das sich jede Form und Farbe zu geben vermag, zwischen den Felsen des Behälters einfach herum kriechen oder wie ein umgestülpter Schirm herumschwimmen zu sehen. Die Gesellschaft, die die Aufnahmen für die Vorführung lebender Photographien macht, sollte einmal einen Pulp bei seinen verschiedenen Verrichtungen vorführen lassen. Der entsetzte Zuschauer (man läßt sich ja gerne entsetzen, wenn man sicher ist, daß nichts dabei geschieht) würde sich dann einen Begriff von dem sagenhaften Kraken machen können, dessen tatsächlich im Ozean vorhandenes Urbild ein Verwandter des Pulps vom neapler Golf ist, und dessen Fangarme bis zu 12 Meter lang werden. Es übersteigt alles Schreckliche, was die Phantasie erdenken kann, wenn man hört, daß diese qualligen Ungetüme mit diesen Armen Matrosen von den Schiffen herabgeholt haben. – Ein Verwandter des Pulps ist auch der Kalmar, den die Italiener wegen seiner reichlichen Tintenabsonderung Calamajo (Tintenfaß) nennen. Im Aquarium hält er nur ein paar Tage aus, und es hat etwas beängstigendes, dieses milchweiße, durchsichtige Tier, in dessen Leib es zuweilen karminrot aufglüht, und dessen Augen fast in der Mitte des Körpers sitzen, unaufhörlich vorwärts und rückwärts schwimmen zu sehen, ohne daß es dabei den Körper wendet. Der Anblick ist deshalb beängstigend, weil man hier ein scheinbar vollkommen automatisches Leben gewahrt. – Es gibt aber auch angenehme, ja drollige Anblicke in diesen Bassins, die die Welt des Golfs von Neapel bedeuten. Wunderschön sind einige Schwebefische, die, silber- oder goldschuppig, gelassenen Flossenschlags hin und her schwimmen, scheinbar auf nichts bedacht als auf gute, würdige Haltung. Komisch dagegen nehmen sich einige Krebse aus, die so tun, als wenn sie keine Krebse wären. Da ist z. B. der Pagurus striatus, der sich mit Erfolg den Anschein gibt, als sei er eine Schnecke, die sich mit einer Seerose geschmückt hat. Das macht er so: er frißt eine Schnecke aus ihrem Hause heraus und steckt seinen Hinterleib in die nun verfügbare Wohnung, in die er sehr gut paßt, weil er spiralig gewunden ist. Die Seerosen ihrerseits aber siedeln sich gern auf diesen von dem Krebs herumgetragenen Schneckenhäusern an, weil sie auf diese Weise der Abfälle der Mahlzeiten des Krebses teilhaftig werden. – Das Maskieren lieben überhaupt viele Seekrebse. So bepackt sich die Wollkrabbe gern mit einem orangegelben Schwamme, den sie mit den Klauen der hinteren Beine ständig über sich hält, sodaß sie von oben gesehen eben nur wie ein Stück orangegelber Schwamm aussieht. – Man kann mit Beobachtungen dieser Art Stunden vor diesen Bassins zubringen und merkt kaum, daß die Zeit vergeht, und es passiert einem zuweilen, daß man dabei in Gedanken vom Leben im Golfe von Neapel auf das Leben in der Friedrichstraße zu Berlin oder sonstwo gekommen ist. Es gibt mehr als eine Wollkrabbe mit zwei Beinen, die sich Zeit ihres Lebens mit einem schönen orangegelben Schwamm bepackt, wobei ich nicht an die Damen denke, die sich die Haare apfelsinenfarben färben, sondern an die seelischen Maskeraden aller Art, mit denen mancher und manche es vergessen zu machen sich bemüht, daß er oder sie nichts ist, als eine gemeine Krabbe. Wohl dem, der kein Ärgernis daran nimmt, sondern nur lächelnd bemerkt: „Madame, der orangegelbe Schwamm *paßt* ihnen nicht ganz."

Sie sehen, wir vertreiben uns hier die Zeit nicht unangenehm. Denn, welchen angenehmeren Zeitvertreib gäbe es, als den, sich über die werten Mitmenschen zu moquieren? Doch brauchen Sie uns deshalb nicht für ausnehmend boshaft zu halten und zu glauben, wir gingen darin auf, schnöde Vergleiche zwischen Seekrebsen und Zeitgenossen zu machen. Das ist schon deshalb nicht so, weil uns im Grunde die Schönheit dieses unvergleichlichen Landes doch beträchtlich mehr einnimmt, als eine kleine Neigung, menschliche Schwächen zu verlachen. Eine so große Natur, wie die hiesige, hebt einen schließlich über die Nuttigkeiten, berlinisch zu reden, des menschlichen Lebens weg. Selbst Niederträchtigkeiten, unter denen man eben gelitten hat (wie es uns in der letzten Zeit widerfahren ist), vergißt man zwischen Vesuv und Posilipp schnell und gern.

So dürfen sie also gewiß sein, daß wir uns hier wohl fühlen. Wir hoffen das Gleiche von Ihnen.

XIV.
Ausflüge von Neapel (Solfatara, Pompeji, Vesuv) und Fahrt nach Sorrent

An Herrn Major Oscar von Chelius, Militärattaché bei der Kaiserlich Deutschen Botschaft in Rom

Cocumella bei Sorrent, den 26. Juni 1902.

SEHR VEREHRTER HERR VON CHELIUS! Hier ist es schwer, in Prosa zu schreiben. Hier würde, glaub ich, selbst Frau Buchholz rhythmisch werden. Dies ist ein Ort, alles Häßliche zu vergessen, alle Sehnsucht zu verlernen, ganz der Gnade des Augenblicks zu leben, aus tiefstem Herzen einer Schönheit froh, die der „schenkenden Tugend" voll ist.

Hier ist der Glanz und die Klarheit, hier ist die ganze ruhige Fülle des Südens. Nur sehen sollte man hier und sollte nicht die köstlichen Gesichte stören mit Gedanken. Einfach in der Sonne liegen und das Glück einer solchen Existenz genießen, – nur dieses ziemt sich hier, und alles andre ist Sünde wider die Götter dieses paradisischen Winkels, wo der große Pan noch lebt.

Aber wir sind allzumal Sünder und mangeln des Ruhms, den wir haben sollen.

Zwei Tage lang habe ich mich streng nach den Regeln des Ordens vom heiteren Epikurus gehalten in andächtiger Hingabe an die Schönheit, und kein frevelhafter Gedanke an das Schreibwerk hat mich heimgesucht, – aber schon sitze ich wieder im Gestühl und rühre den Federhalter, ein lebendiger Beweis für die Wahrheit des Satzes, daß wir Menschen von heute unfähig sind der göttlichen Faulheit, die zwar keine Werte schafft, aber in einen Zustand versetzt, in dem man aller anderen Werte entraten kann.

Indessen! Ich schmähe da unsre Zeit, ohne es gar so schlimm zu meinen. Zur rein vegetativen Faulheit sich zurückzusehnen, wäre doch undankbar. Das moderne dolce far niente ist süßer, als das des goldenen Zeitalters, denn sein Honig schmeckt umso besser, weil wir aus Erfahrung das Bittere kennen, das denen, die ewig nur in der Sonne lagen, unbekannt geblieben ist. Hat es solche Sonnenbrüder je gegeben? Die Alten haben es geglaubt, – wir zweifeln daran und wohl mit Fug. Aber eins ist gewiß: die Alten selber waren Meister in jener Art des Müßiggangs, der doppelt angenehm ist, weil er nicht als dauernder Zustand, sondern als Ablösung scharfer Tätigkeit genossen wird. Eine Weile mag er rein vegetativ sein (unsre Ärzte sind manchmal so naiv, uns dies direkt aufzugeben), aber er ist auch dann nicht fatal, wenn er von Gedanken belebt wird. In Muße seinen Gedanken Audienz zu gewähren, ist ein königliches Vergnügen, aber man muß die Möglichkeit haben, sie mit einer gnädigen Handbewegung zu entlassen. Wie Plinius der Jüngere seinem Freunde Minutius Fundanus so hübsch geschrieben hat (dieser Plinius, der einer der feinsten Menschen gewesen ist, die je gelebt haben, und der so entzückende Briefe geschrieben hat, daß es sich schon allein seinetwegen verlohnt, sich mit der lateinischen Grammatik abgequält zu haben): „O süßer, adeliger Müßiggang! Wie weniges, das sich Geschäft nennt, ist wert, dir vorgezogen zu werden! O Meer und Meeresstrand, ihr, die ihr das eigentliche Heiligtum der Musen seid in eurer Abgeschiedenheit von aller Welt, wie wißt ihr zu begnaden! Ich bin in eurer Schuld für mehr als einen guten Einfall. Glaub es mir, mein lieber Fundanus, und mach's wie ich: Nimm die Gelegenheit beim Schopf, wo sie sich Dir bietet, und reiß aus! Reiß aus, Fundanus, und mach Dich fort aus dem Getrubel der Stadt, wo alles wie besessen hin- und herrennt und mit geschäftiger Miene Dinge treibt, die wahrhaftig nicht immer absolut nützlich sind. Reiß aus und rette Dich in den Arm der Ruhe, der Musen! Denn schließlich ist es wirklich, wie unser Attilius ebenso sinnreich wie witzig sagt, immer noch besser, müßig zu gehen, als – nichts zu tun.“

Nach diesem Rezepte lebe ich nun hier, und es läßt sich nicht verhehlen, daß ich auf dem Arm meiner Muse schon einige Rhythmen abgefingert habe, die gar nicht dazu angetan sind, mich in den Ruf eines Menschen zu bringen, der nach Fleißzetteln strebt. Diese Rhythmen handeln von Orangenbäumen, Rebenterrassen, Pinienwipfeln und anderen wollüstigen Dingen der Botanik, – es ist eine durchaus vegetarische Lyrik.

Und es ist der alte Tonfall der Griechen und Lateiner. Hier, wo alles die große Linie hat, nichts spitzig zuläuft, nichts sich niedlich und gemütlich absondert, sondern alles in eins geht, fehlt jede Gelegenheit zum Reim: die antiken Versmaße stellen sich ganz von selber ein, und man bedauert nur, daß die deutsche Sprache dieser schönen Ketten allzuoft spottet. Darum, es offen zu gestehen, möchte ich nicht *immer* hier sein, aber einstweilen fühle ich mich bei dieser rhythmischen Diät sehr wohl.

Aber ich darf nicht bloß von der Wollust des Nichtstuns und von prosodischen Dingen handeln: dort steht der Vesuv und mahnt mich, von ihm zu erzählen. Freilich wäre er der letzte, der mir Vorwürfe über mangelnde Beschäftigung machen dürfte, denn er raucht noch immer nicht, aber eine Sache, von der zu reden es sich lohnt, ist er doch. Er präsentiert sich übrigens, von hier aus gesehen, noch schöner, als von Neapel her. – Ehe wir ihn besuchten, haben wir mit unsrem Adlerwagen eine herrliche Fahrt um den Posilipp gemacht, wobei wir auch die Solfataren besucht haben, den Krater eines Vulkans, der schon längst nicht mehr den Anspruch darauf erhebt, ernst genommen zu werden. Aber selbst er raucht noch ein bißchen; doch muß man etwas nachhelfen, indem man brennendes Reißig in die Dampfquelle hält. Tut man dies, so verstärkt sich nicht nur hier der Rauch, sondern es macht sich sogleich auch ringsum an verschiedenen Stellen ein Aufqualmen bemerkbar. Auch ist es etwas unheimlich, zu gewahren, daß der ganze Boden hier hohl ist. Wirft man einen größeren Stein auf die Erde, so gibt es einen dumpfen, nachhallenden Ton, der deutlich verrät, daß man hier auf zweifelhaftem Grunde wandelt. Es ist also der Besuch der Solfatara eine Art Vorbereitung zum Besuche des Vesuvs. – Die Fahrt zu dem Vulkan a. D. haben wir so gemacht, daß wir erst die wundervolle aussichtreiche Straße über die Höhe nahmen und zurück die schöne Strada nuova am Meere. Eins ist so schön wies andere und beides besonders genußreich für Leute, die im Automobil fahren. In Neapel haben wir den Laufwagen auch für Fahrten in die Stadt benutzt, einmal, weil gerade Kutscherstreik war und man andere Wagen nur schwer bekam, und dann, weil es viel angenehmer war, diese zum Teil sehr steilen Straßen mit Hilfe des Motors zu nehmen, als mit einem abgetriebenen neapler Droschkenpferde, dessen Führer nur den einen Gedanken hegt: Welchen halbwegs glaublichen Grund finde ich, die Taxe zu überschreiten? – Doch ist es auch im Automobil nicht immer ein Vergnügen, durch Neapel zu fahren, denn die Straßen sind entsetzlich und die Bevölkerung hat Eigentümlichkeiten, an die man sich erst gewöhnen muß. Man faßt das gewöhnlich in das Wort zusammen: südliches Temperament, und dieses besteht vornehmlich in außerordentlich viel mehr Spektakel als phonetisch angenehm ist, und in einer aufgeregten Beweglichkeit aller Gliedmaßen, die mit der Gemessenheit nordischer Bewegung wenig Verwandtschaft zeigt. Vielleicht würde das Ganze auseinander zappeln, wenn als Kitt nicht das vorhanden wäre, was man in gewählter Sprache Schmutz nennen würde, wenn sich nicht das Wort Dreck (entschuldigen Sie!) als allein zutreffend gebieterisch aufdrängte. Es gibt viele Leute, zumal aus Deutschland, die finden, daß dieses Konglomerat aus allerhand Unappetitlichem ein notwendiger Bestandteil dessen sei, was man übereingekommen ist, im Süden „malerisch“ zu finden. Ich lasse das dahingestellt sein, bin aber der Meinung, daß Schmutz im Superlativ auf alle Fälle widerwärtig ist, und ich würde auf alle malerischen Genüsse dieser Art gerne Verzicht leisten. Wir haben in den Vorstädten Neapels an üblen Gerüchen, scheußlichen Anblicken, widerwärtigen Geräuschen allzuviel genossen, als daß wir für jene malerischen Effekte noch genug Sinn übrig gehabt hätten, und wir waren immer froh, wenn wir die Quartiere der Verwahrlosung hinter uns hatten, wenngleich auch uns manches Interessante dabei aufstieß. So erinnere ich mich eines Blicks in einen Metzgerladen, der mir einen ganz antiken Eindruck machte. Diese Metzgerläden sind in der Tat monumental, denn sie bestehen in der Hauptsache aus einer fast altarhaft gehaltenen sehr hohen Fleischbank aus Marmor, zu der, gleichfalls aus Marmor, Stufen hinaufführen. Hinter einem solchen Beefsteakaltar nun thronte ein dicker Fleischhauer in weißem Gewande, der ganz und gar den Kopf eines der fetten Cäsaren hatte, wie wir sie von alten Büsten her kennen. Ein solches Bild von allgemeiner Verfettung und Gelangweiltheit, von Stumpfsinn und Grausamkeit mag der Kaiser gewesen sein, der, nach einem alten Geschichtsschreiber, soviel Leute hinrichten ließ, daß er es regelmäßig zu vergessen pflegte, wen er gerade unters Beil geliefert hatte, wodurch er es denn fertig brachte, Leute, die bereits auf seinen Befehl hingerichtet waren, zur Tafel einzuladen. – Der Weg nach dem Vesuv wird gewöhnlich in Wagen des Herrn Thomas Cook gemacht, unter dessen Aegide bekanntlich Old England reist, billig und herdenweise. Auch davon durften wir uns, dank unserm Laufwagen, emanzipieren, und wir hatten dabei den Vorteil, nur ein Drittel der Zeit bis zu dem Punkte zu brauchen, wo man sich doch Herrn Cook überantworten muß, denn von dort aus kann man nur mit der Cookschen Zahnradbahn zum Gipfel gelangen, da selbst das Hinaufsteigen zu Fuß verboten ist, nicht, weil es etwa gefährlich wäre, sondern weil die Strecke Herrn Cook gehört. Übrigens sei es ferne von mir, den Führer und Berater aller reisenden Briten wegen seiner Vesuv-Entreprise zu schmähen. Die Besteigung des Vesuvs ist durch ihn bequemer geworden und, wie mir kundige versichert haben, auch billiger, – was freilich unwahrscheinlich klingt, da es noch immer ein recht kostspieliges Vergnügen ist. – Man kann sagen, daß man bis fast an den Fuß des Berges immer in der Stadt fährt, denn die Gemeinden, durch die man seinen Weg nehmen muß, hängen so mit Neapel zusammen, daß das ganze den Eindruck einer einzigen Stadt macht. Die Straße muß einmal sehr schön gewesen sein, als sie noch ordentlich gepflegt wurde. Sie ist mit riesigen Quadern gepflastert, die aber leider arg beschädigt sind und offenbar erst dann ausgebessert werden, wenn ganze Ochsenfuhrwerke darin versinken. Wir umfuhren, wo es irgend möglich war, diese Abgründe, hauptsächlich aus Rücksicht auf unsere Achsenfederung. Wo uns dies nicht gelang, hatten wir Gelegenheit, Studien im Fliegen zu macht, so hoch wurden wir emporgeschleudert. Die Straße ist aber nicht bloß reich an Löchern, sondern auch an Unrat. Vorzüglich Gemüsereste in etwas angegangenem Zustande garnieren sie aufs Verschwenderischste, und die Straßenjugend findet ihr Vergnügen daran, diese Gegenstände, wenn sie noch etwas Consistenz haben, ballistisch zu verwerten. Was wäre aber eine bessere Zielscheibe für alle Kohl- und Salatköpfe, als ein Automobil? Doch sind mir die Gassenjungen von Neapel und Umgebung immer noch lieber, wenn sie aus der Entfernung mit altem Gemüse schießen, als wenn sie sich zu dutzenden an den Wagen hängen. Am allerliebsten aber sind sie mir, wenn ich ihnen entrückt bin. Hauptstädtischer Pöbelnachwuchs ist überall wenig angenehm, aber nirgends hat er so üble Manieren wie hier, wobei ich aber doch nicht verschweigen will, daß selbst diese üblen Manieren den Vorzug einer guten Geste haben. – Ist man den Schmeißfliegenschwärmen von Jung-Neapel entronnen, so führt der Weg fortwährend durch die üppigsten Wein- und Obstgärten, und bald überschreitet man die erste Lavarunst. Trotz dieser steinigen Garnierung ist dieser ganze vulkanische Boden überaus fruchtbar, und dies besonders für Hervorbringung fetter Rebsorten. Der berühmte Lacrimae-Christiwein stammt von hier. Es ist ein Gedanke, würdig eines Mystikers, einen süßen, schweren, berauschenden Wein auf den Namen Christustränen zu taufen. Ein richtiger Protestant muß das als Blasphemie empfinden, aber der naive italienische Katholizismus, der inwendig voller Heidentum steckt, macht sich nicht das mindeste daraus; saugt er ja doch überhaupt alles Süße aus dieser grundbitteren Wurzel. – Die Lava ist eine schlackige Masse, in deren Windungen man noch genau erkennen kann, welchen Weg der verderbliche Strom genommen hat. Übrigens ist sie ein sehr brauchbares Baumaterial, das mit der Säge zu paßlichen Formen, wie man sie eben braucht, geschnitten werden kann, aber doch die wünschenswerte Festigkeit hat. So triumphiert der Mensch immer wieder über die Materie und zwingt, was erst zerstörend über ihn gekommen, wieder zum Dienste des Aufbaus. Dies alles hat heroische Größe hier; man läßt sich nicht imponieren von diesem riesigen Speiteufel; mag er auch immer wieder feuerflüssig verqualstern, was auf seine Flanken geklebt wird, man nimmt seinen hartgewordenen Schleim und überklebt die Epidermis des Unholds aufs neue. Dabei beobachtet man den unheimlichen Gesellen exakt wissenschaftlich wie einen geisteskranken Riesen, und keiner seiner Atemstöße bleibt unregistriert. Auf dem königlichen Observatorium wird gewissenhaft Buch darüber geführt, und ist man auch noch nicht hinter alle seine Mucken gekommen, vieles weiß man doch schon. Ungern sieht man es, wenn er, wie eben jetzt, sich gar so still verhält. Man hat es viel lieber, wenn er ordentlich raucht; nur für die Besucher ist es ein Vorteil, wenn die Rauchsäule fehlt, denn auch diese

Weise ist ihnen ein unbehinderter Blick in seinen Schlund gestattet. – Diese Wissenschaft wurde uns oben von dem Inspektor Cooks mitgeteilt, einem deutschen Ingenieur, der in der Hauptsache den Betrieb der Drahtseil- und Fahrradbahn unter sich hat. Von ihm erfuhren wir auch, daß unser Automobil erst das vierte war, das hier heraufgekommen ist. Dies ist begreiflich, denn dem Motor wird durch eine Vesuvfahrt ziemlich viel zugemutet. Größer noch sind aber, meiner Meinung nach, die Zumutungen, die der Weg von der Endstation der Cookschen Bahn bis zum Rande des Kraters an die Beinmuskeln derer stellt, die so fürwitzig sind, dem Vesuv in den Schlund sehen zu wollen. Ich finde, daß in den Reisebüchern die Anstrengungen, die dieser Weg bereitet, ein bißchen zu gelinde dargestellt werden. Fünfzehn Minuten lang durch ganz lose Asche und rollende Schlacken steilauf rennen zu müssen (denn die Führer geben das Tempo an, damit man sich genötigt sehen soll, ihre Schlepperdienste in Anspruch zu nehmen) ist mehr als hart für einen Stadtmenschen, und vielen Damen dürfte es unmöglich sein. Für sie stehen zwar Tragsessel bereit, aber wer sich denen anvertraut, muß völlig schwindelfrei sein; sonst ist eine solche Chaisenpartie auf den Schultern dahin galoppierender Männer ein etwas bängliches Vergnügen. Ich für meine Person gewahrte bald, daß ich das Rennen ohne Hilfe aufgeben mußte, und so ließ ich mich denn schleppen, indem ich mich an ein Seil hängte, das ein Mann vor mir zog, während einer hinter mir mich vorwärts schob. Trotzdem kam ich völlig außer Atem oben an und mit so schlotternden Knien, daß ich sehr bald rückwärts begehrte. Indessen bereue ich doch nicht, diese Parforcetour gemacht zu haben, denn wenn ich auch nur einen Blick in den Schlund des Vesuvs getan habe, so war der kurze Augenblick doch die Anstrengungen wert. Meine Frivolitäten, gerichtet an die Adresse Thomas Cook und Sohn, bat ich da oben sofort ab. Herr Cook ist ein betriebsamer Herr, aber der Vesuv ist doch, auch wenn er nicht raucht, ein Elementargewaltiger, der sich den Spekulationen selbst des spekulativsten Engländers entzieht. Zum Spaßen ist das nicht dort oben. Es ist ein grausiger Blick in die Tiefen des Verhängnisses, und, wenn er auch nur eine Minute währt, man wird doch im tiefsten davon ergriffen. Man versteht den Gedanken der Hölle, und Meister Beelzebub gewinnt

Gestalt in einem. Wenn es noch Hexen gibt (und manchmal möchte man glauben, es gibt welche, wenn sie auch bei Tage pariser Toiletten tragen und nach Houbigants Parfum Ideal riechen), so halten sie ihre Tanzvergnügen ganz gewiß nicht auf dem harmlosen Blocksberg ab, sondern hier, wo ihr Kessel brodelt und die Schwefelschwaden direkt aus den Gedärmen der Erde kommen. Ich möchte doch einmal in der Nacht auf den Vesuv steigen. Es muß, bei Vollmond, ein Schauspiel von unerhört furchtbarer Macht und einer schauerlichen Schönheit sein. – Und da liegt nun rings umher die lichte Fülle des Südens, und es ist, von oben, ein Anblick des vollkommensten, in alle Sicherheit eingebetteten Friedens; alle Engel des Himmels halten, so sieht es aus, ihre Hände über die Werke der Menschen, und Hunderttausende haben dort ihre Freuden und Leiden, in jedem Kopfe tausend Vorsätze und Pläne, jedes Herz voll Sehnsucht, jeder Blutstropfen erfüllt von dem einen Triebe: Leben! Und inmitten dem allen siedet der große Unheilsbrei immerfort, immerzu, steigt auf, schwillt ab, kocht wieder hoch, – bis er plötzlich wieder einmal überläuft und Bahn frei macht für die wütenden Gewalten der Tiefe, denen das alles, was ringsum nach Glück atmet, so gleichgiltig ist, wie uns ein Insekt, das wir zerdrücken. – Gemeinplätze? Ja! Aber es ist ganz heilsam, einmal an sie erinnert zu werden. Nur muß man nichts ganz gemeines darauf folgern. Diese urgroßen Gegenstände dürfen uns nicht bange machen, sondern fröhlich. Auch der Schauer, den sie uns bereiten, erhöht schließlich unser Lebensgefühl. Sursum corda! Die Herzen hoch! Noch regnet es nicht Asche! Was geht uns das Feuer an, das da unten brennt? Oben, seht, glüht die Flamme unsres Lebens, die große Sonne! Dem Leben wollen wir gut sein und dem Tod nicht böse, denn, wie fragwürdig auch alle unsre Schlüsse sein mögen, der eine Schluß stimmt doch wohl, daß beide zueinander gehören und eins ohne das andre nicht zu denken ist. – Solcherlei Gedanken gibt ein Besuch des Vesuvs ein; – will man sie bestärkt finden, braucht man nur noch eine Station weiter zu fahren, nach Pompeji. Doch wird, wer die Kunst liebt, hier doch auf andre Gedanken kommen. Hier tut sich uns, wenn auch nicht ein Tor, so doch ein Seitentürchen ins Leben der Alten auf, und darüber vergißt ein rechtschaffener Adorant der Schönheit Tod und Teufel. – Eine Stadt des

Todes, sagt man ja wohl, und stellt Betrachtungen darüber an, wie gräßlich es gewesen sein muß, wie es damals erst Bimsstein und dann Asche geregnet hat, bis alles schön eben bis etwa zum ersten Stockwerk bedeckt war. Gewiß, das ist sehr schrecklich gewesen, aber es ist nur natürlich, daß uns heute das Schicksal der vor achtzehnhundert Jahren auf grausame Weise ums Leben gekommenen weniger interessant ist, als der Einblick in antikes Leben, den wir diesem traurigen Ereignis verdanken. Was in Rom noch steht, sind in der Hauptsache Reste öffentlicher oder solcher Gebäude, die den Mächtigen zur Wohnung gedient haben; in Pompeji sind auch Einblicke bei Gevatter Schneider und Handschuhmacher erlaubt. Und eben darin liegt der Hauptreiz dieser Ruinenstadt. Sie läßt uns vom römischen Altertum ein Stückchen Werkeltag sehen, die wir sonst, wenn wir keine Mommsen sind, von ihm nur die Staatsaktionen kennen. Das ist ja das überaus Seltsame, daß uns vom Leben eines Volkes, auf dessen Sitten und Institutionen die unseren beruhen, dessen Geschichte und Weltanschauung uns bis in Einzelheiten vertraut sind, von dessen Kunst und Literatur wir die bedeutsamsten Reste besitzen, –daß uns vom realen Leben dieses Volkes ein halbwegs klarer Begriff im allgemeinen nur aus spärlichen Stellen seiner von uns studierten Schriftsteller hervorgeht. Welch' ein Glücksfall also, in diesen Sinne, der Untergang Pompejis! Er hat uns eine Stadt konserviert, die sonst zweifellos wie alle andern von Grund aus zerstört worden wäre, während von ihr nur die Teile diesem Schicksale verfallen sind, die aus der Asche und dem Bimsstein hervorragten. Damit ist gesagt, daß uns, im allgemeinen, nur das Parterre der Stadt übrig geblieben ist. Daher rührt wohl auch zum Teil der Eindruck des Niedlichen, den diese Stadt macht. Es ist, so möchte man sagen, eine Puppenstubenstadt: lauter niedliche Häuschen, vorn und oben offen. Kein Zweifel, die Privatarchitektur der Alten, wie sie sich uns hier zeigt, hat sich streng auf kleine Maße beschränkt, gemäß jenem Prinzipe, das uns schon aus den Gesetzen der ältesten griechischen Kolonien in Italien bekannt ist, daß nur dem öffentlichen Gebäude Größe erlaubt war. Wie winzig die Zimmerchen, Höfchen, Gärtchen, wie nippessachenhaft die Statuen, soweit sie sich nicht auf öffentlichen Plätzen oder in Tempeln finden, – aber alles, was dem öffentlichen Gebrauche dient, der Markt, die Gerichtshalle, die Bäder: groß, weit, monumental. Wo sich noch Malereien an den Wänden finden, wo überhaupt alles mehr beisammen gelassen ist, hatte ich für mein Teil einen Eindruck, der mich an das erinnerte, was ich aus Bildern und Beschreibungen vom japanischen Privathause weiß. Bemalt ist jedes Fleckchen und so, daß man spürt: Angst vor der Farbe haben die Pompejianer nicht gehabt. Das pompejianische Rot kennt man ja allgemein; es muß damals die Modefarbe gewesen sein, doch begegnet man auch Häusern, deren Besitzer die Mode nicht mitgemacht haben. Den besten Geschmack hat nach meinem Gefühle der Besitzer des Hauses gehabt, in dem der Farbendreiklang Schwarz-Rot-Gelb vorherrschend ist. – Erstaunlich ist, wie diese Farben heute noch leuchten, zumal in Häusern, die eben erst aufgedeckt wurden. Wir hatten Gelegenheit, ein paar ganz neue Ausgrabungen zu sehen, und da kamen die bunten Wände unter der Stein- und Aschenschicht hervor, als seien sie gestern erst bemalt worden. Leider waren es sehr rohe Bemalungen, aus denen man nur ersehen konnte, daß es auch damals schon „Patzer" gegeben hat, die nichts konnten, als wild darauflos schmieren, – was immerhin ein Trost für uns ist. – Meister Riegel, unser Maschinist, der uns auch hier begleitete, machte verschiedene zutreffende Beobachtungen. So die, daß das Automobilfahren im alten Pompeji seine Schwierigkeiten gehabt haben möchte. Denn, abgesehen davon, daß die ganz aus Quadern hergestellten Fahrdämme schauderhaft zerfahren sind (die Wagenspuren sind schon mehr Schluchten als Gleise) befanden sich auch in gewissen Zwischenräumen zur bequemeren Überschreitung für Fußgänger große steinerne Erhöhungen, an denen die halbe Maschine eines modernen Laufwagens hängen bleiben würde. Auch sind die Straßen in der Hauptsache sehr schmal. Es war, das darf man nie vergessen, eine kleine Provinzstadt, deren Reste wir hier vor uns haben. Noch ist längst nicht alles ausgegraben, und es ist noch für etwa hundert Jahre Arbeit übrig. – Die drei Stunden, während deren wir die tote Stadt durchwandert hatten, waren eben so heiß, wie interessant gewesen, und wir waren doch froh, als wir wieder die frische Zugluft genossen, in unserem Adlerwagen sitzend, diesem Symbol lebendigen modernen Lebens, das, mag es auch immerhin dem Vergangenen Interesse, Pietät, Studium entgegenbringen, doch unaufhaltsam nach vorwärts strebt. Steht man vor Resten der antiken Kultur, die eine *ästhetische* Kultur ist, so mag man leicht Anwandlungen spüren, unsre Zeit zu schelten, die neben dieser mächtigen Vergangenheit an Schönheitswerten bettelarm ist, aber, sitzt man im Automobil, wunderbar dahin getragen von einer aufs sinnreichste verwandten Kraft, so bittet man dieser Zeit gerne alles ab, was man gegen sie glaubte vorbringen zu müssen, und sagt sich: sie hat ihr Teil auf anderem Gebiete nicht minder voll geleistet, sodaß ihr nicht weniger Bewunderung ziemt. Nur muß sie nun auch auf Schönheit bedacht sein. Die Wunder der Technik müssen nun eine ihrer würdige Fassung erhalten. Und es wird geschehen. Der Zeitpunkt ist gekommen. Die technische Arbeit ist im großen wohl beendet, die ästhetische beginnt. – Wir fuhren im flottesten Tempo durch ununterbrochenes üppigstes Gartenland nach Castellamare und dann auf der großartig schönen Straße, die zur Rechten fast durchweg freien Blick auf das Meer bietet, über Vico Ecquense und Meta, zum hohen Sorrent hinan. Indessen sind wir froh, daß wir vor der eigentlichen Stadt hier in dem ehemaligen Jesuitenkloster Cocumella Station gemacht haben. Wir wurden mit Glockenläuten und Böllerschüssen empfangen, doch galt dieser festliche Lärm nicht uns, sondern einem Heiligen, dessen Statue eben in Prozession aus der Kirche von Cocumella gebracht wurde. Vorn schritt ein wunderhübscher Junge von etwa acht Jahren, der, nur mit einem Trikot bekleidet, die Ehre hatte, einen Engel vorzustellen. Aber auch er vergaß ganz sein himmlisches Amt und schenkte wie alle übrigen, die hinter ihm herschritten, seine ganze Aufmerksamkeit unserm Adlerwagen. – Daß wir etwas müde waren, läßt sich begreifen. Trotz unsrer vielen Rasttage in Neapel haben wir doch wieder das Bedürfnis, uns auszuruhen. Der Süden macht faul, und, da sie Schönheit ruhend am besten genießt, gibt man diesem Gesetze der Trägheit gerne nach. Dazu kommt, daß wir fühlen: wir werden es nirgends besser treffen. Ein Hotel, das kein Hotel ist, aber doch alles bietet, was zur Behaglichkeit dient, das ist etwas seltenes. Hier ist es zu finden. Das ehemalige Jesuitenkloster Cocumella ist eine wahre Dichterherberge, in der der Freund der Ruhe und Schönheit sich wohl geborgen fühlt, zumal wenn er wie wir, das Glück hat, die schönste Terrasse des Hausees zu besitzen.

Der zweite Akt unserer „Vernarrten Prinzeß“ könnte hier spielen, weshalb ich keinen besseren Ort wußte, Sie zu grüßen, als diesen.

XV.
Cocumella und Ausflüge von dort (Amalfi, Capri)

An Herrn Professor Fritz von Uhde in München

Cocumella, den 30. Juni 1902.

SEHR VEREHRTER HERR VON UHDE! In unsres Herrgotts Hause sind viele Wohnungen, und jede ist anders eingerichtet. Früher hieß es, nur die, die sich Italien nennt, sei „wirklich“ schön, und alle anderen mußten nach ihr eingerichtet werden. Daß dem nicht so ist, hat keiner so klar und schön bewiesen, wie Sie. Der Aberglaube, daß es nur eine Schönheit ultra montes gebe, ist vorüber. Aber, nicht wahr, wir wollen nun auch nicht gleich behaupten, daß diese ultramontane Schönheit überhaupt nichts wert, oder auch nur unmodern sei. Alles wirklich Schöne ist ewig, so weit uns Menschen dieses Wort erlaubt ist. Nur darf aus keiner Schönheit, auch der höchsten nicht, ein Dogma gemacht werden, und jeder Schöpferische hat ein Recht, sich als Protestant aufzurichten. Doch heißt das nicht, daß er eine vorhandene Schönheit bestreitet; er protestiert nur dagegen, daß sie die alleinseligmachende sei; – denn ihn macht eine andere selig, die, die er heraufführt.

In diesem Sinne, der aber noch einen Sondersinn in sich begreift, sind Sie mir immer als der Stärkste deutsche Protestant der Kunst erschienen, und Sie wissen, wie ich es versucht habe, diesen künstlerischen Protestantismus ganz zu verstehen und damit ganz zu genießen als einen Ausfluß vaterländischen Wesens, der sich einem unverbildeten Deutschen nicht anders als beglückend mitteilen kann.

Wäre dieser Protestantismus, wie so manche meinen, eng und ausschließend, hätte er etwas von dem muckerischen Protestantismus unserer „Evangelischen“, die im Papst den Antichrist und im Katholizismus eitel Götzendienst erblicken, so würde die Versenkung in ihn die Unfähigkeit in sich schließen, auch über den Bergen die Schönheit zu finden. Gottlob, daß dem nicht so ist. Einer Schönheit, deren erstes Gebot lautete, du sollst keine andere Schönheit anerkennen und genießen neben mir, würde ich den Dienst kündigen, denn ich würde mir sagen: sie ist eine Gouvernante und keine Göttin. Ich bin ästhetisch so konfessionslos wie religiös und habe hier wie dort den gleichen Vorteil davon, daß ich das Gute und Schöne nehme, wo ich es finde. So gewiß der liebe Gott ein guter Mann ist, ist die Schönheit eine gute Göttin. Das ist mein credo, und ich glaube, daß es auch das Ihre ist, wenn Sie gleich als Schaffender eine andere Art des Bekennens haben, wie ich als Genießender. Warum ich diese Gemeinplätze einem Briefe vorausschicke, in dem ich Ihnen ein Stück von meiner Reise erzählen will? Weil sie sich mir hier immer mehr befestigt haben, und weil ich gerade hier öfters an Ihre Kunst gedacht habe, mich fragend: würde hier ein Uhde noch auf mich wirken? Sie sehen, ich nehme es genau als ein rechter Deutscher und ermangle nicht der Bedenklichkeiten, die unsre Rasse auszeichnen. Es ist das eine Art Krankheit, glaub ich, daraus entstanden, daß wir Deutschen eine fremde Kultur empfangen haben. Es steckt in uns ein Widerspruch, der dem Wälschen fremd ist. Aber durch ihn sind wir doch auch innerlich reicher und dazu geeignet worden, das aufnehmendste aller Völker zu werden. Nur sind wir leider infolgedessen auch allzu geneigt, uns selber aufzugeben. Daher es mir recht heilsam war, hier oft an Sie und Ihre rein deutsche Art und Kunst zu denken. Ich bin ihr nicht untreu geworden, so andächtig ich auch an fremden Altären gebetet habe. Vor Ihrer „Heiligen Nacht“ werde ich, zurückgekehrt, nicht minder tief als früher die schöne Kraft deutscher Innigkeit empfinden, trotz aller primitiven Madonnen und reifen, oft überreifen Raffaels. Ja, ich werde sie jetzt noch viel besser zu verstehen und zu würdigen wissen, denn ich weiß nun besser als je, daß Ihre deutsche protestantische Kunst keine Widersacherin der alten

Schönheit, sondern nur eine jüngere Schwester von ihr mit rein deutschen Zügen ist.

Und nun lassen Sie mich Ihnen von hier erzählen, wie man in Briefen erzählt, die aus einem schnellen Gefühl des Tages, der Stunde, des Augenblickes entstehen und nichts weiter wollen, als dem Empfänger Eindrücke vermitteln, die irgendwie stark genug waren, um den Wunsch zur Mitteilung rege zu machen.

Ich sitze hier in einem ehemaligen Kloster und empfinde etwa von der Annehmlichkeit klösterlichen Daseins, obwohl, Gottlob, meine Frau neben mir sitzt. Man kann es in Deutschland, man kann es in Italien sehen: wo geistliche Orden sich ansiedelten, da ist gut sein. Darin ist kein Unterschied zwischen den einzelnen Kongregationen: die Kutten mögen schwarz, braun, weiß, von rauhem oder glattem Stoffe, derb oder fein im Schnitte sein: das Kloster liegt immer an angenehmem Orte. Es sei ferne von mir, daß ich das vermerkte, um den Kuttenträgern eins anzuhängen. Im Gegenteil, der Umstand macht sie mir sympathisch, denn er beweist Eigenschaften, die ich schätze. Ein beschaulicher Sinn, der Gefühl für Naturschönheit hat, ist nichts Gemeines. Und es ist in der Tat schon ein Stück Gottesdienst, wenn man sich zur Schönheit der Natur bekennt. Das Wesen von Finsterlingen ist das eigentlich nicht. Denen ist es gleichgiltig, wo sie hocken. –Diese Gedanken kommen mir hier immer wieder. Wie feinsinnig ist das hier Alles angelegt. Das ganze Haus scheint nur bestimmt, zum Genusse dessen einzuladen, wovon es wundervoll umgeben ist. Hohe Fenster allenthalben und, wo es nur angängig ist, freie Ausbauten. Diese, die Terrassen, sind nicht, wie bei uns, schmale Balkone, sondern geräumige Plätze, Zimmer im Freien. Denn, wenn sie auch keine Wände und kein Dach haben, so sind sie doch eingeschlossen und bedeckt von dichtem Grün. Unsre Terrasse, die vom zweiten Stockwerk ausgeht, hat eine breite Brüstung und empfängt ihren Schatten von zwei riesigen Rebstöcken, die, von der Dicke eines Mannesarmes, am Hause heraufgezogen sind und hier oben eine solche Fülle von Laubwerk entfalten, daß man oben und an den Seiten von ihnen eingeschlossen ist, ohne daß indessen die Aussicht völlig verwachsen wäre. Das Spiel der

Ranken in der Luft, wie sich die schönen, hellgrünen Blätter gegen das Blau des Himmels abheben, das Niederhängen der üppigen großen, wenn auch jetzt noch grünen, Trauben aus dem Blattwerk, – alles das ist von einer primitiven Schönheit, der gar nichts fehlt. Jede Hinzutat wäre vom Übel. Es ist dies ja nur der Rahmen des Bildes, das der genießt, der sich hier aufhält. Da ist, als Nächstes, dieser unglaublich dichte immergrüne Garten mit seinen Orangen- und Zitronenbäumen, deren dunkles Laub leuchtet wie lackiert, und die in einer märchenhaften Weise mit Früchten beladen sind. Orangen am Baum ist etwas unbeschreiblich Schönes, denn es ist nicht zu sagen, wie das rote Gelb dieser saftstrotzenden Bälle auf dem dunkeln Hintergrunde der fetten Blätter und des Baumschattichts leuchtet. Täglich wird von diesen Bäumen geerntet, und sie erscheinen immer noch voll, – aber schon runden sich auch die Früchte der nächsten Herbsternte: es ist, als wollten diese Bäume überhaupt nie leer werden. Blickt man weiter, so erheben ein paar Pinien ihr Wipfeldach, und unfern von ihnen, streben die blau-grünen Säulen riesiger Cypressen hoch, – beides Bäume, die den Eindruck machen, als könne es keinen Sturm geben, der stark genug wäre, sie aus ihrer monumentalen Ruhe zu bewegen. Sie sind das pathetische Element dieser Landschaft, deren Stil übrigens, bei aller Fülle und Heiterkeit, durchaus gemessen ist. Die weißmarmorne Dachbrüstung des Schlosses der Fürstin Gortschakoff zieht eine von ein paar Figuren unterbrochene leuchtende Linie zwischen das Grün des Gartens und das Blau des Meeres, hinter dem, nur wie eine Ahnung, das Cap Miseno auftaucht. Rechts aber, vollste, massivste Wirklichkeit, erhebt sich in einer so vollkommenen Linie, daß man sich verwünschen könnte, weil man nicht zeichnen kann, der Vesuv. – Wie ich das da hingeschrieben habe, ist es, so voll ich auch alles empfand, doch ein kümmerliches Gestammel, und ich sehe wohl: es ist unmöglich, mit Worten eine solche Landschaft aufzuzeichnen. Beneidenswert der, dem es gegeben ist, diese Konturen mit dem Stifte nachzuziehen, diese Linien, die wohltun wie eine alte, edle und doch innige Melodie, festzuhalten mit der Kunst des Griffels.

Wir leben hier wirklich wie die Phäaken. Sind wir nicht auf unsrer Terrasse, so sind wir unten am Strand. Sorrent und seine Umgebung liegt hoch über dem Meere auf einem steilen Felsen, der voll von Grotten ist und fast durchweg direkt aus dem Meer aufsteigt. Daher ist nur wenig Strand vorhanden. Der beste und größte ist der unsere. Die Brandung ist leicht und nicht zu vergleichen mit der in deutschen Seebädern. Keine heranrollenden Sturzwellen, kaum, daß ab und ab einmal ein paar Wellchen Schaumkronen tragen. Aber der Grimm der Nordsee würde auch schlecht hierher passen. Auch das Meer ist von gelassener Ruhe und bestrebt, seine schöne Linie nicht zu verlieren. Es badet sich aber darum nicht weniger angenehm in ihm, und der Erfolg des Bades für das allgemeine Befinden ist derselbe wie bei anderen Seebädern. – Meine Freunde von neapler Aquarium her, die Einsiedlerkrebse, kann ich hier in freier Natur beobachten, und ich tue das mit vielem Vergnügen, doch ist das Vergnügen nur auf meiner Seite, denn den Krebsen ist es, wie allen rechtschaffenen Einsiedlern, offenbar nicht vergnüglich, beobachtet zu werden. – Die beste Badezeit, der Sonne wegen, ist vormittags, aber wir steigen auch gegen Abend gerne zum Strand herunter, um zu sehen, mit welcher Feierlichkeit hier die Sonne Abschied nimmt. Um dieselbe Zeit pflegen die Fischer hier einen Fang zu tun, und auch das ist ein schöner Anblick. Es geschieht auf keine andre Weise, als es schon zu des Odysseus Zeiten geschehen ist: riesige Netze werden durch Kähne ins Meer gelassen und dann von der ganzen Fischergesellschaft, wohl an die vierzig Köpfe, ans Land gezogen. Die Fänge sind selten sehr beträchtlich, und manchmal geschieht es, daß im letzten Augenblick durch irgend ein Mißgeschick alles verloren geht. Bei solchen Gelegenheiten kann man Ausbrüche von Leidenschaftlichkeit beobachten, wie sie sich bei unseren schmallippigen Fischern an der Ost- und Nordsee gewiß nie entläd, denn diese sind Philosophen, während ihre Kameraden am tyrrhenischen Meere temperamentvolle – Katholiken sind. Ich muß diese Antithese erklären, indem ich, soweit es möglich ist, einen solchen Ausbruch wiedergebe. Das Netz kam, im letzten Augenblick zerrissen, herein, nachdem die Leute fast eine Stunde schwer gezogen hatten, denn es war offenbar sehr voll gewesen. Wie das der älteste unter den Fischern bemerkte, warf er die

Netzleine unter sich, trat mit den Füßen darauf und ballte die beiden Fäuste gegen den Himmel, indem er (ich gebe alles in sehr gemilderter Form wieder) rief: „Da, Du . . . . . von einem Christus! Weiter kannst du nichts?“ Ihm war die Religion offenbar ein Vertrag: Seine Leistung – Beten, Christi Leistung – beim Fischfang helfen, und er fühlte sich in diesem Augenblicke schwer übervorteilt. Aber er wird doch wieder beten und das nächste Mal, wenn es gut geht, seiner Dankbarkeit nicht minder heißblütigen Ausdruck verleihen, wie jetzt seiner Wut. – Übrigens sind die Leute hier von viel angenehmerer Art, als das Gassenvolk von Neapel. Keinerlei Aufdringlichkeit, keine Bettelei. Die hübschen Dinge aus Oliven- und Orangenholz oder aus Korallen und Muscheln, sowie schöne Seidenwaren sind sehr preiswert, und es wird in auffällig geringem Maße der Versuch gemacht, den Käufer über die Gebühr zu schrauben. Der Grund dafür mag darin liegen, daß Sorrents Hauptsaison die sommerliche Badezeit ist, während der die Besucher des Orts fast nur Italiener sind, denen gegenüber die Künste des Vorbietens und ähnliche Tricks der Fremdenindustrie nicht verfangen. Immerhin fehlt es nicht an dem, was sich überall einstellt, wo ein starker Zufluß von fremden Gästen ist, an Spekulation. Hier ist es die Tarantella, die industriell ausgebeutet wird, indem man sie in den Gesellschaftsräumen der Hotels „vorführt“. Aber was ist ein Volkstanz, der nicht zum Vergnügen, sondern als Spezialität und gegen Trinkgeld getanzt wird? Er wird zur Tingeltangelkunst, und ich kann auf keine Weise schneller und tiefer „in Wehmut getaucht“ werden, als wenn man mir derlei vormacht. Geschieht es ganz einfach und direkt als Schauspiel, etwa in einem Varietetheater, wo die Leute eben nicht als „Künstler“ genommen werden wollen, dann hat es nichts auf sich, aber an Ort und Stelle agiert mit der Vortäuschung, als wäre es eine ernste Äußerung des Volkswesens, ist es überaus widerwärtig anzusehen. – –

Welch ein Glück, daß die Natur nicht nach Trinkgeldern dürstet, welch ein Glück, daß sie keine Extravorstellungen für Fremde inszeniert! – Wir haben nun, indem wir von hier nach Amalfi gefahren sind, den südlichsten Punkt unsrer Reise im Laufwagen erreicht, und wir sind gewiß, daß sich uns bei dieser Fahrt auch das Schönste an Landschaft aufgetan hat, was uns für diese Reise beschieden war. Die Straße von Sorrent nach Amalfi hin und zurück in einem guten Laufwagen bei schönem Wetter zu befahren gehört zu den auserlesensten Reisegenüssen überhaupt. Kennte man die Schwerfälligkeit der modernen Italiener in geschäftlichen Unternehmungen nicht, so müßte man sich darüber wundern, daß hier noch keine Laufwagenpost eingerichtet ist. Diese wunderbare Straße (eine der schönsten, die es überhaupt gibt, auch abgesehen von der unsäglichen Schönheit, durch die sie führt) ist wie gemacht für das Automobil. Wunderschön fest und glatt, durchweg breit genug zum ausweichen, durch feste Brüstungen überall geschützt, würde sie, auch wenn sie Steigungsschwierigkeiten hätte, dem Laufwagenfahrer das vollkommenste Vergnügen bei absoluter Sicherheit gewähren. Aber sie bietet noch mehr. Sie ist auch hinsichtlich der Kehren, der Steigungen und Gefälle geradezu ideal schön. Niemals erhebt sie sich so stark, daß der Wagen sein Tempo im Aufstieg verlangsamen muß, nie fällt sie so streng, daß man genötigt ist, scharf zu bremsen, keine Kehre ist so kurz, daß man fürchten muß, einen „Rumpler“ zu machen. Es ist eine so glatte Fahrt auf und ab wie in einer Rutschbahn, und man möchte glauben, daß man dahin schwebt. Und durch welche Landschaft! Nie hat uns unser Adlerwagen, dem wir doch schon viel verdanken, ein solches Vergnügen bereitet. An der einen Seite immer dieses südliche Meer, dessen Anblick allein schon froh und klar macht, auf der anderen Seite das felsige Gebirge in immer abwechselnden grandiosen Formen, und, was von Menschenwerken sich zeigt, stimmt in unvergleichlicher Weise zu dieser Natur. Diese Ortschaften, oft Schluchten hinaufgebaut, liegen da, als wären ihre Häuser im schönsten Wurfe von einem Genius hingesät. Es ist, künstlerisch gesprochen, kein leerer Fleck in diesen Bildern; und wie sich alles in der Waage hält, Form und Farbe, – es ist wie ein Wunder! Der Grundton ist eine Art nachgedunkeltes Weiß, in dem aber, sieht man genauer hin, alle Farben sind. Die Häuser scheinen organisch mit dem Felsen zusammenzuhängen. Und es sind *griechische* Architekturen: lauter Flachkuppelbauten, ein ebenso ungewohnter wie schöner Anblick. Am Gestade, auf vereinzelten Felsen, zahlreiche alte Wart- und Feuertürme: Vorposten europäischer Kultur gegen orientalische

Räuberei, jetzt verfallend und dadurch noch malerischer. Auf einem von ihnen befindet sich, höchst seltsam anzusehen, ein Friedhof. Ist dies nicht Griechenland, so ist es ein Abglanz davon. Auch die Bevölkerung zeigt griechischen Typus, und nur das eine fehlt: antike Gewandung. Sie allein paßt in diese selige Landschaft. Ich sage das nicht aus bloßer Phantasie, denn uns ist eine Gestalt in mindestens antikisierender Tracht begegnet, und diese allein stimmte in die Umgebung. Herr Anniser, der Schwiegersohn des Besitzers der Cocumella und Mitdirektor der Società Napolitana di Navigazione a vapore (an der auch unser Norddeutscher Lloyds beteiligt ist), klärte uns über diese Gestalt auf: es war ein Schüler des glücklich hier an den rechten Ort gekommenen Münchener Malers und „Kohlrabiapostels“ Diefenbach. Der prächtig gewachsene junge Mann sah mit seinem langen blonden Haupthaar und dem schönen lockigen Blondbart ganz aus wie ein Hellenenpriester, wie er in seinem weißen Gewande nacktbeinig daher kam, ein Bild der Gesundheit und Lebensfreude. Ich erinnere mich noch gut, dem Meister Diefenbach in ebensolcher Gewandung oft genug in und bei München begegnet zu sein, ohne daß er mir wie ein Priester aus Hellas erschienen wäre. Ich fand seine Erscheinung auf der schwäbisch-bayrischen Hochebene vielmehr absurd. Hier aber ist seine Hosenfeindschaft am rechten Platze, und ich wünschte, daß er unter der Bevölkerung des Landstriches, in dem er jetzt wohnt und von Malerei und Früchten lebt, recht viele Nachahmer fände. – An meinem Geburtstag haben wir Capri und die blaue Grotte besucht, sind auch hoch zu Esel bei der schönen Carmelina eingekehrt, die uns aber nicht persönlich die Honneurs machen konnte, weil sie wichtigeres zu tun hatte, denn sie ist kürzlich Mutter geworden. – Capri ist eine Insel, auf der sich sehr viele Hotels und Pensionen befinden, die meistenteils von Deutschen bewohnt werden. Die kleinen Capresen sagen schon längst nicht mehr „Addio“, sondern „auf Wiedersehen“, und wen man zu Schiffe geht, stellen sie sich feierlich auf und singen: „Muß i denn, muß i denn zum Städtle 'naus“. Sonst aber ist die Insel wirklich so schön, wie es im Bädeker steht, und, was noch merkwürdiger ist, die blaue Grotte erscheint selbst neben den Ansichtspostkarten, die von ihr im Handel sind, beträchtlich blau. Das will gewiß etwas heißen, denn die lithographischen

Anstalten, die diese Karten (natürlich in Deutschland!) herstellen, wetteifern miteinander, sich durch die äußerste Bläue gegenseitig zu übertrumpfen. Immerhin verlieren so viel betastete Schönheiten von ihrem Reiz, und die Art, wie einem die blaue Grotte gezeigt wird, hat etwas von der Jahrmarktsbude. Der Dichter der Heinzelmännchen, August Kopisch, ist es bekanntlich gewesen, der sie, die seit Jahrhunderten vergessen war, wieder entdeckt hat. Da muß es freilich ein Anblick zum in die Kniee sinken gewesen sein.

Cocumella, den 2. Juli 1902.

Wir müssen an die Rückreise denken, und seltsam, wir denken gerne daran. Nach diesem ruhigen Verweilen tut uns wieder Bewegung not, und wir sehnen uns, seit der herrlichen Fahrt nach Amalfi, mehr denn je nach unserm Adlerwagen. Aber die Fortsetzung des Reisewegs bereitet einiges Kopfzerbrechen. Sollen wir wieder über Rom und dann durch die Maremmen nach Pisa und Genua, oder sollen wir durch die Abruzzen hinüber nach dem Adriatischen Meere und über Ancona zurück? In diesem Falle würden wir Rimini noch einmal berühren und, um nach Mailand zu gelangen, von wo aus wir den Rückweg über die Schweiz nehmen wollen, über Bologna, Modena, Parma fahren. Die Abruzzen locken, die eben genannten Städte auch, während die Maremmen im Rufe stehen, von der Malaria noch stärker heimgesucht zu sein, als die pontinischen Sümpfe. Trotzdem werden wir diesen Weg nehmen. Er läßt sich besser in große Tagesreisen einteilen, und solchen haben wir jetzt vor, um zuletzt auch diese Seite des Laufwagenreisens genauer kennen zu lernen: das schnelle Durcheilen größerer Strecken. Wir wollen von hier nach Monte-Cassino zu den gastfreundlichen Benediktinern, von da nach Rom; von da nach Grosseto; von da nach Pisa; von da nach Genua. Gewalttouren sind das noch immer keineswegs, denn die ganze Strecke umfaßt nur etwa achthundert Kilometer. Aber wir würden, wollten wir mehr „machen“, unserm Grundsatze untreu werden müssen, nach dem wir ja reisen und nicht rasen wollen. Auch gedenken wir wie bisher so fernerhin weder Mensch noch Tier an seinem Leben zu schädigen, und auch unsren guten Führer Riegel wollen wir *gesund* nach Hause bringen.

Ob dies aber so sicher wäre, wenn wir ihm mehr zumuteten, bezweifle ich. Man kann wohl *einmal* eine übermäßige Tagestour riskieren; wünscht man aber mehrere Tage hintereinander ohne längere Ruhepause stark zuzufahren, so wird man auf Gewaltleistungen verzichten müssen, denn die Lenkung eines Motorwagens im südlichen Sonnenbrande ist eine Arbeit, die angreift. Auch darf man nicht vergessen, daß der Chauffeur, wenn er den Wagen glücklich an Ort und Stelle gebracht hat, nicht sogleich der wohlverdienten Ruhe genießen kann, vielmehr noch ein paar Stunden scharf am Wagen zu arbeiten hat, soll dieser am nächsten Tage fahrbereit und sauber zur Verfügung stehen. Mit einem überanstrengten Chauffeur zu reisen, wäre aber nicht nach meinem Geschmack, ganz abgesehen davon, daß das seine Gefahr hätte. Denn das muß man immer im Auge behalten bei einer Laufwagenfahrt: vom Maschinisten hängt ebensoviel ab, wie von der Maschine. Oder eigentlich noch mehr, denn die Maschine und ihre Leistungsfähigkeit, hängt von ihm ab. Es ist ein ganz ähnliches Verhältnis wie zwischen Kutscher und Pferd, nur daß Verfehlungen des Maschinisten in den Folgen noch bedenklicher sind, denn ein zu Schanden getriebenes oder durch schlechte Behandlung krankes Pferd kann eher ersetzt werden, als ein Motor, der einen Knacks weg hat. – Überdies bin ich überzeugt, daß die meisten der vielen Automobilunfälle, wenn nicht auf Unvorsichtigkeit so auf Überanstrengung des Chauffeurs zurückzuführen sind. – Ein bißchen Vernunft und Maßhalten gehört auch zu *diesem* Vergnügen, das durch nichts so sehr kompromittiert wird, wie durch die törichte Maßlosigkeit vieler, die sich ihm hingeben und so sich wie andere gefährden.

XVI.
Von Sorrent bis Rom

An Herrn Felix vom Rath in München

Montecassino, bei den Benediktinern, den 3. Juli 1902.

LIEBER HERR VOM RATH! Sie sind einer von den ungläubigen Thomassen, die es nicht glauben wollen, daß es angenehm sei, im Automobil zu fahren. Ihnen müßte ich also eigentlich eine Bekehrungspredigt widmen. Der Ort lädt dazu ein; das ist gewiß, und ich dürfte keine erhabenere Kanzel finden, als die des heiligen Benedikts, der freilich, wie ich ihn zu kennen glaube, auf Ihrer Seite stehen würde, denn der Begriff Mönch ist gewiß ein antiautomobiler Begriff. Aber ich will Sie schonen, bei der heiligen Demut, ich will Sie schonen und den Triumph erleben, daß Sie eines Tages ganz von alleine zu mir kommen und bekennen: Wahrlich, ich habe mich geirrt in meinem ungläubigen Herzen und böse gedacht, wo es recht ist, gut zu denken; siehe, ein Adlerwagen steht in meinem Schuppen, und mein nächstes Klavierkonzert mit Orchester behandelt die Wollust einer Laufwagenreise.

Wozu ich bloß Amen sagen werde, das heißet auf deutsch: Ja, wohl, so sei es!

Damit Sie aber schneller auf diesen einzig wahren Standpunkt kommen, gedenke ich Ihnen auf den folgenden Zeilen mehr kurz, als gut, unsre Fahrt zu erzählen, die heute in Sorrent begonnen hat und morgen in Rom enden soll.

Um die greuliche Straße nach und die nicht ganz angenehme Fahrt durch Neapel zu vermeiden, haben wir unsern Weg an der Ostseite des Vesuvs vorbei genommen und sind über Angri, Sarno, Palma, Nola, Cancello, Caserta nach Capua gefahren, was zwar ein großer, aber sehr lohnender Umweg ist, denn er führte uns durch Gegenden, die, weil sie von der allgemeinen Fremdenstraße fern liegen, erfreulich viel von ihrer Ursprünglichkeit bewahrt haben. Freilich wären wir dadurch fast in Benzinverlegenheit gekommen, denn sowohl in Sarno wie in Palma gab es von dieser Essenz nur eben genug, um ein paar Kleider damit zu reinigen, und schon sahen wir das Schicksal vor uns, in Nola sitzen zu bleiben, als bis wohin wir gerade noch Kraft genug im Wagen hatten.

Nun ist ja, wie Sie sicher wissen, Nola historisch genommen ein sehr merkwürdiger Ort, denn nicht allein, daß der Kaiser Augustus hier gestorben ist, wurde Giordano Bruno hier sogar geboren, aber das reichte doch nicht hin, in uns den Wunsch zu wecken, hier zu übernachten. Zum Glück war es nicht nötig. Wir fanden in einer Drogerie wenigstens soviel Benzin, daß wir hoffen konnten, damit bis Caserta zu gelangen. Ja wir hatten in Nola sogar ein lustiges Intermezzo. Während wir nämlich vor dem Laden des Drogisten hielten, bis unser Führer gefaßt und gefüllt hatte, eilte halb Nola herbei, uns zu betrachten und mit uns zu konversieren, denn hier war noch keine „Benzina" durchgekommen, und so genossen wir das Hochgefühl, als Nouveauté behandelt zu werden, und es ging ein andächtiges Gemurmel durch die Menge. Der Hauptsprecher des Ortes war, wie wir schon an dem Leisten sehen konnten, den er, der flugs vom Werktische aufgesprungen war, in der Hand hatte, ein Schuster. Lasse Sie mich den Dialog zwischen mir und ihm hier wiedergeben.

Der Schuster: Darf man fragen, woher die Herrschaften kommen?

Ich: Von Sorrent.

Der Schuster: Nicht so! Ich meine (mit einer Daumendeutung nach hinten) woher aus der Fremde!?

Ich: Aus Berlin.

Der Schuster (mit um die Hälfte vergrößerten Augen und den Leisten mir auf den Schoß legend): Aus Berlin! Ist es die Möglichkeit? Aus Berlin! (Die Hände wie ein Schallrohr an den Mund legend und über die Menge hinrufend): Aus Berlin kommen die Herrschaften! Aus Berlin!

Und es ging ein ehrfurchtsvolles Gemurmel durch die Menge: Da Berlino! Ah! Da Berlino!

Der Schuster: Berlin, Signor, ist größer als Neapel?

Ich: Ja, es ist größer als Neapel.

Der Schuster: Ah, größer als Neapel! Größer als Neapel! – Und ihr habt dort einen Kaiser, wenn ich nicht irre?

Ich: Jawohl, einen Kaiser, einen ganz richtigen Kaiser!

Der Schuster: Hört ihr? Einen richtigen Kaiser haben sie da, die Leute aus Berlin. Aber einen Papst habt ihr wohl nicht?

Ich: Nein, einen Papst haben wir nicht; das ist uns zu teuer.

Der Schuster: Sehr begreiflich! Und wenn man schon einen Kaiser hat, wozu dann?

Ich: Sehr richtig, man muß nicht von allem haben wollen. Auch dürfen wir ja euren Papst mit benutzen.

Der Schuster: Natürlich dürft ihr das, Signor, selbstverständlich! Der Papst ist für die ganze Welt, und ich bin ein Esel, daß ich gefragt habe.

Die ganze Gesellschaft war selig vor Vergnügen, daß der intelligente Mann sich einen Esel gescholten hatte. Um die Scharte wieder auszuwetzen, verfiel er auf die Idee, seine Kenntnisse über Deutschland und speziell Berlin an den Tag zu legen. Das machte er so:

Der Schuster: Berlin, mein Herr, ist äußerst waldreich.

Ich: Wieso?

Der Schuster: Nun, es besitzt viele Wälder.

Ich: In der Nähe meint Ihr?

Der Schuster: Nicht doch! Es liegt mitten in einem dichten Wald und ist gewissermaßen selbst ein Wald.

Ich: Nun ja, es gibt da einen großen Garten.

Der Schuster: Ach, mein Herr, Sie müssen nicht glauben, daß wir Nolaner außerhalb der Welt wohnen. Wir wissen wohl Bescheid über Berlin. Woher käme der Reichtum der Deutschen (vor lauter Hochachtung sagt er germani statt tedeschi), wenn nicht aus ihren ungeheuren Wäldern?

In diesem Augenblick wurde er gewahr, daß ich aus Leder geflochtene Schuhe anhatte. Er betrachtete sie aufmerksam und hob plötzlich einen Fuß von mir hoch und zeigte ihn der erstaunten Menge: „Seht, solche Schuhe tragen sie in Berlin. Nicht einmal ich kann solche Schuhe machen." Und zu mir gewandt: „Davon kostet das Paar mindestens zwölf Lire, Signor, ich wette darauf!" „Ihr habt die Wette gewonnen!" „Zwölf Lire hört ihrs? Und dabei schimpft ihr auf meine Preise. Geht nach Berlin, Idioten, dort wird man es euch beibringen, was ein paar Schuhe kosten!" – Dann lief er plötzlich nach der anderen Seite, wo meine Frau saß und inspizierte ihre Fußbekleidung. Da sie einen fußfreien Rock anhatte, sah er, daß sie hohe Stiefel trug. Das versetzte ihn in Ekstase: „Bei allen Heiligen, die Signora hat *auch* Stivaloni an! Da sieht mans, was für reiche Leute diese Deutschen sind; selbst die Damen tragen Stivaloni, und noch dazu aus braunem Leder. Dieses Leder ist so fein, daß ich nach dem Preise gar nicht fragen will." – In diesem Augenblick schob sich ein junger Mann durch die Menge und hob einen jungen, sehr hübschen Jagdhund hoch: „Signori, nehmen Sie diesen Hund mit nach Berlin! Es ist ein Jagdhund, und Signora ist eine Jägerin. Zwei Lire kostet er für Sie, und ich gebe ihn nur her, damit er Automobil fahren kann." Großes Gelächter ringsum. Ich dachte schon, der Jüngling wollte mich utzen. Es war aber sein Ernst. Er setzte den Hund in den Wagen und rief: „Und wenn es bloß eine Lira ist: nehmen Sie ihn. Sie werden sehen, daß Sie ihn in den Berliner Wäldern brauchen können!" – „Aber in Berlin ist kein Wald, wenigstens nicht zum Jagen!" – „O Signor, warum machen Sie sich lustig über mich? Wir alle *wissen*, welche Wälder es bei Ihnen gibt." – Es kostete mich Mühe, dem jungen Manne klar zu machen, daß ich keinen jungen Jagdhund von Nola nach Berlin im Automobil mitführen könnte. „Sie werden es bereuen," war sein letztes Wort, „solche Hunde gibt es *nicht* in Berlin, und mag es sonst auch alles dort geben." – Jetzt erblickte der Schuster unsern photographischen Apparat, und kaum, daß wir erklärt hatten, was das sei, stand die ganze Gesellschaft Pose; eine junge Frau, die ihr Kind säugte, wurde galant nach vorn gelassen; hinten erhob einer eine Katze, damit auch sie aufs Bild käme; wer ein Taschentuch hatte, ließ es im Winde wehen.

Aber wir kamen leider nicht zum Photographieren, denn plötzlich fuhr die Menge auseinander. Von hinten war ein Stadtpolizist erschienen, der, indem er fortwährend rief: „Largo! Largo!“ ohne viel Federlesens mit seinem Stock auf die Menge einhieb. Ich wollte schon ärgerlich werden über diese Brutalität, aber die Leute lachten bloß und liefen unter ironischem Huhu! auseinander. Man nimmt, scheint es, hier die Polizei nicht tragisch, auch wenn sie Stockprügel austeilt.

Wahrscheinlich hatte der Mann mit dem obrigkeitlichen Knüppel uns für was äußerst Respektwürdiges gehalten, denn er salutierte auf ungemein feierliche Manier. Die Menge aber schrie: Evviva Berlino! der Jüngling mit dem Jagdhunde: Una Lira! Una Lira! die junge Mutter hob ihr Kind hoch, damit es uns ja noch einmal genau sehen möchte, und wir fuhren mit der Empfindung davon, daß wir diesen braven Leuten ein sehr angenehmes Gratisschauspiel geboten hatten. – Auf der Landstraße machten wir nicht weniger Sensation; die Bauern ließen alles stehen und liegen, um uns zu sehen, und schwenkten, was sich nur eben zum Schwenken brauchen ließ, hinter uns her. Oft gab es dabei wunderliche Anblicke. Der wunderlichste war dieser: Wir fuhren an einem parkartigen Garten vorüber und zwar, weil er sehr schöne Bäume hatte, die wir mit Muße betrachten wollten, ganz langsam. So kamen wir an eine offene Stelle in der Mauer, die nur unten durch dichtes Gebüsch abgeschlossen war. Da plötzlich – schläft hier der alte Pan? – erhebt sich hinter dem Grün ein ganz nackter Schmerbauch, stützt die Hände in die Hüften und lacht, lacht, lacht, daß ich glaube, der hin und her schwappende Bauch muß von ihm fliegen. Schade, daß der Dicke keine Hörner auf dem runden Glatzkopf hatte, – bis auf diese Bocksattribute war es ein vollkommener Faun. – Nackte Oberkörper sind hier übrigens nicht selten in freier Natur zu sehen. Viele Bauern tragen bei der Arbeit nichts als eine Hose. Bei unserm lachenden Faun wirkte der Anblick nur deshalb so mythologisch, weil die behoste Partie durch das Buschwerk verdeckt war. Kleine Jungen, bis etwa zum zehnten Jahre, tragen nichts als ein Hemd, das um die Hüften von einem Gürtel festgehalten wird. Alles Weibliche aber ist vollkommen envelopiert, nur, daß sich über dem Mieder nicht noch eine

„Taille" befindet. Das wäre bei dieser Hitze aber auch zuviel des Guten. – Die Landschaft macht einen verschwenderisch fruchtbaren Eindruck. Die Straßen sind von herrlichen großen Bäumen eingefaßt. Aber es ist kein Garten, wie bei Sorrent, sondern Ackerland.

Zwischen Caserta, wo wir Mittagspause machten, und Capua kamen wir wieder in die Region des Staubes. Was hinter uns war, verschwand einfach, und wir selber sahen bald aus wie die Mühlknechte. Immerhin: was tuts? Es ist doch unbeschreiblich schön, durch diese Landschaft zu fahren, die nie auch nur eine Minute lang eintönig ist und von Kilometer zu Kilometer neue Reize zeigt.

Man spricht wohl gerne so im allgemeinen von „der" italienischen Landschaft. Die gibt es ebenso wenig, wie „die" deutsche. Sie ist überall anders. Nicht allein, daß die Lombardei landschaftlich ganz verschieden ist von Toskana, und Campanien wieder ganz anders, als der eigentliche Süden, nein, innerhalb der großen Landesteile selber ist eine unglaubliche Mannigfaltigkeit. Nur eines, leider, fehlt fast überall: der Wald. Den haben wir vor Italien voraus, ihn und die weiten, buschigen Wiesen. Denke ich hier an Deutschland, so heiß ich es: Das grüne Land.

Monte Cassino, die Gebetsburg des heiligen Benedikt, des Patriarchen der abendländischen Mönche liegt königlich. Dieser erste Mönch des Abendlandes, den alle Orden als ihren Erzvater betrachten, hat mit seiner Klostergründung ein Vorbild geschaffen für alle übrigen, und es darf wohl gesagt werden: sie ist nirgends erreicht worden. Freilich war es zu seiner Zeit wohl nur eine Felsenklause, und heute ist es ein Schloß, wie es nicht viele Fürsten besitzen. – Mit dem Automobil hinaufzukommen, ist nicht ganz leicht. Wir brauchten, da wir gerne langsam fuhren, fast eine Stunde. Wer möchte da auch hinaufjagen? Es ist unbeschreiblich, wie sich bei jeder Kehre die Landschaft unten erweitert und doch übersichtlicher wird. Nach allen Richtungen hin laufen schnurgerade Straßen. Man fühlt: dies hier ist lange Zeit der Mittelpunkt eines sehr großen Kreises gewesen.

Schon auf dem Wege und dann oben begrüßten uns mit den höflichsten Manieren der besten Erziehung ganze Scharen junger Kleriker und

Institutszöglinge, und an der großen Pforte des Klosters bewillkommnete uns der Padre forestierajo mit vollkommenster Urbanität. Andre Herren des Klosters (Mönche zu sagen trage ich Bedenken, weil dies Wort einen schiefen Begriff gibt) kamen herbei und hießen uns gleichfalls willkommen. Wir schickten unsre Karten dem Abt und wurden bald eingeladen, uns zum Abendtisch zu begeben. Der war in einem netten kleinen Zimmer eines Seitenflügels, sauber gedeckt, einfach aber wohlhäbig anzusehen. Der Padre forestierajo erkundigte sich noch nach unseren Wünschen, sagte ein paar höfliche Worte über Deutschland und den Kaiser (den er den Gönner seines Ordens nannte), machte auch ein paar feine politische Anmerkungen über die Reise des italienischen Königs nach Petersburg und überließ uns dann der Bedienung eines tadellos servierenden Laienbruders, der uns ein einfaches aber vortrefflich zubereitetes Abendessen auftrug. Dann erschien der Pater wieder und eröffnete uns, daß, wenn die Signora, die nach den Regeln des Ordens nicht im Kloster selber übernachten dürfe, sich in dem für Damen außerhalb der Klostermauern errichteten Hause etwa ängstlich fühlen möchte, es mir unbenommen sei, auch dort zu übernachten, obgleich dies nicht ganz nach der Regel sei. Wir nahmen das freundliche Anerbieten dankbar an, erhielten es noch anheim gestellt, wann wir morgen zum Frühstück kommen wollten, und wurden dann mit der Laterne hier herüber begleitet, wo für gewöhnlich die Mütter der Zöglinge des Klosters bei ihren Besuchen übernachteten. Unser Führer und der Adlerwagen, der uns auch heute wieder Freude bereitet hat, da er ohne die geringsten Zündungsmucken über Berg und Tal rollte und überhaupt alle guten Eigenschaften einer kräftigen Konstitution an den Tag legte, die sich freut, nach langer Pause wieder ihre Kräfte zeigen zu können, dürfen beim heiligen Benedikt selber übernachten. – Ich würde Ihnen noch gerne vom Kloster selber erzählen, aber von Sorrent bis hier herauf, das heißt einen ganzen Tag gefahren sein, und so habe ich nur die Kraft, Ihnen noch gute Nacht zu wünschen.

Rom, den 4. Juli, im Hotel Continental.

Es war nicht leicht heute früh, von den gastfreundlichen Benediktinern in Monte-Cassino loszukommen, und wir haben uns gewissermaßen heimlich davon gemacht, indem wir es nicht darauf ankommen lassen wollten, daß wir doch noch zurückgehalten würden, wenn wir persönlich Abschied nahmen. Dieses ganz ungemein lebhafte Gastfreundschaft der Monte-Cassinesen gehört zu den Traditionen dieses ersten und obersten Klosters der Christenheit und wird gegen Jedermann geübt, aber sie äußert sich besonders stark dann, wenn es sich, wie bei uns, um Gäste handelt, bei denen man aus irgend einem Grunde eine besondere Anteilnahme an dem Ganzen oder einem Teilgebiet der klösterlichen Interessen voraussetzen kann. In uns erkannte man Leute, die sich für die Kunstübung des Klosters interessieren würden, und aus diesem Grunde brachte man uns mit dem ehrwürdigen Pater Desiderius zusammen, der, als jetziges Haupt der Mönchsmalerschule von Beuron, die er im Verein mit dem verstorbenen Pater Gabriel gegründet hat, das Geschäft der künstlerischen Ausschmückung der ältesten Räume des Klosters Sancti Benedicti leitet. Die Kunstschule der Beuroner Benediktiner, auf die auch der Kaiser einmal lobend hingewiesen hat, ist vor etwa dreißig Jahren gegründet worden, aber sie ist, wie es im Wesen einer mönchischen Anstalt liegt, kaum in die eigentliche Öffentlichkeit getreten, und ich gehe wohl nicht fehl, wenn ich annehme, daß Professor Muther ihrer in seinem Werke von der modernen Malerei nicht Erwähnung tut. Ich selber wußte von ihr bis heute so gut wie nichts, und ich muß gestehen, daß ich mir von dem, was wir von ihren Leistungen hier sehen sollten, nicht eigentlich einen Kunstgenuß versprach. Aber immerhin: Malereien heutiger deutscher Mönche im Hause des heiligen Benedikt auf Monte-Cassino, – das lockte mindestens als Kuriosität. – Pater Desiderius begrüßte uns in der Kirche, wo eben einem verstorbenen Mitgliede des Klosters das Totenamt gehalten wurde. In ihm trat uns ein ganz andrer Typus des Benediktinertums entgegen, als in den fast elegant zu nennenden gelehrten italienischen Klosterherren: auf einem breitschultrigen, ein wenig gebückten Körper ein prachtvoller alter bärtiger Apostelkopf entschieden deutschen Gepräges; die Bewegungen und Gesten langsam wie die Sprache, – ein breites gemütliches Deutsch. Der ganze Mann überhaupt ein grunddeutsches Gebilde, mich sogleich aufs Heimlichste anmutend. Seine bedächtige Ruhe und behagliche Sicherheit erinnerte mich an den werten Meister aus dem Schwarzwalde, unser lieben Hans Thoma. Nachdem er uns ein paar schöne Barockschnitzereien in der Sakristei gezeigt hatte, führte er uns an den Ort seiner Tätigkeit, d. i. in die aus des heiligen Benedikt Zeit stammenden Gewölbe, die, soweit sie nicht schon von den Beuronern ausgeschmückt sind, jetzt ihren Schmuck von ihnen erhalten. Dieser Schmuck besteht aus Fresken, flacherhabenen Bildhauerarbeiten und Mosaiken. Ich war überrascht. Diese mönchischen Künstler sind mehr als bloße Nachahmer alter Stile. Mit dem, was sonst heute in katholischen Kirchen als Kunst ausgegeben wird, haben sie nichts als den religiösen Gegenstand gemeinsam. Viel mehr berühren sie sich mit gewissen Richtungen der modernen Kunst. Sie sind primitive Stilisten, ja man kann sie, wenigstens was die Ornamente angeht, Symbolisten der Linie nennen. Dabei gehen sie weit hinter die christliche Zeit zurück, indem sie ägyptische Motive aus der allerältesten Epoche der Kunst dieses Volkes verwenden, aus der Zeit, in der, wie Pater Desiderius meint, dort eine reine Gottesverehrung bestanden hat. Dem sei, wie ihm wolle, sicher ist, daß diese in den Stein geschnittenen Linien keine Hieroglyphen, sondern klare und schöne Zeichen einer erhabenen Sinnesart sind, und daß sie außerdem einen sehr sicheren künstlerischen Geschmack aussprechen. So auch die Malereien, die echt dekorativ gedacht sind und eine weise Beschränkung in den Mitteln zeigen. Die Farbe entbehrt freilich des Reizes, den moderne Augen nicht mehr entbehren wollen, aber der strenge Stil der Zeichnung ist vortrefflich und stimmt aufs beste zu der Art, wie die heiligen Gegenstände hier aufgefaßt sind. Besonders interessant waren mir die Mosaiken. Einen Vergleich mit den Werken von Venedig, Torcello, Ravenna halten sie freilich nicht aus, aber sie fordern auch nicht dazu auf, denn sie streben eine andere, mildere Wirkung an, und es darf gesagt werden, daß diese Wirkung sehr harmonisch und fein ist. Am meisten gefielen mir vor allem anderen einige Flachreliefs, von denen ich sagen möchte, daß sie eine graziöse Frömmigkeit atmen. Woher hat dieser deutschstämmige Pater mit dem Urwaldbarte dieses Raffinement der zärtlichen Linien? Ist es die

Madonnenverehrung seiner katholischen Frömmigkeit? Ist es dieser Spiritualismus des Mönches gegenüber dem Weibe? Genug, es ist derselbe holde Liebreiz der leisen Form wie auf den Gemälden der Primitiven von Siena. – Ich freue mich sehr, daß wir diese Werke sehen durften, und ich freue mich überhaupt dieses Besuches beim heiligen Benediktus. Karl der Große hat recht gehabt, wenn er, wie man ihm zuschreibt, dem Sohne Paul Warnefrieds zurief:

Alma Deo chari Benedicti tecta require:
Est nam certa quies fessis venientibus illuc.

Zu deutsch etwa:

> Kehr ein im holden Haus des gottgeliebten Benedikt,
> Mit sichrer Ruhe wird der Müde dort erquickt.

– Erst um 11 Uhr kamen wir zur Abfahrt. Die Landschaft, die wir durchfuhren, hatte fast durchweg pathetischen Charakter: riesige Eichen als Chausseebäume, weite Felder, großzügiges, nur leider, wie überall, waldloses Gebirg. – Einem reitenden Mönch, dem wir begegneten, bereiteten wir arge Beschwerden, wodurch aber uns ein schöner Anblick wurde: das Pferd ging mit seinem bekutteten Reiter wild durch, die Kutte blähte sich sehr malerisch auf, der Mönch flog wie ein angebundenes Gestell hin und her, bis endlich das ganze phantastische Bild in einem Straßengraben verschwand, – doch war zum Glück nichts passiert, denn wir sahen Roß und Mönch heil aufstehen.

Wundervoll liegt Frosinone, von wo aus wir eigentlich nach Tivoli wollten, aber man schilderte uns den Weg übers Gebirge als gar zu abenteuerlich steil. Also zogen wir es vor, auf ebener Straße zu fahren, und so gelangten wir, in einem sehr raschen Tempo, durch die Campagna, deren großartige Schönheit uns erst heute richtig aufging, glücklich und schnell zum zweiten Male nach Rom, wo wir indessen diesmal nur übernachten wollen.

Wenn Sie Ihre erste größere Automobilreise unternehmen (an der ich nicht zweifle), rate ich Ihnen, es zu tun wie wir, und Italien zum Ziel zu wählen. Auch sollten Sie dann, gleich uns, im Sommer reisen, wo man die herrlichen Straßen ganz für sich allein hat und sicher ist, keinem andern Automobil zu begegnen. Wegen des Staubes ist das ein recht angenehmer Umstand, wie denn, glaub ich, in künftiger Zeit, wenn das Reisen im Automobil die Regel sein wird, diese Art des Reisens nicht mehr *ganz* so schön sein dürfte. Viele Automobile hintereinander, – ich danke!

Also, lieber Herr vom Rath, entschließen Sie sich schnell, ehe sich *Alle* entschließen!

XVII.
Von Rom bis Mailand.

An Herrn Friedrich von Schirach in München

Grosseto, den 5. Juli 1902.

GEEHRTESTER HERR! Haben Sie Schwefel im Hause? Dann zünden Sie ihn an und schwefeln Sie diesen Brief! Er kommt aus dem Hauptquartier der Malaria.

In den Ortschaften vor Grosseto sind alle Fenster mit einem dichten Drahtgeflecht vergittert. Die Regierung hat, wie man uns in Cività vecchia erzählte, große Mengen Chinin an die Bevölkerung verteilen lassen. Sollen wir uns deswegen fürchten? – Wir denken nicht daran. Wir denken nur daran, wie schön auch dieser Tag war. Die Maremma mag sehr ungesund sein, dafür ist sie aber auch sehr schön, wenn ihre Schönheit auch nicht gerade die ist, die man sich für gewöhnlich unter der Schönheit einer italienischen Landschaft vorstellt. – Kurz nach acht Uhr fuhren wir ab, als Wegzehrung einen großen Korb köstlicher Aprikosen und Birnen mit uns führend, die unsre einzige, aber vollkommen ausreichende Mahlzeit während der Fahrt bildeten. Wieder ergriff uns die grandiose Öde der Campagna, die ganz erfüllt war vom Gesange der Hitze, dem

Schrillen unzähliger Cicaden. – Wo die Landschaft anfängt, bebaut zu werden, scheint alles den Fürsten Odescalchi zu gehören, deren Wappen wenigstens an allen Gebäuden angebracht sind. Man sieht ganze Zeltlager von Tagelöhnern, und auch die großen Dreschmaschinen verraten, daß hier der Landwirtschaftsbetrieb des Großgrundbesitzes herrscht. – Bald ist man am Meere; ein großer Seeadler hatte es uns schon angezeigt, ehe wir es noch sahen. Hinter Cività vecchia unendliches Weideland voll der riesigsten Rinderherden. Wahre Kolosse, schwarz, schwer, mit ungeheuren Hörnern. Dann Corneto, hoch, von uraltem Aussehen, und nun in die Maremma, in die Einsamkeit der Einsamkeiten, Wald und Sumpf. Korkeichen, kenntlich an dem nackten, der Rinde beraubten Stamm, fallen auf. Ab und an ein Lastwagen, mit ihren Rinden beladen, oder Reiter, die, in der Hand die Hirtenlanze, herangesprengt kommen, uns zu betrachten. In der Ferne Hügel und wieder Wald. Manchmal ein Blick aufs Meer. Vor Albarese wurden wir mit einer Fähre über die Albegna gesetzt, nachdem wir Orbetello umfahren hatten, das wie mitten im Meere zu liegen scheint. Ein schöner Blick auf die Insel Elba. Ein paar Mal konnten wir uns, dank schnurgerader völlig unbelebter Straße, das Vergnügen voller Fahrt leisten, wie das Gewitter einherbrausend. Rechts und links flohen dann im wildesten Galopp ganze Herden weidender Pferde ins Weite, und hinter uns erhob sich der Staub wie ein Wolkengebirge. Nun noch Überfahrt über den Ombrone, und wir sind am Ziele, immerhin froh, die ganz bestaubten Kleider von uns tun und ein Bad nehmen zu können, wenn es auch bloß ein Bad in einer Reisebadewanne aus Gummi ist. Dieser Teil unsrer Reiseausrüstung ist alltäglich ein Gegenstand unsrer Freude, denn kaltes Wasser ist eine Wohltat nach einem heißen Tage. An der vorzüglichen Küche und der sauberen Einrichtung des Hotels merken wir mit Vergnügen, daß wir wieder auf toskanischem Boden sind.

Pisa, den 6. Juli 1902.

Der heutige Tag ist bis jetzt der einzige gewesen, der uns durch unschöne Landstriche geführt hat. Von Follonica an geht es eine lange Weile fast fortwährend zwischen häßlichen Häusern hin. Nur der Blick aufs Meer entschädigt. Das Hübscheste an diesem Tage war ein kleiner Aufenthalt vor einem Bauerngehöfte, dessen Bewohner wir ein paar hundert Meter in unserem Wagen fahren ließen, was ihnen ein unbeschreibliches Vergnügen gewährte.

Spezia, den 7. Juli, im Malteserkreuz.

Wir sind heute nicht bis Genua gekommen, weil wir erst um 4 Uhr von Pisa weggefahren sind, das wir uns doch etwas genauer ansehen wollten. Die Stadt hat für Reisende einen großen Vorteil: alle Sehenswürdigkeiten liegen auf einem Platze. Dieser Platz ist aber dadurch einer der eindrucksvollsten, den man sich nur denken kann. Zuerst lenkt natürlich der schiefe Turm den Blick auf sich. In der Tat: er ist sehr schief, bedenklich schief, absolut schief, so schief, als ein Turm nur sein kann, wenn er nicht direkt die Absicht hat, umzufallen. Und man wundert sich, daß er nicht umfällt. Mir war es direkt unangenehm, hinaufzusteigen, und der Hinunterblick war mir sehr fatal. Türme haben die Pflicht, gerade zu sein, und ich kann durchaus nicht glauben, daß die Baumeister von Anfang an die Absicht gehabt haben, diesen Turm schief aufzuführen, denn diese Absicht wäre der Beweis einer so unkünstlerischen Originalitätswut, wie wir sie jenen gesund künstlerischen Zeiten nicht zutrauen können. – Sehr schön, außen und innen, ist der Dom. Ein riesiger Christus in Mosaik wirkt gewaltig. Die berühmte Lampe, deren Schwingungen Galilei auf das Studium des Pendels geführt haben sollen, ist jetzt elektrisch montiert, was sich bei einer Galileilampe wohl verstehen läßt, wenn es ihr auch nicht eben gut steht. – Das Schönste an Pisa ist aber der alte Campo santo, wo die Fresken der alten Toskaner, Benozzo Gozzoli voran, keinen Gedanken an den Tod aufkommen lassen, wenn sich auch einige bemühen, dessen Schrecken sehr anschaulich darzustellen. An den Novellen, die Benozzo Gozzoli aus dem alten Testament heraus und in das Gewand seiner Zeit hineingedichtet hat, kann man sich kaum satt sehen. Man möchte sie stehenden Fußes in Verse bringen, die das alte Testament gänzlich beiseite lassen könnten, da die biblischen Geschichten diesem prächtigen Fabulisten nur als Unterlage für die köstlichsten Einfälle und entzückendsten Gestalten gedient haben. Was für Kerle diese alten Maler-Dichter doch waren, was für frohmütige freie Mannsleute, die sich den Teufel um Heiligkeit und Tradition scheerten, wenn es sie juckte, den Schalk loszulassen, der ihnen im Nacken saß. Kennen Sie la vergognosa die Pisa, die geschämige Pisanerin? Das ist eine schöne Dame, die zufällig, d. h. weil es Meister Benozzo so gefiel, dabei zugegen war, wie der alte Noah, der bekanntlich der beste Bruder auch nicht war, öffentliches Ärgernis gab. Aoh shoking! sagt die schöne Dame, wie sie den aufgedeckten alten Herrn liegen sieht, und schlägt die Hand vors Gesicht, – aber mit auseinandergespreitzten Fingern.

Bald hinter Pisa durften wir uns am Anblick eines ganz wundervollen Pinienwaldes erfreuen, des schönsten, der uns bisher begegnet ist. Im übrigen wechselten auf dieser Fahrt schönste Natur mit Strecken, die durch Industrie um ihre Schönheit gebracht sind. Auch lernten wir eine neue Art Staub kennen: den Marmorstaub. Wir kamen hier durch das Gebiet des berühmten Steines von Carrara, wenngleich wir die eigentlichen großen Brüche nicht passierten. Aber alles steht hier im Zeichen dieses Marmors. Überall Steinschneidereien, und auf kolossalen Wagen werden riesige Blöcke von Ochsenviergespannen fortbewegt. Überall aber auch liegt der Staub dieses Steines, von dem die ganze Landschaft wie überzogen erscheint. Selbst die Schweine, deren man hier ganzen Herden begegnet, haben sich dieser Lokalfarbe angepaßt. (Im allgemeinen haben wir die Bemerkung gemacht, daß, wie das deutsche Schwein blond, so das italienische schwarz ist.) – Kurz vor Spezia wird die Landschaft wieder sehr schön: üppig bewachsene grüne Hügel, im Hintergrund hohe Berge. – Nun sitzen wir hier am Hauptkriegshafen Italiens, den wir ganz übersehen können, obwohl es Nacht ist, denn von Zeit zu Zeit wird er durch Scheinwerfer erleuchtet. Spezia selbst macht einen merkwürdig „ordentlichen“ Eindruck. Das kommt wohl daher, weil es der Sitz vieler Behörden ist.

Genua, den 8. Juli, im Eden-Hotel.

Heute hatte unser Adlermotor wieder einmal Gelegenheit, seine Tüchtigkeit im Bergsteigen zu beweisen. Gleich hinter Spezia beginnt ein

Apenninbrocken von beträchtlichen Graden. Es ist aber eine sehr schöne Fahrt, besonders auch deshalb, weil es hier *Wald* gibt. Wald heißt aber auch Frische, – und dafür waren wir besonders dankbar, denn die Hitze fängt an, *auch* beträchtliche Grade anzunehmen. In dem Rivierastrich, den wir durchfuhren, hatten wir Gelegenheit, sie zu spüren, und jeder auch noch so kurze Aufenthalt war uns äußerst unerwünscht, denn die Sonne, die hier ein Stück Süden unter Breiten entstehen läßt, die eigentlich kein Anrecht auf südliche Vegetation haben, meint es übermäßig gut. In Sorrent haben wir es längst nicht so heißt gehabt. Man begreift es, daß die Fremden im *Winter* hierhergehen. Wir sind sehr abgespannt und froh, in einem Hotel abgestiegen zu sein, das in einem Garten liegt.

Mailand, den 10. Juli, im Albergo Europa.

In Genua haben wir, der Hitze halber, während unsres Reisetages kaum das Hotel verlassen, und hier, fürcht ich, wird es kaum anders werden. Die Hitze ist ganz unglaublich (40 Grad Celsius im Schatten); verhältnismäßig erträglich haben wir es nur während der Fahrt unter unserem Sonnendach, für dessen Konstruktion wir alle Ursache haben, den Adlerwerken dankbar zu sein. – Die Ausfahrt aus Genua war überaus unangenehm, weil sie durch äußerst belebte Viertel führte, die, was Schmutz und Bevölkerung betrifft, an Neapel erinnerten. Im Anfang hatten wir dann eine schöne Fahrt durch gebirgiges Land, bis wir in die lombardische Ebene gelangten. Hier klagten selbst die Bauern, die doch daran gewöhnt sein müssen, über die Hitze, und es wurden uns Fälle erzählt, daß Leute bei der Feldarbeit bewußtlos umgefallen waren. – Den sehr breiten Po überschritten wir auf einer Schiffsbrücke, deren Verwaltung bereits für Automobile eine besondere Taxe eingeführt hat, wie die ausdrücklich auf Motorwagen lautenden Passierbillets bewiesen. – Von Pavia bis Mailand sind wir, auf der brillanten, den Kanal entlang führenden Straße, in vollster Fahrt dahingesaust, schneller, als der Zug der Sekundärbahn, den wir, sportmäßig zu reden, schlugen „wie wir wollten".

Mailand, den 12. Juli.

Nein, ein Land für die Hundstagsferien ist Italien nicht, zum mindesten dann nicht, wenn die Hitze, wie heuer, exzessiv ist. Wir haben das wirklich schlecht getroffen. Die Mailänder selber sind außer sich und bekennen, daß eine derartige Hitze noch nicht da war. Wer irgendwie kann, flieht aufs Land. Auch wir flöhen gerne, wenn Meister Riegel, unser vorsichtiger Führer, nicht darauf bestünde, dem Wagen eine eingehende Behandlung angedeihen zu lassen, wozu der Umstand günstig ist, daß sich hier eine Filiale der Adlerwerke befindet. – Wir haben es versucht, uns wenigstens an der Kunst zu erfrischen, aber selbst sie ist machtlos gegen diese Temperatur. Ich vermochte mich zwischen den Herrlichkeiten der Brera nur gerade von Sitzbank zu Sitzbank zu schleppen, und dabei sind Dinge hier, die, wie die ausgesägten Fresken, zu jeder andren Zeit elektrisierend wirken müssen. Aber diese Hitze lähmt alle Spannkraft. O, wie verstehe ich Meister Canova, daß er den ersten Napoleon hier splitterfasernackt in den Hof des Brera-Palastes gestellt hat. – Der einzige kühle Platz in ganz Mailand ist jetzt, wenn man den Platz unter einer kalten Douche ausnimmt, der Dom. Ich wundre mich, daß er nicht fortwährend bis auf den letzten Platz gefüllt ist. Heil den alten Meistern vom Bau! Sie haben es nicht bloß fromm, sondern auch gut gemeint. Hier zwischen den herrlichen gotischen Säulen wandelt man wie im Walde und möchte pfeifen wie ein Handwerksbursch, wenn es die Heiligkeit des Ortes zuließe. Aber auf das *Dach* des Domes bringt mich jetzt kein Mensch, obwohl Herr Bädeker beteuert, daß man es durchaus nicht versäumen dürfe, da hinauf zu steigen. Lieber Herr Bädeker! Bezahlen Sie meine Stiefelsohlen, wenn sie da oben versengen? Bestreiten Sie die Doktorkosten, wenn ich, vom Hitzschlag getroffen, einem der marmornen Heiligen, die dort in der Sonne glühen, in die Arme sinke? Können Sie es vor der Literaturgeschichte verantworten, wenn ich in der Blüte meiner Jahre vor Sonnenglut wahnsinnig werde? Nein, alles was recht ist, – aber diese Hitze ist ein Unrecht. – Auch in der berühmten Galleria Vittorio Emmanuele ist es nicht zum aushalten. Es ist nirgends zum Aushalten, als im Adlerwagen, während er fährt. – Also fahren wir! Und, bei den drei Eismännern des Kalenders, nach Norden, nach Norden, nach Norden! Ich habe Heimweh nach weniger als 20 Grad Celsius. Meine hyperboräische Konstitution sehnt sich nach kühlen Winden. Ich möchte nicht zum Backpflaumenmann werden.

Morgen fahren wir, und wenn es Tinte regnet!

XVIII.
Von Mailand bis Stein am Rhein

An Herrn Dr. August Smith in Wangen am Bodensee

Bellinzona, den 13. Juli, im Hirschen.

GERETTET, LIEBER DOKTOR! Wir sind dem feurigen Ofen entronnen; den Bergen nahe erfreuen wir uns kühler Winde und segnen die frische Schweiz. Italien ist ein anbetungswürdiges Land; man soll es das ganze Jahr lang anbeten, aber mit Ausnahme der Hundstage. Meine Frau will das zwar nicht zugeben, aber in diesem Falle muß ich sie als befangen ablehnen, und, wenn sie auch plötzlich recht traurig wurde, wie wir die Grenze ihres Landes hinter uns ließen, – im Grunde, glaube ich, ist selbst sie nicht traurig darüber, daß die Temperatur beginnt, erträglich zu werden, und auch sie hat das frischere Grün der Schweizer Fluren gerne gesehen. Ich für mein Teil hätte vor Vergnügen schreien mögen. – Übrigens entließ uns Italien nicht so schnell. Es dauerte beträchtlich lange, bis wir unsre zu Zolldepot gegebenen 110 Franken zurückbekamen. Schneller wurden wir sie wieder los, denn auch die schweizerische Eidgenossenschaft legt Wert darauf, ein solches Depot zu erhalten.

Morgen über den Gotthard! Dort liegt noch Schnee! Welch herrliche Aussicht!

Kurz vor dem Sankt Gotthard-Hospiz

Der Gotthard war uns als der einzige schweizer Gebirgspaß bezeichnet worden, dessen Überschreitung mit Motorwagen gestattet sei, und in Bellinzona bestätigte man uns dies mit dem Hinzufügen, dieses Erlaubnis sei allerjüngsten Datums, übrigens aber nicht viel wert, weil es sich von selber verbiete. Wenigstens sei ein Herr, des es kürzlich versucht habe, unverrichteter Dinge zurückgekehrt. – Durch solche Erzählungen muß man sich nicht irre machen lassen. Immerhin waren wir, als wir abfuhren, nicht gerade felsenfest überzeugt, daß wir über die 2111 Meter hinüber gelangen würden, und wir dachten schon daran, ob wir nicht wenigstens das schwere Gepäck mit der Bahn befördern lassen sollten. Aber die Zuversicht siegte, und der Adlerwagen hat sie nicht zuschanden werden lassen. Wir sind um 10 in Bellinzona abgefahren und um 7 in Brunnen angekommen, ohne daß uns der alte Sankt Gotthard auch nur ein einziges Mal Veranlassung gegeben hätte, kleinmütig zu werden; wir haben ihn „glatt genommen". Allerdings nach der Melodie „Immer langsam voran",

– sonst hätte wir zu 136,4 Kilometer nicht neun Stunden gebraucht. Aber es bleibt für einen einzylindrigen achtpferdigen Motor eine sehr respektable Leistung, einen großen Wagen mit drei Personen und schwerem Gepäck, im ganzen eine Last von 22 Zentnern, über diesen Berg zu schleppen. Bis Airolo geht es ja im allgemeinen ohne allzuscharfe Steigung ab; zwar erhebt sich der Weg von 232 Metern auf 1178 Meter, aber diese Steigung verteilt sich auf 57 Kilometer. Dafür muß dann die Steigung bis zur Paßhöhe, also von 1178 Meter bis zu 2111 Meter innerhalb sechzehn Kilometer genommen werden. Das läßt sich nicht im Galopp machen. Und wenn es sich machen ließe, ich weiß nicht, ob mans täte. Die Fahrt ist so wunderbar schön, daß man durchaus nicht den Wunsch hegt, sie abzukürzen. – Es ist vielleicht die abwechslungsreichste Fahrt gewesen, die wir überhaupt gemacht haben. Sie begann im Bereiche fast südlicher Vegetation in einem üppigen Rebenlande mit Edelkastanien und Feigenbäumen und führte in kahle Höhen, wo noch meterdicke Schichten eisig verhärteten Schnees lagen, senkte sich dann in eine nördliche Gebirgslandschaft mit wunderbaren Nadelholzwäldern und führte schließlich durch das herrliche Seegelände, das die Heimat der Tell-Sage ist. Erst heute haben wir Italien eigentlich verlassen, denn das Land südlich des Gotthards ist italienische Erde, wenn seine italienischen Bewohner auch schweizerische Eidgenossen sind. Doch hat die Zugehörigkeit zur Schweiz in der Tat den Typus etwas verändert. Sie sind schwerfälliger, als ihre Brüder jenseits der rot-weiß-grünen Grenzpfähle. Auch fielen mir die vielen blauen Augen auf, und aus dem Ausdruck dieser Augen, wenn sie unsern Wagen sahen, bildete sich mir das Wort kuhäugiges Erstaunen. Auch war uns auffällig, wie ganz anders sich diese schweizerischen Menschen, die Italiener sowohl wie die Deutschen, unserm Wagen gegenüber verhielten, als alle übrigen Menschen bisher. Wo wir sonst hielten, um Wasser nachzufüllen oder aus sonst einem mit dem Wagen zusammenhängenden Grunde, kamen die Leute von allen Seiten herbei und trachteten, den Motor so nahe und so genau wie möglich anzusehen, wobei sie es nicht unterließen, Fragen an Meister Riegel zu richten, mehr oder weniger lebhaft, ja nach dem Temperament. Hier, in der Schweiz, nichts von alledem, obwohl gerade in dieser Gegend

Laufwagen noch so gut wie unbekannt sind. Vielleicht, daß sich ein paar ganz junge Leute in fünf, sechs Schritt Entfernung aufstellen und das Ding mit äußerster Befremdung betrachten; das ist aber auch alles. Die anderen gehen mit einem Ausdruck vorüber, als wollten sie sagen: Gottlob, daß wir Engel des Tell davon entfernt sind, derlei Unfug mitzumachen. Und, fährt man auch noch so langsam durch ein Dorf, stets finden sich einige, die mit Amtsmiene gebieten: Langsam fahren! Es scheint, als ob jeder einzelne sich des Umstandes bewußt wäre, daß es von seiner Stimmabgabe mit abhängt, ob künftig solche Maschinen auf diesem, ihrem Grund und Boden verkehren dürfen. Einen besonderen liebenswürdigen Eindruck macht dies nicht, und es verrät auch nicht übermäßig viel Intelligenz. Wir sollten es aber auch noch ganz direkt erfahren, von welcher Art die Freiheit sein kann, wenn Bauern von ihr schrankenlos Gebrauch machen dürfen. – Vorher ein paar Bemerkungen über die Gotthardstraße. Den Eindruck alter großer Kultur, wie er von der Brennerstraße ausgeht, macht sie nicht. Sie hat ja auch längst nicht deren Alter. Sie ist viel wilder, rauher, und sie erhält in ihren oberen Partien auf dem südlichen Teil noch etwas drohendes durch die Forts, mit denen die Schweiz den Berg gegen Italien befestigt hat. Diese Forts sind nicht etwa malerische Festungsbauten im alten Sinne, sondern höchst typische Erzeugnisse jener modernsten Festungsbaukunst, die mit lauter Faktoren zu rechnen hat, die es ihr geradezu verbieten, malerisch zu sein. Alles ist darauf angelegt, möglichst wenig bemerkt zu werden. Nur daß hie und da eine breite, flache, überaus mächtige Kuppel sichtbar wird, oder in kolossaler Höhe eine wir mit dem Felsen verschmolzene Bastion. Einen wunderlich idyllischen Gegensatz zu diesen ins Gebirge eingelassenen Verteidigungswerken bildete ein schweizer Gotthardsoldat, der, im vollen Waffenschmuck des Kriegers, Helm auf, Säbel um, dasaß und die Umgebung mit Wasserfarben abmalte. Ein andrer aber, der, wie es schien, dazu befohlen war, verfolgte uns wohl eine halbe Stunde lang, bald vor, bald hinter uns auftauchend, indem er Abkürzungswege benutzte. Im übrigen begegneten wir oben keiner menschlichen Seele, hatten dafür aber Gelegenheit, eine ganze Rindviehprozession über ein Schneefeld zu beobachten. Schnee und Eis gab es überhaupt genug, aber in der

Hauptsache nur über den Wasserläufen, nicht mehr auf der Straße selbst. An dem berühmten Hospiz fuhren wir ohne Einkehr vorüber, froh, daß es nun im beschleunigten Tempo bergab gehen durfte. Die Bremsen bekamen jetzt scharfe Arbeit, denn das Gefällt nach Norden ist sehr streng. Wir begegneten auf dieser Seite vielen Touristen, während wir auf der Südseite keinen einzigen Rucksack erblickt hatten. Bald erschienen auch Wagen (hinter Andermatt sogar sehr viele), und, was schlimmer war, solche mit schweizer Kutschern, die es für wichtiger halten, ausgiebig und laut zu schimpfen, statt sich um ihre Pferde zu kümmern. Zum Glück verstanden wir den Sinn ihrer wütenden Expektorationen nicht, da sie urnerdeutsch fluchten, also in einem Dialekt, der dem ans Hochdeutsche gewöhnten Ohre mehr wie eine unbegreifliche Anhäufung von Rachenlauten, denn als eine Abart deutscher Sprache erscheint. Wir beantworteten diese Konglomerate aus Ch-Lauten aufs freundlichste mit dem Gruße: Leben Sie wohl, mein Herr! und gaben uns im übrigen dem Anblick der hier wahrhaft grandiosen Natur hin. So gelangten wir glücklich, ohne irgend ein Pferd des Kantons Uri in ernstliche Verlegenheit gesetzt zu haben, über die Teufelsbrücke und schließlich nach Göschenen. Hier aber ereilte uns unser Geschick. Es hatte die Gestalt eines überlebensgroßen Polizisten, der sich wie ein Turm breitbeinig vor uns aufpflanzte, indem er abwechselnd äußerst laut und mächtig rief: Anhalte! Usschtiege! – Nun bin ich zwar ein Mensch voller Respekt vor der Polizei, zumal, wenn sie in überlebensgroßen Exemplaren auftritt, aber ich lege einigen Wert auf höfliche Behandlung. Und so sagte ich meinesteils: Sehr schön! Aber, bitte, schreien Sie nicht so und erklären Sie mir ruhig und sachlich den Grund Ihrer Aufregung. – Anhalte! Usschtiege! brüllte der Turm. – Wenn Sie so freundlich sein wollen und ruhig die Sachlage betrachten, erwiderte ich mit himmlischer Gelassenheit, so werden Sie unschwer bemerken, daß wir bereits halten, und ich kann Ihnen versichern, daß wir auch aussteigen werden, wenn Sie nur eine Andeutung darüber machen wollten, *warum* wir hier aussteigen sollen, wo wir keineswegs die Absicht haben, Station zu machen. – Diese längere und wohlgesetzte Rede besänftigte den Riesen von Uri, und er versicherte uns nun, unter deutlichem Ringen nach Höflichkeit, wir hätten nichts von ihm zu befürchten und möchten ihm auf die benachbarte Polizeiwache folgen, wo sich alles schnell schlichten werde. – Meine Frau sah sich schon in Kerkersbanden, Riegel meinte, das Gescheideste wäre, den Turm umzufahren, ich aber war gerührt von dem Streben des Enaksohnes nach Urbanität und folgte ihm mutigen Schrittes in die Heimstätte der urner Sicherheitsbehörde (wie meine Frau behauptet, hat es ausgesehen, als würde ein Klippschüler von seinem Lehrer in die Schule geschleppt). Was mir dort eröffnet wurde war dies: Die Polizei von Andermatt hat hierher telegraphiert: „Automobil hier durchgefahren; unmöglich es aufzuhalten" (Aha, dachte ich mir, die Andermatter haben keinen Riesen!) „Stellt es und verfügt nach dem Gesetze." – Wieso? fragte ich; ist es nicht erlaubt, über den Gotthard zu fahren? – Doch, antwortete der Gewaltige, das ist erlaubt, und es ist auch erlaubt, im Kanton Uri zu fahren. – Na also! – Ja, aber es ist nicht erlaubt, von Andermatt nach Göschenen zu fahren. – Jetzt fängt der Riese an, Witze zu machen, dachte ich mir, denn das sah doch nicht anders, als wie ein Witz aus: Man darf zwar über den Gotthard fahren, muß aber in Andermatt wieder umkehren. Und ich entwickelte diesen Gedankengang ebenso logisch wie bescheiden. Aber weder meine Logik noch meine Bescheidenheit rührte den Mann des bewaffneten Gesetzes. Er sprach, und der Sinn seiner Rede war dies: Das mögen Sie mit dem Kanton Tessin ausmachen, der es erlaubt hat, über den Gotthard zu fahren. Wir in Uri erlauben eben bloß, von Göschenen weiter zu fahren. – Demnach hätte ich, fuhr ich unter andauernder Logik und Bescheidenheit fort, von Andermatt aus, da ja dort keine Eisenbahn ist, ein Ochsengespann mieten und meinen Wagen bis hierher durch die Tiere befördern lassen müssen, deren Kopf das Wappen dieses Freistaates ist? – Das hätten Sie allerdings müssen, antwortete der Turm, der mich selbst sitzend weit überragte, wenn Sie den Gesetzen hätten gehorsam sein wollen. Da Sie es aber nicht getan haben, müssen Sie nach dem Gesetze bestraft werden. – Wieviel kostet es? fragte ich mit schnellem Verständnis. – Zwanzig Fränkli antwortete prompt der Übermensch. – Wie, rief ich, und wegen 20 Fränkli muß ich aussteigen? Das hätten wir doch auch draußen machen können? – Nein, erwiderte der Riese, ich muß Ihnen eine Quittung ausstellen. – Und tats. – Ich empfing meine

Quittung, überreichte ihm, zur Einverleibung in das Archiv von Uri, meine Visitenkarte, nahm Stellung, machte kehrt und begab mich in den Wagen, um, so lange wir auf urner Boden fuhren, Meister Riegel beharrlich zur Langsamkeit zu mahnen, denn diesen Rat hatte mir das riesige Organ der Sicherheit von Uri noch mit auf den Weg gegeben: Schritt fahren, oder in jedem Falle sechs Franken Buße.

Ein paar Gedanken machte ich mir aber doch. Es ist begreiflich, sagte ich mir, daß das souveräne Volk von Uri, das zum größten Teile aus Pferdehaltern besteht, den Automobilen nicht grün ist; es ist ferner begreiflich, daß diese Pferdehalter den Wunsch hegen, man möge, wenn man schon keinen Wagen nimmt, dafür wenigstens an seinem Beutel bestraft werden; – warum aber dann nicht gleich eine Tafel aufstellen mit der Aufschrift: Das Fahren im Automobil von Andermatt bis Göschenen kostet 20 Franken, zahlbar an den Riesen X? – Wenn man nun Eile hätte? Nicht jeder ist so verschwenderisch mit der Zeit wie ich. Aber freilich: Eile darf man hier im Automobil überhaupt nicht betätigen. Die Urner haben es sich vorgenommen, den Automobilisten den Schnelligkeitskitzel auszutreiben. Herr de Knyff, der schon ein Tempo von achtzig Kilometern in der Stunde ein „Schrittfahren“ nennt, „bei dem man nervös wird“, sollte um Gotteswillen den Kanton Uri meiden; er würde hier der Verzweiflung anheimfallen. *Wir* sind übrigens ganz gerne, und auch außerhalb Uris, langsam gefahren, denn es wäre Sünde, sich hier zu beeilen. Die ganze Strecke ist *eine* große Herrlichkeit, das schönste an ihr aber die Fahrt auf der Axenstraße. Doch es hieße, Touristen nach der Schweiz bringen, wollte ich das noch ausführlich behandeln.

Wunderlich berührt den, der den sagenhaften Charakter der Tell-Geschichte kennt, der Umstand, wie diese Figur hier allenthalben historisch genommen wird. Vielleicht an keinem Beispiel wird so klar, wie an diesem, welche gewaltige Bedeutung der Phantasie oder, wenn man will, der Kunst, schön zu lügen, auch für das Völkerleben innewohnt. Die Schweiz ohne Tell, – es ist kaum zu denken, und dennoch ist dieser Nationalheld nichts als ein Gebilde der Lust am Fabulieren, wie sie in jedem Volke steckt wie in jedem aufgeweckten Kinde. Aber wehe, wer das einem Schweizer aus dem Durchschnitte sagen wollte! Ich für meinen Teil würde es jedenfalls nicht gegenüber dem Goliat von Uri riskieren.

Stein am Rhein im Sankt Georgen-Kloster, den 17. Juli 1902.

Wenn man aus den Bauernkantonen heraus ist, darf man schon wieder ein bißchen zufahren, und so haben wir bis Zürich und von Zürich weiter bisher das Ochsenwagentempo aufgegeben, ohne doch ins Eilen zu geraten. Das Land ist zu schön dazu. Das schönste Stück des Weges war das, das dicht am Zuger See hinführte, dessen Ufer ein großer, unendlich sauber gehaltner Obstgarten sind. Wo es nicht die Großartigkeit ist, ist Nettigkeit das Gepräge der Schweiz. Die Bauernhäuser sehen aus, wie aus der Spielwarenschachtel gepackt, und jedes kleine Bauernkind könnte man, wie es ist, zur Ausstellung in eines der künstlichen Schweizerdörfer schicken, die in Paris oder Chicago so beliebt als Schaustellungsobjekte sind. Und „gebildet" sind dies Schweizer Bauern! Es ist nicht zu sagen! Ein Bauernjunge am Zuger See bestand darauf, französisch mit uns zu reden. Es kam aber doch auch ein bißchen rachig heraus.

Außer den Bergen, der Verschwendung in Rachenlauten und einer gewissen Wüstheit der Mädchen ist eine Hauptspezialität der Schweiz die gute Schokolade. Doch hat sich deren Süßigkeit dem Volkscharakter nicht mitgeteilt. Es scheint, daß die republikanische Staatsform mit Höflichkeit unvereinbar ist in diesem Lande. In Sachsen nennt man es „rungsig", was die meisten Schweizer im Verkehr mit Fremden auszeichnet. Ausgenommen natürlich die Wirte. Doch ich will die Schweizer nicht schmähen. Was ihnen an äußerer Liebenswürdigkeit abgeht, ersetzen sie durch Biederkeit, – ein Wort, das man hier nicht mit Gänsefüßchen zu eskortieren braucht.

In Schaffhausen sahen wir uns natürlich den Rheinfall an, der sehr gut bei Wasser war und daher ein imposantes Schauspiel bot. Ein Herr neben uns erklärte freilich, der Niagarafall sei „bedeutender", aber wir ließen uns dadurch in unserer Bewunderung für diese vaterländische Herrlichkeit nicht stören. „Vaterländisch", – um Gotteswillen: wenn das ein Schweizer hörte! Aber es ist nun so: beim Worte Rhein denken wir, auch in der

Schweiz, an Deutschland, auch wenn wir im übrigen eine Annektierung der Eidgenossenschaft durch das Reich nicht im Schild führen.

Die Schönheiten des jungen Rheins oberhalb Schaffhausen brauche ich *Ihnen* am wenigsten zu schildern, und es genügt, ganz kurz zu berichten, daß diese Landschaft von uns, auch von meiner Frau, mit als eine der schönsten empfunden wurde, deren Genuß uns diese ganze, herrliche Reise bescheert hat. Ewig unvergeßlich wird uns zumal die kurze Fahrt durch das kleine Wäldchen kurz vor Stein am Rhein bleiben.

Und nun ist heute Meister Riegel mit dem Adlerwagen gen Frankfurt gefahren, und wir fühlen uns wie verwaist. Kein Wunder, denn man mag ein Objekt wohl liebgewinnen, dem man drei Monate lang die reinsten Genüsse verdankt hat. Dies steht fest für uns: eine Reise, die uns vergnügen soll, werden wir nie mehr anders als im Laufwagen unternehmen. Was ich mir, als ich den Gedanken dieser Reise faßte, mit der Einbildungskraft vorstellte, hat sich mehr als erfüllt, und ich habe die Probe auf das Exempel gemacht: Das Reisen im Laufwagen ist das ideale Reisen. Stellt man mir die Wahl zwischen einem fürstlichen Salonwagen in einem Extrazug, allen Komfort, dessen die Eisenbahn fähig ist, garantiert, an jeder Station festlichen Empfang mit Ehrenjungfrauen und Böllerschüssen, in jeder Residenz Überreichung des gesuchtesten Ordens mit dem Prädikate Freiherr von, und einem gutmontierten, bequem eingerichteten Automobil, das die Qualität des diesmal von uns benutzten Adlerwagens und einen Führer von der Gewissenhaftigkeit und Tüchtigkeit unseres Louis Riegel hätte, so würde ich mich nicht eine Sekunde besinnen, und schon säße ich im Laufwagen. Alles andere Reisen ist Dilettantismus.

Daß es am Automobil noch allerhand zu verbessern gibt, versteht sich bei einer Sache, die noch im Anfang ihrer Entwicklung steht, von selbst. Ich selber habe mancherlei Wünsche auf dem Herzen, sowohl in der Richtung des ästhetischen wie praktischen, und ich bin überzeugt, daß im Wettstreit der großen Fabriken dieses Gebietes Laufwagen entstehen werden, neben denen sich die heutigen Typen ausnehmen werden, wie die erste Lokomotive neben einer von heute. Aber der Grund ist heute schon festgelegt; die Zeit des bloßen Experimentierens ist vorüber; ein gutes Automobil von heute ist ein Ding, dem man sich getrost anvertrauen kann, und bei dessen Erwerb man nicht jene fatale Zugabe gratis erhält: den Ärger am Unfertigen. Das Maschinelle ist bis auf Kleinigkeiten eigentlich schon tadellos. Wesentlich fehlts noch am Ästhetischen und am Komfort. – Die Ästhetik des Automobils steckt noch im Anfangsstadium. Man kann sagen: seine Schönheit leidet augenblicklich daran, daß seine Konstrukteure noch nicht völlig das Pferd vergessen haben – nämlich das Pferd vor dem Wagen. Unsere Automobile sind ästhetisch noch keine Laufwagen – das ist ihr Geschmacksmanko. Sie sehen aus, wie Zugwagen ohne Zugtiere. Ein Laufwagen soll aber Selbstgefühl genug haben, auszusehen wie eine Maschine. Und die kann schön sein. Ich will nicht sagen: schön wie ein Pferd. So was Schönes bringt nur der liebe Gott fertig. Aber ein Laufwagen könnte wenigstens so schön sein wie ein Dampfschiff. An dem vermißt man keine Flossen oder vorgespannte Seeungeheuer, ja nicht einmal das volle Segelwerk.

Wer wird uns diesen Laufwagen bescheren? Hier ist eine ästhetisch-konstruktive Aufgabe zu erledigen, der nur ein wahrhaft schöpferischer Künstler gewachsen ist, dem etwas mehr einfällt, als Schnörkel im Jugendstil und „sezessionistischer" Zierat. Organisch aus dem Mechanismus und Chassis heraus muß das wachsen, und dennoch bis in die kleinste Biegung ästhetisch empfunden, aber auch praktisch und bequem sein. Peter Behrens wäre unter den Deutschen der rechte Mann dazu, uns das zu leisten. Ich bin mir sicher: vor einem richtigen Laufwagen in diesem Sinne werden auch die Gäule nicht weiter so fatal scheu werden, denen es offenbar nur auf die Nerven geht, keine Pferde vor einem Wagen zu sehen, der doch im übrigen ganz den Anschein eines Zugwagens hat.

Daß es noch am Komfort fehlt, liegt an der einseitigen Bevorzugung des Rennwagentyps seitens der Fabrikanten. Wirkliche Reisewagen mit Motorbetrieb gibt es noch nicht, wenigstens keine solchen, die einen Vergleich mit jenen alten Reisewagen aushalten könnten, wie sie kurz vor der Erfindung der Eisenbahn gebaut worden sind. Es ist aber natürlich nicht nur möglich, diese zu erreichen, sondern sie auch noch zu übertreffen. Die Fabrikanten müßten nur einmal aufhören, ausschließlich das Ziel im Auge zu haben, den letzten Rekord an Schnelligkeit zu schlagen, und sie sollten sich nicht bloß der erfinderischen Phantasie erfahrener Maschineningenieure, sondern auch der praktisch-ästhetischen Phantasie konstruktiv begabter Künstler bedienen, um nicht bloß tadellos arbeitende Maschinen, sondern wirkliche Reisewagen zu erhalten, in denen sich Schönheit und Bequemlichkeit vereinigten. Der unter ihnen, dem der große Wurf gelingt, die neue, aber nicht fremdartig, sondern wie selbstverständlich wirkende Form des Automobilreisewagens zu finden, in dem das Strapaziöse einer Laufwagenreise auf sein Mindestmaß beschränkt erscheint, der zuerst wird es an seinen Kassenbüchern ganz erfahren, welcher Ausdehnung diese zukunftsreiche Industrie fähig ist.

Aber das klingt nun freilich, als sähe ich jetzt hinter mir nichts als eine lange Reihe von Unbequemlichkeiten, während ich doch, wenn ich an diese wundervolle Reise zurückdenke, die Empfindung habe, ein reines Glück genossen zu haben. Indessen der moderne Mensch ist nun einmal vom Dämon des Fortschrittes besessen, und der läßt sich am wenigsten dort unterdrücken, wo es gilt, eine neue Erfindung auszugestalten.

Ich begann meine Reise unter dem Einfluße von rein phantastischen Einbildungen; während ich sie machte, erkannte ich, daß die Wirklichkeit das Zeug dazu hat, das wesentliche dieser Einbildungen zu Tatsachen zu machen; und am Schlusse der Reise bin ich schon wieder dabei, mir neue Möglichkeiten einzubilden. Kann man es mir verdenken, daß ich auch ihnen die Erfüllung erhoffe? Statt von dem Idealautomobil abzukommen, das ich mir, ehe ich jemals in einem Laufwagen gefahren war, eingebildet habe, haben mich meine Erfahrungen ihm näher gebracht, und ich glaube sogar, daß ich ihn noch erleben werde.

Wer so verwegen glauben kann, nicht wahr, lieber Doktor, der ist gesund, dessen Lebensgefühl ist gesteigert und voll Spannkraft. Wem anderen aber verdanke ich das, als dieser höchst gelungenen Reisekur? Alle Lebenskräfte sind aufgewacht, alles Verhockte, Verstockte, Faule,

Grämliche ist weggeblasen, alle guten Geister der Kraft und Gesundheit sind mobil. Bewegung, Kraft- und Saftumsatz, Rhythmus und Raumüberwindung, – das hats getan. Wer die Wollust dieses Dahinrollens kennt, ersehnt sich nicht mehr die Kunst des Fliegens. Fest auf der Erde, aber wie im Sturme dahin. Jede Falte des Geländes benützend, Hügel hurtig hinauf und brausend hinab, jetzt zwischen Wiesen und junger Saat, nun durch Wälder, Flüssen entlang, über Brücken hin, Felsentore hindurch, hinter davontrabenden Herden her, in das Gassenwinklicht einer alten Stadt hinein, über Märkte weg voll Buden und Gewimmel, Schlössern, Burgen, Parks vorüber und vorbei an Pfügern und Hirten – immer den Bergen zu und plötzlich vor ihnen, da man sie doch vor wenigen Stunden grau und verschwommen, wie in einer Ferne sah, die sich dem Hinstrebenden nur immer weiter zu entziehen schien . . . Wem ich gut bin, dem wünsch ich diesen Genuß, dieses Glück. – Leben Sie wohl!